Claudia Hofrichter und Barbara Strifler (Hrsg.)

Firmvorbereitung mit Esprit
Grundlegung

Feiern mit der Bibel
Band 12

Claudia Hofrichter und
Barbara Strifler (Hrsg.)

Firmvorbereitung mit Esprit

Grundlegung

Verlag Katholisches Bibelwerk

Herausgegeben im Auftrag des Instituts für Fort- und Weiterbildung der Kirchlichen Dienste der Diözese Rottenburg-Stuttgart

Die Deutsche Bibliothek – CIP-Einheitsaufnahme

Firmvorbereitung mit Esprit / Claudia Hofrichter und Barbara Strifler (Hrsg.). - Stuttgart : Verl. Kath. Bibelwerk
Bd. 1. Grundlegung. - 2001
ISBN 3-460-08012-4

Alle Rechte vorbehalten
© 2001 Verlag Katholisches Bibelwerk GmbH, Stuttgart
Satz: Rund ums Buch – Rudi Kern, Kirchheim
Druck: Druckerei Gerthofer, Geislingen/Steige
Titelfoto: Susanne Bartsch-Nagi
© by Artcolor®, Ascheberg

INHALT

Vorwort 7

Zum Titelbild 9

I ZEITANSAGEN 11

Claudia Hofrichter: Was man nicht gleich sieht
und was doch da ist
Firmvorbereitung mit Esprit 12

Matthias Ball: „Da bin ich doch wieder die Einzige"
Jugend zwischen umworbener Zielgruppe und
vernachlässigter Minderheit 24

Martin Moser: Firmkatechese im Spannungsfeld
von Jugendmilieus und gemeindlichen Vorbereitungswegen . 37

Barbara Strifler: Firmvorbereitung unter neuen Bedingungen
Zur Planung und Organisation von Katechese
in neuen pastoralen Strukturen 46

Claudia Hofrichter: Welch ein Alltag! – Big Brother
und die Firmgruppe
Vom (un)spektakulären Erleben in der Katechese 55

Bernd Jochen Hilberath: „Wes Geistes Kind seid ihr?"
Firmung als Initiation in ein Leben aus dem Geist 60

II THEMEN ZUR ZEIT 75

Claudia Hofrichter:
Mädchen brauchen Frauen, Jungen brauchen Männer
Geschlechterspezifische Firmvorbereitung 77

Heinrich-Maria Burkard: Jugend und Liturgie 87

Reinhard Hauke: Die „Feier der Lebenswende"
im Erfurter Mariendom
Eine christliche Alternative zur Jugendweihe
im Osten Deutschlands 94

Claudia Hofrichter: Vom Laborversuch zum Feldversuch
  Skizze zur Projektarbeit in der Firmvorbereitung 107

Georg Langenhorst: „Ein Wort wie Feuer" – kalt, warm oder heiß?
  Die Bibel in der Firmkatechese 117

Rainer Steib: Chancen für religiöse Erfahrungen
  Filme in der Firmvorbereitung 125

Alexander Bross: Sehnsuchtsmelodien
  Musik im Leben von Jugendlichen 131

Judith Gaab: Ich glaube, du glaubst, wir glauben
  Das Credo in der Firmvorbereitung 138

Rainer Steib: Gottes Geist wwweht auch im Internet! 145

Claudia Hofrichter / Barbara Strifler:
  Nur in der zweiten Reihe?!
  Mütter und Väter in der Firmvorbereitung 153

Claudia Hofrichter / Barbara Strifler:
  Darf's auch ein bisschen mehr sein?
  Ehrenamtliche Mitarbeiterinnen und Mitarbeiter
  in der Firmvorbereitung 165

Andreas Hinz: Konfirmation und Konfirmandenunterricht
  in der Evangelischen Kirche 176

Andreas Hinz: Zwei Äste am gleichen Stamm
  und ihre gemeinsame Aufgabe
  Zur Zusammenarbeit in katholischer Firmkatechese
  und evangelischer Konfirmandenarbeit 184

Alexander Bair: Lagerplätze für die Siedler von Catan
  Der Brückenschlag von der Firmkatechese zur Jugendarbeit 193

Mitarbeiterinnen und Mitarbeiter an diesem Buch 203

Anschriften der Mitarbeiterinnen und Mitarbeiter 208

Vorwort

Die Firmvorbereitung ist eine ständig wiederkehrende Herausforderung und Aufgabe in der katechetischen Arbeit von Gemeinden und Seelsorgeeinheiten. Ehrenamtliche und hauptberufliche Mitarbeiterinnen und Mitarbeiter investieren viel Kraft und Zeit für ihr Engagement. Angesichts sich rasch verändernder Jugendszenen muss sich Firmvorbereitung immer neu auf die Jugendlichen einstellen. Erschwerend kommt die Distanz zwischen Kirche und Jugend hinzu. Diese Situation macht es für Gemeinden mühsam und reizvoll zugleich, angemessene Wege der Firmvorbereitung zu überlegen.

Dabei findet die Entwicklung von innovativen Modellen und Konzepten gegenwärtig großes Interesse. Gleichzeitig werden grundlegende Fragestellungen und Themen diskutiert.

Welches Modell der Firmvorbereitung ist zukunftsfähig? Wie kann an die Lebenswelt der Jugendlichen, die aus Sicht der Erwachsenen immer auch eine „fremde" Welt ist, angeknüpft werden? Wie kann Firmvorbereitung als offener und dialogischer Prozess gestaltet werden? Welche Wege ermöglichen Jugendlichen, das Wirken Gottes in ihrem Leben zu entdecken? Inwiefern tragen mädchen- und jungenspezifische Elemente zu einem identitätsstiftenden Glauben bei? Welche Rolle und Aufgabe haben ehrenamtliche MitarbeiterInnen und BegleiterInnen? Sollen Mütter und Väter der Firmjugendlichen eigens angesprochen werden? Was kann Projektarbeit leisten? Was verbindet Konfirmandenarbeit und Firmvorbereitung und wie kann ökumenische Zusammenarbeit horizonterweiternd und ressourcenorientiert gestaltet werden?

„Firmvorbereitung mit Esprit, Grundlegung" greift diese Fragen auf und führt sie grundsätzlich aus. Die Autorinnen und Autoren haben dabei ein Fülle von Perspektiven und Orientierungen formuliert, welche die Aufmerksamkeit wecken für eine differenzierte, personen- und situationsgerechte Praxis der Firmvorbereitung in Gemeinden und Seelsorgeeinheiten.

In Anknüpfung daran präsentiert „Firmvorbereitung mit Esprit, Praxismodelle" neuartige, attraktive und erprobte Praxismodelle. Zum Teil wurden sie auf dem Kongress „Wege der Firmvorbereitung" im Februar 2000 vorgestellt und kritisch diskutiert.
Mit dieser Publikation ist ein umfassendes Handbuch der Firmvorbereitung entstanden, das die katechetische Literatur zur Firmung praxisnah bereichert. Es möchte die Leserinnen und Leser ermutigen, die eigene Praxis zu reflektieren und weiterzuentwickeln.

Den Autorinnen und Autoren, die das Erscheinen dieses Werkes ermöglicht haben, danken wir herzlich für ihre Mitarbeit.

Dr. Claudia Hofrichter   *Barbara Strifler*

Zum Titelbild

Ein bunter Drachen, der im Wind flattert

Firmvorbereitung ist bunt, vielfältig und abwechslungsreich wie die Menschen, die sich dabei begegnen: Jugendliche und Erwachsene. Sie bringen ihre eigenen „Farben", ihre eigene Person und Geschichte, ihre Vorlieben und Geschmäcker in die gemeinsame Sache ein.

Firmvorbereitung ist kreativ. Es gibt sie nicht „von der Stange". Selbstgefertigte Drachen waren schon immer die schönsten. Menschen mit Esprit haben Ideen und setzen sie in der Firmvorbereitung um. Was gut gelingt, wird beim nächsten Mal wieder probiert. Dass es dann auch klappt, dafür gibt es keine Garantie.

Firmvorbereitung bringt in Bewegung. Jugendliche haben – vielleicht seit langem wieder – Kontakt mit der Kirchengemeinde. Erwachsene begleiten sie ein Stück des Wegs. Gemeinsam Unterwegssein eröffnet neue Sichtweisen, ermöglicht neue Erfahrungen. Manchmal erscheint es wie ein „Auf-der-Stelle-Treten". Aber wer will festlegen, was für einen anderen „Fortschritt" ist? Auch ein Drachen legt keine messbare Wegstrecke zurück; was zählt ist die Zeit, die er in der Luft war und von ihr getragen wurde.

Firmvorbereitung ist spannend. Nicht nur für diejenigen, die dafür Verantwortung tragen und die Fäden zusammenhalten – da reißt manchmal schon fast der Geduldsfaden. Wie das Gleichgewicht finden zwischen Festhalten und Leine geben? Wie viel Anbindung, wie viel Verbindlichkeit vorgeben? Wie viel Freiräume ermöglichen, damit junge Menschen ihren eigenen Weg finden können?

Ohne Anbindung sind Drachen dem Wind und der Beliebigkeit preisgegeben. Jugendliche suchen Halt, Orientierung und Antworten. Firmvorbereitung begleitet und unterstützt sie bei ihrer Suche.

Firmvorbereitung macht Freude. Wenn der Drachen in der Luft flattert, ich mit ihm und dem Wind spiele, genieße ich das in vollen Zügen. Ich bin stolz, dass es uns beiden so gut gelingt. Wenn der Funke überspringt, Erwachsene und Jugendliche miteinander suchen und voneinander lernen, macht das Lust auf ein nächstes Mal.

Firmvorbereitung ist kein reiner Höhenflug – weder für die Jugendlichen noch für die Erwachsenen. Es gibt „Windflauten", Abstürze. Manches, was gut gemeint oder geplant war, gelingt trotzdem nicht. Der Wind ändert sich plötzlich, die Schnüre verknoten sich, der Ort, an dem ich stehe, eignet sich nicht zum Drachensteigen. Da hilft nur: Pause machen, einen neuen Standort suchen, die Schnüre entwirren, nochmals probieren. Vielleicht auch mal mit einem kleineren Drachen? Firmvorbereitung muss nicht immer der Lenkdrache mit zehn Schnüren sein!

Firmvorbreitung ist voller Überraschungen. Ich kann vieles über „Techniken", Grundlagen, Methoden und Arbeitsformen lesen, mich gut vorbereiten. Aber was dann daraus wird, das habe nicht ich in der Hand. Da spielen verschiedene Faktoren zusammen: Jugendliche, Erwachsene, die jeweilige Situation und der Geist, in dem wir uns begegnen und der uns bewegt.

Beim Drachensteigen ist der Wind das Wichtigste. Er allein trägt den Drachen; ich kann nur günstige Voraussetzungen dafür schaffen. Gut zu wissen: Es geht nicht darum Wind zu machen, sondern Gottes Geist wehen zu lassen und offen zu sein für sein Wirken.

I ZEITANSAGEN

Claudia Hofrichter

Was man nicht gleich sieht und was doch da ist
Firmvorbereitung mit Esprit[1]

Wo geht es hin mit der Firmvorbereitung? Erreichen wir mit unseren Vorbereitungswegen die Jugendlichen? Welche Modelle und Konzepte haben Zukunft? Welche Inhalte müssen sein? Wie viel Freiheit und wie viel Verbindlichkeit braucht es? Was wollen wir erreichen, welche Ziele haben wir? Welche Praxis ist zur Erreichung dieser Ziele geeignet? Wie geht es weiter mit der Firmvorbereitung angesichts neuer pastoraler Strukturen? Wie viel können wir dann noch leisten?[2]

Beim Kongress „Wege der Firmvorbereitung"[3] in Stuttgart-Hohenheim stellten engagierte hauptberuflich und ehrenamtlich Verantwortliche auf dem Hintergrund dieser Fragestellungen ihre Modelle von Firmvorbereitung vor. Sie gaben Einblick in Chancen und Herausforderungen in Zeiten des Übergangs.

Der folgende Beitrag stellt Beobachtungen zur Firmvorbereitung dar. Daran anschließend lassen sich Perspektiven beschreiben, die bereits jetzt, mehr aber noch in Zukunft, die Firmvorbereitung prägen werden. Voraus geht allen Überlegungen in den Gemeinden die sensible Wahrnehmung der Welt Jugendlicher.

1 Jugendliche zwischen Peergroup und Chatroom

Jugendliche sind Kinder dieser Welt. Wer sind die Jungen und Mädchen? Wie leben sie? Welche persönliche Lebenssituation und welche Lebenserfahrungen prägen sie? Welche Fragen gehen

---
1 Der Beitrag er scheint unter dem Titel „Firmvorbereitung mit Esprit" auch in LKat 23 (2001) H.1.
2 Vgl. Barbara Strifler, Firmvorbereitung unter neuen Bedingungen. Zur Planung und Organisation von Katechese in neuen pastoralen Strukturen: in diesem Buch 46-54.
3 Veranstaltet im Februar 2000 vom Institut für Fort- und Weiterbildung der Diözese Rottenburg-Stuttgart in Kooperation mit dem Institut für Pastorale Bildung der Erzdiözese Freiburg.

ihnen durch den Kopf? Welches aktuelle gesellschaftspolitische Thema oder welches Ereignis aus der Nachbarschaft, im Dorf, in der Stadt bewegt sie? In welcher Familie leben sie? Wie groß ist die Distanz von Jugendlichen zur Kirche und von der Kirche zu Jugendlichen – an dem Ort an dem sie leben?

Jugendliche nehmen täglich eine Vielzahl von Informationen und Reizen auf, die kaum mehr zu verarbeiten sind. Das World Wide Web holt ihnen die Welt ins Jugendzimmer. Im Netz finden Jugendliche auch zahlreiche religiöse Produktanbieter. Nicht alle sind seriös. Sie machen ihren Einfluss auf Jugendliche übers Netz geltend. Die neuen Kommunikationstechniken verändern die Kommunikation von Jugendlichen und mit Jugendlichen. Chatrooms werden genutzt. Jugendliche bewegen sich in dieser Welt und kennen sich dort aus. Das kann Firmvorbereitung nicht außer Acht lassen. Denn, wenn bislang galt, dass Katechese besonders von persönlichen vis-à-vis-Begegnungen und Beziehungen lebt, so ist heute zu berücksichtigen, dass sich das Kommunikationsverhalten Jugendlicher verändert hat. Viele Jugendliche leben Beziehungen bereits als SMS- oder Chatroom-Kontakte. Sie brauchen einander nicht mehr zu treffen, um voneinander etwas zu erfahren. Firmtreffs leben jedoch von verbindlicher persönlicher Begegnung.

2 Wie Firmvorbereitung sich gegenwärtig zeigt

Unterschiedliche Situationen
Die unterschiedlichen Gemeindesituationen (Stadt, Land, Diaspora, usw.) sowie die unterschiedlichen Situationen der Jugendlichen fordern die hauptberuflichen Mitarbeiterinnen und Mitarbeiter heraus, für die Erreichung ihrer Ziele entsprechend den Rahmenbedingungen zu handeln. Die Wege der Firmvorbereitung sind konzipiert in der Spannung von verbindlichen Elementen, die zur Vorbereitung gehören, und der Freiheit, mitzuentscheiden, was und wie viel in Gruppen und projektorientierten Phasen gemacht wird. Eine entscheidende Rolle spielt, jugendgerecht und evangeliumsgemäß zu handeln.

Ziele: Zwischen Begleitung und Entscheidung
Mit der Firmvorbereitung werden verschiedene Ziele verbunden:
- Die Begleitung der Jugendlichen steht an oberster Stelle. Wesentlich ist, die Erwartungen und Bedürfnisse der Jugendlichen zu achten.
- Erfahrungen mit sich selbst machen, eigene Fähigkeiten und Begabungen entdecken und weiterentwickeln.
- Die Erfahrung ermöglichen, dass Kirche ein Begegnungs- und Erfahrungsraum für Jugendliche ist. Dies sollen Jugendliche innerhalb ihrer Kirchengemeinde erleben können, indem Gemeinde auf die Jugendlichen zugeht und umgekehrt.
- Erfahren und kennenlernen, was Firmung bedeutet, wesentliche Inhalte der Firmung vermitteln.
- Ermutigung zu einem Leben aus der Kraft des Evangeliums.

Trend zur projekt- und erlebnisorientierten Firmvorbereitung
Die Vorbereitung allein durch Gruppentreffen wird abgelöst von Wegen, die sich stärker an Projekten und Wochenenden orientieren. Das Spektrum ist vielfältig: Die einen setzen auf die Vorbereitung an mehreren Wochenenden; andere bevorzugen wöchentliche Gruppentreffen ergänzt durch ein Wochenende, einen Besinnungstag und ein Projekt; wieder andere laden zu einer Firmvorbereitungswoche ein. Dazwischen gibt es alle denkbaren Variationen.

Ohne ehrenamtliche MitarbeiterInnen ist Firmvorbereitung undenkbar
Ehrenamtliche wirken mit in Planung, Konzeption und Durchführung der Firmkatechese. Sie bestimmen, was und wie viel sie an Aufgaben übernehmen. Wo es keine oder zu wenige hauptberufliche MitarbeiterInnen gibt, „managen" Ehrenamtliche die Firmvorbereitung so gut es geht eigenständig. Sie erleben Firmvorbereitung als Herausforderung für ihr persönliches Leben. Sie erleben aber auch die zeitlichen Grenzen und kräftebindenden Seiten ihres Engagements.

Frei gewählter Weg und Verbindlichkeit
Die zeitliche Dauer der Firmvorbereitung erstreckt sich von einem Tag bis hin zu zwei Jahren. Sollen die Jugendlichen in der einen Gemeinde ein Jahr monatlich an einem Angebot für sie teilnehmen und so in die Gemeinde hineinwachsen, können Jugendliche einer anderen Gemeinde selbst bestimmen, wie oft und wie lange sie sich treffen und worüber sie reden. Müssen alle alles machen, was im Firmvorbereitungskonzept geplant ist, oder ist es möglich, als Jugendliche sich den Firmweg maßzuschneidern? Jugendliche sind mit Unterstützung Erwachsener durchaus in der Lage, Vorstellungen von ihrem Firmweg zu entwickeln und diesen dann zu gehen. Die Klage über die abwesenden Jugendlichen im Sonntagsgottesdienst, über Zuspätkommen oder unentschuldigtes Wegbleiben vom Firmtreff ist immer wieder zu hören. Als Handlungsdevise gilt seitens der Verantwortlichen meist: „Bitte keine Sanktionen, sondern klärende Gespräche, auch wenn das mühsam ist."

Der rechte Zeitpunkt
Die Frage nach dem rechten Zeitpunkt für die Firmvorbereitung im Leben der Jugendlichen wird zwar gestellt, sie steht allerdings nicht mehr im Vordergrund wie noch vor einigen Jahren. Das liegt daran, dass die Forderung an die Jugendlichen, sich mit der Firmung für eine verbindliche Zugehörigkeit und Teilnahme am Leben der Gemeinde zu entscheiden, nicht mehr als vorrangiges Ziel der Firmvorbereitung postuliert wird. Vielmehr stehen die Überlegungen im Vordergrund, die eine differenzierte und biografieorientierte Vorbereitung ermöglichen. Bevorzugt wird teils ein höheres Firmalter von 16 bis 18 Jahren.

3   Modelltypen

Die Modelle tragen die Handschrift der Menschen, die sie entwickelt haben. Sie stehen und fallen mit dem Engagement dieser Menschen. Was echt ist, trägt, auch wenn es nicht perfekt ist. Verschiedene Modelltypen der Firmvorbereitung lassen sich beschreiben. „Dazwischen" gibt es viele Variationen und Verknüpfungen einzelner Modelle.

Firmtreffs in Gruppen
Firmvorbereitung in kleinen Gruppen ist für viele Gemeinden nach wie vor ein bevorzugter Weg der Firmvorbereitung. Jugendliche treffen sich zehn bis fünfzehn Mal in wöchentlichem oder vierzehntägigem Abstand, um erfahrungsorientiert wichtige Themen, die sie beschäftigen, sowie Inhalte der Firmvorbereitung zu erschließen. Begleitet werden sie von Frauen und Männern aus der Gemeinde. Ergänzt werden die Firmtreffs in der Regel durch einen Besinnungstag und eigens gestaltete Gottesdienste für die Jugendlichen. Schwierig gestaltet sich oft die Terminabsprache. Dazu kommt, dass auch Ehrenamtliche sich nicht unbedingt über einen längeren Zeitraum zu einem festen Termin binden möchten.

Firmvorbereitung an Wochenenden
Die Jugendlichen bereiten sich an mehreren Wochenenden auf die Firmung vor. Begleitet werden sie von ehrenamtlichen MitarbeiterInnen und der/dem verantwortlichen hauptberuflichen MitarbeiterIn. Die Wochenenden sind als kompakte Form der Vorbereitung gedacht. Für alle Beteiligten ist der Zeitraum klar überschaubar. An den Wochenenden werden Inhalte erfahrungs- und erlebnisorientiert erschlossen. Verschiedene Erfahrungsebenen werden ermöglicht: Gemeinschaft, Förderung gegenseitigen Vertrauens der Jugendlichen untereinander und zu den Erwachsenen, Erschließung von Sinnzusammenhängen, Glaubenserfahrung. Firmvorbereitung an Wochenenden kommt der Freizeitplanung und -gestaltung von Jugendlichen entgegen. Auf die MitarbeiterInnen hin ist zu beachten, dass sich der Arbeitsaufwand in einem akzeptablen Rahmen halten sollte. Darüber hinaus sollten sie von ihrer Mitarbeit auch einen persönlichen Gewinn tragen, indem sie Anregungen für ihre persönliche Spiritualität erhalten.

Jede/r Jugendliche sucht sich selbst
ihren/seinen FirmbegleiterIn
Jugendliche übernehmen Verantwortung, von wem sie begleitet werden. Die Begleitpersonen können die TaufpatInnen sein, sofern sie vor Ort sind, Personen, die der/die Jugendliche bereits kennt und zu denen er/sie „einen guten Draht hat" oder Menschen

aus der Gemeinde, die sich zur Verfügung gestellt haben. Zusammen mit dem/der FirmbegleiterIn gestaltet der/die Jugendliche seine/ihre Firmvorbereitung. Dazu steht eine Liste von Angeboten und Themen zur Verfügung, die seitens der Verantwortlichen in der Gemeinde zusammengestellt wurde. Solche Angebote sind zum Beispiel Gesprächsabende zu verschiedenen Themen, Aktionstage, die Einladung zur Teilnahme an einer Veranstaltung der Jugendverbände. FirmbegleiterIn und Jugendliche/r entscheiden, welche Angebote wahrgenommen werden, ob sie gemeinsam daran teilnehmen bzw. wie sie im Nachhinein darüber in Austausch kommen.

Neben diesem „1:1 Modell"[4] (ein/e Jugendliche/r – ein/e BegleiterIn) fordern einige Gemeinden die einzelnen Firmgruppen auf, sich selbst ihre/n FirmbegleiterIn zu suchen.[5]

Projektarbeit[6]
Unter einem Projekt wird ein Vorhaben verstanden, für das sich Personen aus Interesse entscheiden. Gemeinsam gestalten sie die Projektphasen von Planung, Entwurf, Durchführung und Auswertung. Solche Projekte sind offen, sie können auch scheitern, d.h., dass Vorhaben nicht so durchgeführt werden wie sie ursprünglich geplant waren. Ziel des Projektes ist nicht allein ein fertiges Ergebnis, sondern wesentlich der Weg dahin. Der Werkstattcharakter von Projektarbeit ist für die Arbeitsweise ganz entscheidend.

Die Jugendlichen entscheiden sich bei der Anmeldung für ein angebotenes Projekt und der damit verbundenen Gruppe und dem/der ProjektbegleiterIn. Das „Arbeiten" mit dem Projekt und an dem Projekt ist die Firmvorbereitung. Hinter jedem Projekt steht eine Person mit ihrer Idee. Die Ausgestaltung im Sinn der verschiedenen Projektphasen liegt in der Hand der entstandenen Projektgruppe. Erfahrungen mit diesem Modell zeigen, dass für

---
4 Vgl. Nora Pfeiffer-Off, Das 1:1 Modell: Claudia Hofrichter/Barbara Strifler (Hg.), Firmvorbereitung mit Esprit, Praxismodelle, Stuttgart 2001.
5 Vgl. Stefanie Meyer, „Hallo, wollen Sie unsere Firmgruppe begleiten?": Claudia Hofrichter/Barbara Strifler (Hg.), Firmvorbereitung mit Esprit, Praxismodelle, Stuttgart 2001.
6 Vgl. Claudia Hofrichter, Vom Laborversuch zum Feldversuch. Skizze zur Projektarbeit in der Firmvorbereitung: in diesem Buch 107-116.

Jugendliche wie FirmbegleiterInnen die Motivation größer ist. Jugendliche erfahren Bestärkung in ihren Fähigkeiten und deren Weiterentwicklung. Firmvorbereitungsgrundlagen (z.b. die Bedeutung der Sakramente oder die Deutung der Zeichen bei der Firmung) werden bei einem Firmwochenende „kompakt" vermittelt und erarbeitet.[7]

Projektorientierung
Neben der Firmvorbereitung als Projekt gibt es Firmvorbereitung als projektorientierten Weg. Gemeinden entschließen sich mehr und mehr, Jugendlichen verstärkt Projekte im weitesten Sinn anzubieten. Darunter werden meist praxisnahe Beispiele von gelebtem Gemeindeengagement verstanden. Sie bieten in der Regel Einblicke in die Grundvollzüge von Diakonia, Martyria, Liturgia an. Teils ermöglichen sie eigene Erfahrungen. Im optimalen Fall schließt sich an diese Erfahrung eine Reflexion an. Das Angebot dieser „Projekte" wird in der Regel vor der Firmvorbereitung zusammengestellt: Es ist klar, wer was anbietet und was es dort zu sehen, zu erleben, zu tun gibt. Die Jugendlichen werden angehalten, an einer bestimmten Anzahl von „Projekten" teilzunehmen. Wo viele projektorientierte Angebote besucht werden sollen, reduziert sich die Anzahl der Firmgruppentreffen.

Phasenmodelle
Hier werden in der Regel einzelne Elemente der bereits vorgestellten Modelle miteinander verknüpft: Gruppentreffen, Projekte im weitesten Sinn, Wochenenden, Besinnungstage. Andere Gemeinden unterscheiden Ansprechphase, Kontaktphase und Gruppenphase. Ziel ist es, jeweils verschiedene Formen des Kontakts zu ermöglichen sowie Jugendlichen differenzierte Formen des Glaubenlernens anzubieten.

---

[7] Vgl. Cordula Baum/Wolfgang Müller, Leben ist eine Baustelle – Firmvorbereitung als Projekt: Claudia Hofrichter/Barbara Strifler (Hg.), Firmvorbereitung mit Esprit, Praxismodelle, Stuttgart 2001.

4 Herausforderungen und Weiterentwicklung

Firmvorbereitung als eine Stufe des Initiationsweges
Diese Sicht bewahrt vor einer individualistischen Verengung, Firmvorbereitung primär als Sakrament der Entscheidung zu sehen und damit engführende Ziele der Firmkatechese zu verbinden. Initiation geschieht in Bezug zur Gemeinschaft der Glaubenden. Sie ist ein sozialer Vorgang.

Gemeinden sind herausgefordert, Jugendlichen Räume zu eröffnen und Gelegenheit zu geben, Erfahrungen mit sich selber und mit dem Glauben zu machen: Dann wird transparent, dass die Botschaft des Evangeliums und der christliche Glaube ein sinnstiftendes Angebot der Deutung des Lebens sind.

Dieser für viele Jugendliche neuerliche Kontakt zu „ihrer" Kirchengemeinde ist seitens der Verantwortlichen so zu gestalten, dass Jugendiche suchen und fragen, kommen und gehen können. Jugendliche brauchen beziehungsstiftende Begegnungsmöglichkeiten.

Firmvorbereitung als Hilfe zur eigenen Biografie
Biografien „ergeben" sich in einer Zeit, in der es keine Grenzen, sondern „unendliche" Möglichkeiten zu geben scheint, nicht von selbst. Jugendliche suchen Orientierung für ihre Lebensgestaltung und bei der Klärung, welche Werte ihnen wichtig sind. Sie sind dabei angewiesen auf Menschen, an denen sie sich reiben können und von denen sie gestützt werden bei ihrer Suche nach dem Wohin ihres Lebens.

Jugendliche brauchen verlässliche Strukturen in einer Zeit der Entgrenzung. Dazu gehören klare Vereinbarungen zwischen FirmbegleiterInnen und Jugendlichen. Eigene Verbindlichkeit provoziert Verbindlichkeit. Die Art und Weise des eigenen Umgangs mit Angeboten und der Freiheit sie anzunehmen oder abzulehnen, wird von Jugendlichen kritisch beobachtet. Zum anderen bekommen wiederkehrende Rituale einen hohen Stellenwert innerhalb der Firmvorbereitung. Sie ermöglichen den Jugendlichen, einfache Formen, ihr Erleben zusammen mit anderen zu reflektieren und nach vorn zu schauen, einzuüben.

Damit ist Firmvorbereitung diakonisches Handeln an Jugendlichen, indem sie Hilfe zum Leben erfahren. Zugleich entdecken Jugendliche wie sie ihrerseits diakonisch handeln können.

***Erfahrungsorientierte Begleitung
und Inhalte der Firmvorbereitung***
Erlebnis- und Erfahrungsorientierung sind Anforderungen an die Firmvorbereitung, wie sie bereits die Würzburger Synode formuliert hat. Diözesane Richtlinien und Orientierungsrahmen zur Firmvorbereitung haben diese Anforderung übernommen. Diese Herausforderung wird bereits in vielfältiger Weise und mit großem Engagement wahrgenommen.

Erfahrungsorientierung braucht Zeit und Kraft. Sie verfolgt das Ziel, Wege der Firmvorbreitung zu entwickeln, die jugendgemäße Formen des Erlebens integrieren. Die konkreten Möglichkeiten erfahrungsorientierter Vorbereitung sind von den Rahmenbedingungen der Gemeinden abhängig.

Jugendliche sind es gewohnt, dass Erlebnisse zunächst einmal mit Aktion verbunden sind. Es muss „was abgehen". Erlebnisse und Erfahrungen in der Firmvorbereitung sind allerdings zunächst einmal recht unspektakulär.[8] Es braucht beides: Erlebnisse, die mehr aus der Ruhe kommen, und Erlebnisse und Erfahrungen, die mit den aktionalen Methoden der Erlebnispädagogik initiiert werden.

Erfahrungsorientierte Firmvorbereitung braucht die präzise „Darstellung" dessen, was der christliche Glaube meint, was er darüber aussagt, wie Leben und Handeln aus dem Geist Gottes zu verstehen sind. Dazu sind Mädchen und Jungen geschlechtsspezifische Zugänge zu ermöglichen.[9] Jugendlichen soll ermöglicht werden, Klarheit zu gewinnen zum Verständnis von Firmung. Gleichzeitig können sie ihren derzeitigen Standpunkt hinsichtlich ihrer Beheimatung in der katholischen Kirche reflektieren. Dabei ist zu berücksichtigen, dass Jugendlichen Lernen auf Vorrat in Sachen Glauben fremd ist. Unsere Elterngeneration kannte Bibelverse,

---

8 Vgl. Claudia Hofrichter, Welch für ein Alltag! – Big Brother und die Firmgruppe: in diesem Buch 55-59.
9 Vgl. Claudia Hofrichter, Mädchen brauchen Frauen, Jungen brauchen Männer. Geschlechterspezifische Firmvorbereitung: in diesem Buch 77-86.

konnte Psalmen und Gebete auswendig. Viele davon wurden in Zeiten der Not zu Stoßgebeten und füllten sich mit Leben, andere wurden als Notration für schlechte Tage bewahrt oder auch als Lobpreis in glücklichen Stunden verwendet. Was die Generation unserer Eltern und Großeltern sozusagen im Gepäck des Lebens mit sich führte, ist für Jugendliche eher wenig verstehenswert.

Neue Kommunikationsmittel
Die Kommunikationsformen Jugendlicher haben sich verändert. Versuche, Firmvorbereitung zum Beispiel mit Internetaktionen zu verbinden, gibt es inzwischen in einigen Gemeinden. Auch die Möglichkeiten der Kurzinformationen über SMS oder E-Mail werden genutzt. Die besonderen Herausforderungen bestehen für hauptberufliche und ehrenamtliche MitarbeiterInnen zum einen darin, dass die Jugendlichen sich mit den neuen Kommunikationstechniken teils besser auskennen. Dies kann produktiv für bestimmte Projekte genutzt werden. Zum anderen „hinkt" Kirche einer technischen Entwicklung, die in anderen Bereichen bereits personengewinnend ist, aus der Wahrnehmung von Jugendlichen hinterher. Deren Nutzung kann auf Jugendliche auch abstoßend und „ködernd" wirken.

Ehrenamtliche Mitarbeit und personales Angebot
Firmvorbereitung wird getragen vom Engagement und der Bereitschaft von hauptberuflichen und ehrenamtlichen MitarbeiterInnen. Was geht und wie es geht ist abhängig von der Motivation und Glaubwürdigkeit derer, die in der Firmvorbereitung mitarbeiten.

Ehrenamtliche MitarbeiterInnen tragen in unterschiedlicher Weise Verantwortung in der Firmvorbereitung. Sie brauchen Schulung und Begleitung.

Ehrenamtliche MitarbeiterInnen dürfen klare Vereinbarungen zu Aufgabe und zeitlichem Umfang erwarten, um sich nicht zu überfordern. Merkmal von ehrenamtlicher Mitarbeit in der Firmvorbereitung ist, dass viele nicht mehr bereit sind, sich auf unüberschaubare Aufgaben und Zeiträume einzulassen. Ehrenamtliche MitarbeiterInnen brauchen Anerkennung und Wertschätzung.[10]

Vernetzung von Firmvorbereitung mit anderen pastoralen und katechetischen Handlungsfeldern
Die Rede ist hier nicht von einer kontinuierlichen katechetischen Begleitung von Kindern und Jugendlichen ohne Unterbrechung von der Taufe bis zur Firmung. Vielmehr können Verantwortliche in den Gemeinden überlegen, wie die Ressourcen in der Gemeinde optimal genutzt werden können. Darüber hinaus entstehen dadurch neue Kontakte und Beziehungen innerhalb der Gemeinde. Wer kann was für wen tun und damit auch für sich etwas gewinnen? Zum Beispiel: Firmjugendliche können die Erfahrung machen, dass ihnen die Übernahme von Verantwortung zugetraut wird, indem sie zusammen mit Erwachsenen Kommunionkinder auf einem Wochenende begleiten.[11] Firmvorbereitung und Jugendarbeit können zusammenarbeiten.

Seelsorgeeinheiten
Die neue Kooperationseinheit ist Chance und Herausforderung. Die Chancen gilt es noch zu entdecken. Erste Ansätze sind bereits sichtbar. Vor allem aber werden noch die anstehenden Fragen formuliert:
- Ist die Seelsorgeeinheit eine überschaubare Größe, so dass seitens der hauptberuflichen MitarbeiterInnen Beziehungen gelebt und initiiert werden können?
- Wie können die einzelnen Gemeinden kooperieren?
- Wird Firmvorbereitung langfristig gesehen auch zukünftig in jeder Gemeinde stattfinden oder eher ihren Mittelpunkt in der Gemeinde haben, in der es die ansprechende „Jugendszene" gibt?
- Werden innerhalb einer Seelsorgeeinheit verschiedene Vorbereitungswege möglich sein, um die unterschiedlichen Situationen zu achten oder wird der organisatorische Aufwand zu hoch?

---

10 Vgl. Claudia Hofrichter/Barbara Strifler, Darf's auch ein bisschen mehr sein? Ehrenamtliche Mitarbeiterinnen und Mitarbeiter in der Firmvorbereitung: in diesem Buch 165-175.
11 Vgl. Jörn Hauf, „Dürfen wir denen auch mal eine scheuern, wenn sie uns blöd kommen?": Claudia Hofrichter/Barbara Strifler, Firmvorbereitung mit Esprit, Praxismodelle, Stuttgart 2001.

- Gibt es eigene Vorbereitungsteams in den einzelnen Gemeinden?
- Wie werden ehrenamtliche MitarbeiterInnen begleitet? Was ist sinnvoll, gemeinsam zu tun?

Beim Kongress hat sich gezeigt, dass die Seelsorgeeinheiten auch als Chance für die Firmvorbereitung gesehen werden. Die Firmvorbereitung wird in einigen Gemeinden bereits als gelingendes Beispiel der Kooperation der Gemeinden einer Seelsorgeeinheit umgesetzt.

Matthias Ball

„Da bin ich doch wieder die Einzige"
Jugend zwischen umworbener Zielgruppe und vernachlässigter Minderheit

Am Sonntag versuche ich, unsere Kinder zum Gottesdienst zu motivieren. Die Älteste und die Jüngste winken sofort ab. Anne-Kathrin mit ihren 18 Jahren legt Wert auf eigenständige Entscheidungen; Sarah (9) argumentiert, dass sie nächsten Sonntag als Ministrantin eingeteilt ist, also möchte sie heute Pause. Lisa (15), gerade bei der Firmvorbereitung, lässt sich auch kaum ansprechen. „Da bin ich wieder die Einzige" sagt sie – „und langweilig ist der Gottesdienst auch." „Aber während der Firmvorbereitung könntest Du doch mitgehen", versuche ich es noch einmal. „Ich gehe montags zur Firmgruppe, das ist super – und das sind zwei Stunden. Zwei Stunden Religion die Woche muss reichen." Mein Versuch schlägt somit fehl und Recht geben muss ich ihr auch. Der Gottesdienst am Sonntag ist für sie als Jugendliche wirklich nicht ansprechend.

Mit dieser biografischen Notiz ist der Blickwinkel meiner Betrachtung gut eingefangen. Innerhalb der Fimkatechese wird der Jugend – zumindest bestimmten Jahrgängen – besondere Aufmerksamkeit geschenkt. Ich konzentriere die Betrachtung auf die Katechese. Dass Jugend der Kirche in Form von Religionsunterricht begegnet oder Jugendverbände aktiv Jugendarbeit betreiben, bleibt hier unberücksichtigt, ist mir aber wohl bewusst. Doch sind all diese Bemühungen in ein Grundverhältnis von Jugend und Kirche eingebunden. Beide Seiten sind zusammen zu sehen. Die erste Seite im Verhältnis Jugend – Kirche entspricht der umworbenen Zielgruppe. Kirche zeigt sich da:

Phasenweise engagiert, aber nur punktuell interessiert
Gemeindliche Katechese, vornehmlich in Form der Firmkatechese, ist vielfach engagiert und sehr bemüht, den Jugendlichen ein offenes, attraktives, auf Lebenssinn und Kirche als Anwalt von Jugendlichen ausgerichtetes Gesicht zu zeigen. Sie geschieht als mehrwöchige Katechese in kleinen Gruppen, als Projektmethode,

in Form von Wochenenden oder Freizeiten, mit einer Mischung aus Gruppentreffen und Formen der Begegnung mit einzelnen Christen bzw. Aktivitäten in der Gemeinde. All dies berechtigt, so zu sprechen wie meine Tochter – montags in der Firmgruppe ist es super. Aufs Ganze gesehen stimmt auch meine Beurteilung: engagiert, aber nur punktuell interessiert. Punktuell interessiert deswegen, weil es nicht mehr gelingt, Jugendkatechese dauerhaft zu gestalten bzw. umgekehrt, weil es Gemeinden gelingt, in der Firmvorbereitung Kräfte zu mobilisieren und zu bündeln, die sonst nicht zu aktivieren sind.

Die andere Seite des Verhältnis Jugend – Kirche fragt viel umfassender. Wenn ich die öffentliche Darstellung von Kirche nehme, ihr Erscheinungsbild in den Medien, das, was Jugendliche unabhängig von aller Kirchenbindung wahrnehmen, so müssen sie sich als Minderheit vorkommen. Und Kirche begegnet ihnen da:

***Im Kontakt „hilflos", im Anspruch „intolerant" und
im Erscheinungsbild „langweilig"***
Kirche und Jugend sind zwei Größen, die mehr oder weniger beziehungslos einander gegenüberstehen.

Dabei fällt es der Kirche, der einzelnen Gemeinde außerordentlich schwer, mit den Jugendlichen in Kontakt zu kommen. Die Aussage meiner Tochter – der Gottesdienst ist so langweilig – ist nur ein Beleg dafür. Weitere Hinweise zum Verständnis dieser „hilflosen" Kontaktversuche trage ich gleich bei einer umfassenden Analyse zusammen.

Für die zweite Aussage – im Anspruch „intolerant" – soll als Beleg das Zitat von Bischof Franz-Josef Bode (Osnabrück), dem Jugendbischof der Deutschen Bischofskonferenz dienen. Er hat, dem Beispiel Papst Johannes Paul II folgend, ein Schuldbekenntnis zum Abschluss der Fastenpredigten im Jahr 2000 formuliert. Darin heißt es, Jugendliche finden in den Gemeinden „nur selten Orte, wo sie erleben und erfahren können, wie Erwachsene aus dem Glauben heraus den Alltag gestalten". Und in sexuellen Fragen – einem wichtigen Thema jugendlicher Lebensorientierung –, habe man als Kirche „meist nur Verbote und Gebote ausgesprochen, statt das Suchen junger Menschen nach Orientierung und Sinnerfüllung ernst zu nehmen".

Dass die Jugend eine Minderheit in der Kirche ist, mehr oder weniger stark vernachlässigt, ist nicht allein eine Frage kirchlicher Kontaktversuche, die wenig gelingen. Es ist auch Ausdruck der Situation von Jugend in der Gesellschaft. Insofern steht am Beginn der Begründung für das provokant formulierte Verhältnis eine Analyse der Jugendsituation, die unter kirchlicher Perspektive weiter vorangetrieben wird.

1 Jugend in der Gesellschaft

Nur fragmentarisch lässt sich angesichts heutiger Pluralität, Mobilität und Wechselhaftigkeit ein Bild der Jugend in der Gesellschaft zeichnen. Einige Hinweise müssen genügen.

Wann endet die „Jugend"?
Dass der Wechsel von der Kindheit zur Jugend mit der sexuellen Reife und daher etwa zwischen 12 und 14 Jahren beginnt, ist einigermaßen unbestritten. Doch wann vollzieht sich der Wechsel zum Erwachsenenalter?

Eigenartigerweise gehen einige Jugendstudien von einem Zeitraum zwischen 14 und 30 aus. Von 15 – 24 Jahren zieht zum Beispiel die 13. Shell-Studie[1] den Untersuchungszeitraum; noch weiter die Data-Concept-Repräsentativ-Studie „Jugend-Trends 2000", die für die Zeitschrift „focus"[2] erstellt wurde.

Auch ein Heft der Zeitschrift „Diakonia" hatte sich für den Themenschwerpunkt Jugend den Titel „zwischen 15 und 30"[3] gegeben. Dieser weite Zeitraum entspricht der mittlerweile üblichen Phasenaufteilung des Lebens, die nicht mehr nur drei, sondern fünf Phasen kennt. Auf Kindheit und Jugendphase folgt eine weitere Nach-Jugendphase bis etwa 30 Jahre, bevor das Erwachsenenalter und das Greisenalter folgen. Damit wird der Spannung Rechnung getragen, dass Jugendliche einerseits mit 18 Jahren Wahl-

---
1 Deutsche Shell (Hg.), Jugend 2000. 13. Shell Jugendstudie, Opladen 2000.
2 Vgl. focus, Heft 12/2000, 63-74.
3 Diakonia 23 (1992) Heft 6.
4 Das durchschnittliche Heiratsalter für Frauen liegt bei 26 Jahren, das der Männer bei knapp 29 Jahren.

recht genießen, den Führerschein machen können und im Finanzwesen als voll geschäftsfähig gelten, andererseits aber das Ende der Ausbildung und der Eintritt ins Berufsleben oder die Eheschließung[4] als Schritte zur Selbständigkeit bzw. der Übernahme von Erwachsenenrollen erst viel später – eben gegen 30 – erfolgen.[5]

Lässt sich die Grenze zwischen Jugend und Erwachsenenalter rein zahlenmäßig nur schwer ziehen, so sieht sich in puncto Lebenskultur die Jugend insgesamt einer „feindlichen Übernahme" durch die Erwachsenen ausgesetzt. Jeder will in Aussehen, Mode, körperlicher Attraktivität, Vitalität, Beweglichkeit jugendlich sein. Die Werbung gibt hier eindeutig die Trends vor, so dass die Schnittstelle vom Jugend- und Erwachsenenalter längst aufgegeben ist. In purer Selbstverständlichkeit sind Jeans das Kleidungsstück für 20- und 70-jährige, ist Jil Sander Mode und Parfumgeschmack für Mütter wie Töchter und gehen Väter und Söhne gemeinsam zu Rocklegenden wie den Rolling Stones, Carlos Santana oder Sting ins Konzert.

Jugend in der Minderheit
Egal wie unterschiedlich Jugend beschrieben wird, eines steht fest: sie wird bevölkerungsstatistisch zur Minderheit.

Seit 1950 ist der Anteil der Jugend, die jünger als 20 Jahre ist, von 1/3 auf 1/5 der Bevölkerung zurückgegangen. Insofern stimmt die These, dass die deutsche Gesellschaft eine Zukunftsgesellschaft darstellt, bereits nicht mehr. Als Paradox ist zu konstatieren, dass trotz höherer wirtschaftlicher Produktivität die Reproduktionsrate geringer ist. In fast allen postindustriellen Gesellschaften zeigt sich die Zukunftsorientierung in der Technik, nicht aber in den Kindern.

Die Auswirkungen sind einmal wirtschaftlicher Natur. Immer weniger junge Menschen müssen die Renten und Pensionen für die alte Generation erwirtschaften, ganz zu schweigen von der Gesundheitsversorgung und der Pflege.

---
5 Dieser Beitrag möchte im pastoral-katechetischen Sinn die Jugendzeit auf den Zeitraum 14-18 Jahre bezogen wissen.

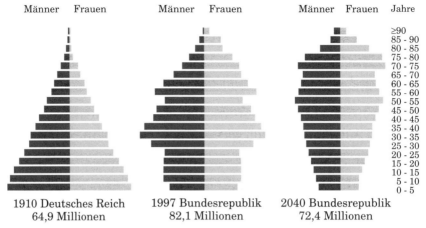

Abb. 1: Die neuen Pyramiden des Alters[7]

Ein weiteres Moment liegt in der Kontaktumkehrung. Auf vier Erwachsene kommt ein Jugendlicher, so dass Jugend entweder gar nicht mehr im Blickfeld Erwachsener vorkommt – man weiß dann zu wenig voneinander. Oder Jugendliche werden z.b. durch Scheidung und Wiederheirat ihrer Eltern in übersteigertem Maß „in Anspruch genommen", d.h. immer mehr Erwachsene wollen etwas von einem Jugendlichen. Dieses „In-Anspruch-genommen-Sein" führt bei Jugendlichen zum Abtauchen in eine immer schrillere Jugendszene, zu der Erwachsene keinen Zugang mehr haben (dürfen): Techno, Szenetreffs, Fußball-Fanclubs, Internet-Surfer...[6]

Jugendzeit ist „besetzte Zeit"
Innerhalb der Jugendzeit gibt eine Gesellschaft notwendig bestimmte Anforderungen vor. Den Kindern dagegen wird noch Spiel und Unbeschwertheit, Zeitlosigkeit und Freiheit fraglos zugestanden. Dorthin – in eine frei gestaltbare Kindheit – reicht in der Regel auch die Sehnsucht der Erwachsenen, wenn sie von Pflichten, Terminen und Ansprüchen „aufgefressen werden".

---

6 Vgl. zum Ganzen Karl Otto Hondrich, Eine Minderheit namens „Jugend": Psychologie heute 26 (1999) Heft 11, 38-45; Matthias Horx, Die acht Sphären der Zukunft. Ein Wegweiser in die Kultur des 21. Jahrhunderts. Wien/Hamburg 1999, 97-100.
7 Horx, Die acht Sphären der Zukunft, 99.

Die Jugendzeit gilt als Zeit dazwischen, als die Zeit, in der man nicht mehr Kind und noch nicht erwachsen ist.

Damit ist auch das Thema vorgegeben, an dem sich die Jugend „abzuarbeiten" hat – und das im wahrsten Sinn des Wortes. Sie hat all das zu lernen, was für die Übernahme einer Erwachsenenrolle notwendig ist. Das Lernen vollzieht sich vornehmlich in Schule und Ausbildung. Wir Erwachsenen machen uns oft keine Vorstellungen davon, wie sehr durch die Schule – und das nicht nur zu Zeiten des Unterrichts – der Tagesplan unserer Kinder und ihr gesamtes Denken mitbestimmt ist. In der Schule werden die Beziehungen für die Freizeit gefunden, Verabredungen getroffen, ist man der Kritik oder dem Wohlwollen Gleichaltriger ausgesetzt.

Schule und Ausbildung sollen auch die Voraussetzungen schaffen, einen angemessenen Arbeitsplatz zu finden. Dabei ragt angesichts der hohen Arbeitslosigkeit und eines damit verbundenen Lehrstellenmangels das gravierende Thema „Arbeit" aus der Erwachsenenwelt recht massiv in das Jugendalter hinein. Lernen, um etwas zu werden, oder Lernen auf Vorrat, damit heute die Weichen für eine gute Zukunft gestellt sind, heißt die Devise; und nicht, Lernen als Weise des Daseins. In diesem Sinn ist die Jugendzeit auch eine spezifisch „besetzte" Zeit.

Jung sein heißt „fragend leben"

Spätestens wenn Kinder das erste Mal aufbegehren, Nein sagen, die vorgegebene Struktur und Ordnung hinterfragen, spüren Eltern, dass für alle eine neue Phase beginnt, die Pubertät oder eben die Zeit der Jugend.

Die Frage der jungen Generation heißt ganz einfach: Was muss ich tun, um als Erwachsener in der Welt der Erwachsenen, das heißt als selbständiger, eigenverantwortlicher Mensch in der Welt von heute zurechtzukommen? Eine Teilantwort wird in dem eben geschilderten Weg der Ausbildung gesucht. Weitere Teilantworten betreffen den Umgang mit der eigenen Sexualität, der Rolle als Mann oder Frau, und daraus folgend den Umgang mit dem anderen Geschlecht. Wieder neue Antworten ergeben sich aus der Orientierung an Werten und Idealen; dem Umgang mit dem überreichen Angebot der Konsum- und Medienwelt; den Zielen, die für das Überleben einer Gesellschaft wichtig sind wie Umweltschutz und nachhaltige Entwicklung, Frieden und Gerechtigkeit in ganz unterschiedlichen Lebensbedingungen. All diesen Bereichen nähert sich der Jugendliche fragend, damit aber auch erprobend, sprunghaft und vor allem in eigener Souveränität.

Anders als in früherer Zeit gibt es auf all diese Fragen keine geschlossenen Antworten mehr, die einander ergänzen und stützen. Auch die Biografien junger Menschen sind innerhalb der postmodernen Unübersichtlichkeit zu gestalten und daher Bastelbiografien, die je nach getroffener Entscheidung für eine bestimmte Zeit so oder anders zusammengesetzt werden. Dabei werben viele Institutionen wie Medien (z.B. in den unzähligen Soaps), die Wirtschaft in Form von Banken und Versicherungen, die Musikszene, Parteien und auch die Kirchen um die Jugendlichen. Sie bieten gleichsam Biografien an, die wie Kleider von der Stange zu holen sind. Insofern stellt sich für Jugendliche die zusätzliche Frage: Möchte ich eine geliehene Biografie oder mir selbst eine erwerben? Oder noch deutlicher: Wie lebe ich mein eigenes Leben?

Der Familie kommt in diesem Kontext eine Schlüsselrolle zu. Doch sie ist selbst Teil der Gesellschaft, in dieselbe Unübersichtlichkeit eingebunden und lebt oft genug den beständigen Wandel, eine immer neue Entscheidung vor. Überträgt man den Trend, dass jede dritte Ehe geschieden wird, auf die Situation der Kinder und Jugendlichen, so kann als Prognose formuliert werden: Beinahe die Hälfte der Kinder wachsen nicht in der Familie auf, in die sie hineingeboren sind.

Was diese Trennungssituation der Eltern für die Kinder bedeutet, wird viel zu wenig beachtet. In einer Phase, in der Jugendliche sich von den Eltern lösen und deren Lebensstil zu befragen beginnen, lösen sich Vater und Mutter voneinander. In dieser Situation kehrt sich die fragende Haltung der Jugendlichen an ihre Eltern – wie kann ich sinnvoll leben auch mit den Spannungen von Autonomie und Bindung? – um in die kritische Frage – warum habt ihr mir das angetan (die Trennung und Heimatlosigkeit) und verweigert mir die Antwort, wie beides auch zusammen geht?

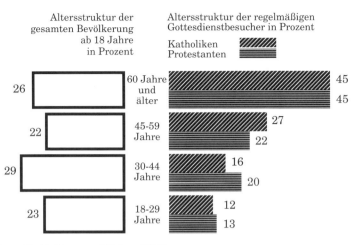

Abb. 2: Altersstruktur der regelmäßigen Gottesdienstbesucher[10]

2 Jugend in der Kirche

Die im Bezug auf die Beziehung Jugend – Gesellschaft formulierten Parameter will ich im Folgenden auch auf die Beziehung Jugend und Kirche anlegen.

Wann „endet" die Jugendzeit?
Diese Frage ist im kirchlichen Kontext eindeutiger zu beantworten, ihr kommt aber auch nicht das Gewicht zu. Mit 14 Jahren ist der Mensch „religionsmündig" und kann eigenständige Entscheidungen treffen.[8] Sakramental feiert die Kirche in der Firmung das Erwachsenwerden und die Zuerkennung des Priester-, Hirten- und Prophetenamtes Christi.

Jugend – eine Minderheit, erst recht in der Kirche!
Dass die Jugend in der Kirche eine Minderheit darstellt, hat mit der gesellschaftlichen Situation zu tun. Es kann hier kein anderes Bild geben. Dennoch kommen weitere Erschwernisse hinzu. Ers-

---

8 Sich vom Religionsunterricht abmelden oder aus der Kirche austreten.

tens ist die Jugend im sonntäglichen Gottesdienst – dem Zentrum des gemeindlichen Lebens – überdurchschnittlich schwach vertreten. Der Anteil der über 60-jährigen liegt bei 45 %, der der bis 30-jährigen bei unter 12 %.[9]
Ähnliches gilt für gemeindliche Gruppierungen, in denen auf Grund der früher stärker gegebenen Bindungen die ältere Generation eindeutig die Mehrheit bildet. Nochmal verschärft zeigt sich die „Übermacht der Alten", wenn man auf das kirchliche Personal, insbesondere die Priester schaut. In Freiburg, einer der großen Diözesen Deutschlands, ist jeder zweite Priester 60 Jahre und älter; von den Priestern im aktiven Dienst sind knapp 90 % älter als 50 Jahre.[11]

Auf die gesamte Bundesrepublik Deutschland bezogen werden für dieses Jahr 100 Neupriester erwartet. Damit fehlt der Jugend nicht nur in der Gemeinde, sondern auch bei den Vertretern der Kirche ein Partner „in Augenhöhe". Somit zeigt sich Kirche insgesamt wie in der Gemeinde als alt.

Jugendzeit – eine „besetzte" Zeit, auch in der Kirche
Die Kinder- und vor allem die Jugendzeit ist die Zeit, in der ein Mensch Christsein lernen soll. Hier setzt die Katechese an in der Annahme, dass sozialisierendes Lernen durch Familie, Schule, Gemeinde und Gesellschaft den Menschen auch innerhalb des christlichen Glaubens bzw. seiner Kirchenmitgliedschaft zu einem entscheidungsfähigen Erwachsenen macht. Was in der Taufe zugesprochen wurde, soll in der Folgezeit erlernt werden. Dabei tritt Kirche häufig als „lehrende Mutter" auf. Erlernt werden sollen religiöse Praktiken wie Gebete und Feiern und christliches Wissen (Heilige Schrift, Lehre der Kirche) in der Hoffnung, dass der junge Mensch damit zur religiösen Erfahrung kommen oder gemachte Erfahrungen im Licht des Glaubens verstehen kann. Auch hier zeigt sich vielfach noch der Gedanke eines „Lernens auf Vorrat". Genau diese sozialisierende und traditionsgebundene Form des

---

9   Daten nach Michael Ebertz, Erosion einer Gnadenanstalt? Zum Wandel der Sozialgestalt von Kirche, Frankfurt 1998, 317. Eine Spezifizierung der unter 18-Jährigen wurde nicht vorgenommen.
10 Ebertz a.a.O. 317.
11 Daten nach Ebertz, a.a.O. 111-113.

christlichen Lernens funktioniert immer weniger. Die Ursachen sind vielfältig. Am schwierigsten ist wohl die Frage zu beantworten, wie Christsein in einer vom Christentum geprägten, jetzt aber plural – und damit nachchristlich – gewordenen Gesellschaft aussieht. Auch den Eltern sind viele Plausibilitäten für den Glauben an den dreieinen Gott, für christliche Feierformen und christliche Werte „weggerutscht", so dass sie diese ihren Kindern nicht mehr vermitteln können. Was den eigenen Eltern aber schwer fällt in der Begründung, das können sie Jugendlichen nicht tradieren. Eine Katechese, die an eine kirchliche Sprache, an bestimmte Formen und an ein einheitlich zu akzeptierendes Weltbild gebunden ist, verkommt zur satzhaften Lehre, die nicht mehr an das Leben und die Erfahrung Jugendlicher heranreicht. In der zitierten Shell-Studie wird dies im Kapitel zur Jugend und Religion so konstatiert: „Insgesamt haben wir eine Entwicklung hinter uns, die den (christlichen) Kirchen[12] wenig Chancen belässt, unter den derzeitigen Bedingungen und in den bisherigen Formen Einfluss auf die junge Generation zu gewinnen".[13]

Was die Soziologen nüchtern beschreiben, hat ein australischer Bischof im Zusammenhang einer Konferenz für das neue katechetische Direktorium in Rom so ausgedrückt: „Ich verstehe, was du sagst, aber es fühlt sich nicht gut für mich an."

Als Jugendlicher fragend leben in einer Kirche voller Antworten

Möglicherweise hängt der eben beschriebene Sachverhalt sehr eng mit dem folgenden Gesichtspunkt zusammen. Kennzeichen der Jugend ist das Fragen. Dieser Lebensstil zeigt sich auch in Form von Auswählen und Ausprobieren, zeigt sich im sprunghaften Wechsel von einer Überzeugung zur nächsten, zeigt sich im Suchen und im Mischen von Gegensätzlichem. All das muss nicht immer rational nachvollziehbar, logisch stimmig und verständlich sein. Das Entscheidende für Jugendliche hat der australische Bischof treffend erkannt – es muss sich nur „gut anfühlen".

---

12 Das Problem stellt sich für die evangelische Kirche in gleichem Maß.
13 Arthur Fischer/Yvonne Fritsche/Werner Fuchs-Heinritz/Richard Münchmeier: Hauptergebnisse: Deutsche Shell (Hg.), Jugend 2000, 21. Siehe dazu auch: Werner Fuchs-Heinritz, Religion: a.a.O. 157-180.

Wo sind diese „Gut anfühlen"-Elemente in unserer Kirche, speziell in der Gemeinde erlebbar? Der Sonntagsgottesdienst wird als langweilig eingeschätzt – und ist es auch. An die Stelle des Gottesdienstes sind längst Pop-Konzerte oder Sportfestivals mit ihren paraliturgischen Zügen getreten.

Auch dem suchenden Jugendlichen begegnen in der herkömmlichen Gemeinde, die allein schon vom Altersdurchschnitt her ein anderes Milieu abbildet als die Jugendkultur, eher feststehende Antworten und normierende Handlungs- und Kommunikationspraktiken.[14]

In gleicher Richtung ist zu fragen, ob das sozialisierende Lernen nicht zu sehr ein Lernen auf vorgegebene Antworten und Verhaltensmuster hin darstellt. Christsein lernen heißt demnach eine bestimmte Rolle zu übernehmen. Wer ausreichend Antworten gelernt hat, wer die vorgesehenen Verpflichtungen möglichst passend erfüllt, der kann dazugehören. Dies alles hat in geschlossenen Gesellschaften seine Berechtigung gehabt, greift aber in offenen Gesellschaften nicht mehr. Vor allem von einer Jugend, die ihr Leben selbst zusammensuchen muss und will, wird das so nicht länger akzeptiert. Das muss kein Mangel der Jugend sein, denn Christsein lernen kann auch heißen, seine eigene Form für die individuelle religiöse Erfahrung zu finden und diese als spezifische Rolle in das Gros kirchlich-christlicher Lebensstile einzubringen. Das aber fordert Kirche heraus, auch die bisher gefundenen Antworten noch einmal in den Diskurs zu bringen. Eine Kirche, die jung sein und sich der Jugend öffnen will, wird darum nicht herum kommen. Dass Kirche das bislang noch zu wenig tut, daran hat der eingangs zitierte Jugendbischof Bode deutlich genug erinnert.

3 Firmkatechese als „Gegenbild" von Kirche

Versuche ich ein Bild zu finden, wie Kirche und Jugend einander gegenüberstehen, miteinander in Kontakt stehen, so fallen mir vorrangig polare Bilder ein:

---

14 Vgl. Michael Ebertz, Die sieben „Jugendtabus" der Kirche. Soziologische Aspekte eines problematisch gewordenen Verhältnisses: KatBl 124 (1999) 406-410.

- Alt bis überaltert gegen eine „junge" Jugend.
- Männlich, kopfgesteuert und starr gegen viel Emotionalität und Sprunghaftigkeit.
- Belehrend bis „besser wissend" gegen neugierig, forschend, experimentell.
- Grenzziehend bis ausgrenzend gegen „multi-kulti", Patchwork-Religiosität und „konfessionsumfassend".

Natürlich ist diese Polarität nicht allein das Erscheinungsbild von Kirche, vielfach mischt sich auch das in den Medien vermittelte Bild von Kirche hier hinein.

Diese Stichworte sind durch die vorgenommenen Analyse verdeutlicht worden. Das Problem dabei ist, dass dieses Erscheinungsbild Jugendliche oft davon abhält, das Gegenbild genauer anzuschauen. In der gemeindlichen Katechese ist nämlich Platz für ein viel bunteres und attraktiveres Bild vom Christsein und von Kirche sein.

Speziell in der Firmkatechese, dem Standard-Kontakt zwischen Jugend und Kirche, zeigt sich Kirche vielfach weiblich, jung, interessiert, lernend und neugierig begleitend.

- Weiblich, weil viele Ehrenamtliche Frauen sind.
- Jung, weil es in dieser Phase gelingt, Menschen zeitlich begrenzt für verschiedene Formen der Mitarbeit in der Firmvorbereitung zu engagieren.
- Interessiert, weil Katechetinnen oft genug selbst Kontakt zu Jugendlichen (eigene Kinder, in der Schule, im Beruf) haben.
- Lernend, weil diese Katechetinnen selbst auf der Suche nach einer heute gültigen und lebbaren Gestalt des Christseins sind und sich selbst bzw. in Kontakt mit den Jugendlichen als Lernende erfahren.
- Neugierig begleitend, weil Katechetinnen und Katecheten die Hoffnung haben, auch durch die Jugendlichen an Fragen heranzukommen, die einmal ihre eigenen waren bzw. die sie immer noch bewegen, durch andere Verpflichtungen aber in den Hintergrund geraten sind.

Bild und Gegenbild stehen nicht unverbunden nebeneinander, sie schließen einander auch nicht aus, sondern wirken zusammen. Dass sich in dem einen Bild ein solches Gegenbild zeigt, ist das Erfreuliche in der gemeindlichen Katechese. Und wenn Jugendliche in einer bestimmten Zeit ihres Lebens für eine kurze Zeit neben der institutionellen Seite der Kirche und neben dem Christsein-Lernen in der Schule das Gegenbild einer attraktiven gemeindlichen Firmvorbereitung erfahren, so kann diese Zeit als gute Erfahrung bewahrt werden. Wie eine solch attraktive Firmkatechese aussieht, davon zeugen die Praxisbeispiele im zweiten Band.

Martin Moser

Firmkatechese im Spannungsfeld von Jugendmilieus und gemeindlichen Vorbereitungswegen

1 Firmkatechese als Milieubegegnung

Firmkatechese geschieht im Spannungsfeld zwischen Jugendmilieus und gemeindlichen Vorbereitungswegen. Was mit „Jugendmilieu" gemeint ist, lässt sich am besten durch ein Blitzlicht aus der Welt der Jugendlichen skizzieren.

Zwei gleichaltrige Jugendliche in derselben Straße gehören zu zwei verschieden Cliquen, von denen die eine musikalisch auf Techno steht, die andere Black Metall mit all den damit verbundenen Wertsymbolen konsumiert. Eine dritte Jugendliche versteht sich als Hippie. Erkennbar ist sie an einer unten weit ausgestellten Schlaghose. Ein vierter engagiert sich in der offenen Jugendarbeit der katholischen Pfarrei oder ist bei den Ministranten. Wieder ein anderer spielt in der Basketballmannschaft seiner Schule und verbringt seine Freizeit mit seinen „Basketballfreunden". Äußerlich erkennbar sind diese Jugendlichen durch Haartracht, Kleidung, Auftreten, Schmucksymbole, Stil und Sprache. In der Freizeit treffen sie sich mit anderen Gleichaltrigen, die die gleichen Interessen haben.

Der milieutheoretische Ansatz des Soziologen Gerhard Schulze kann helfen, diesen Befund besser zu verstehen. Nach Schulze segmentiert sich unsere Gesellschaft in unterschiedliche Ähnlichkeitsgruppen.[1] Ästhetische Gesichtspunkte, Sympathie und Interesse, Bildung und Selbstdarstellungen spielen eine Rolle, wem sich Menschen zugehörig und nahe fühlen und von wem sie sich abgrenzen. Wo solche Ähnlichkeitsgruppen ihre sozialen Kontakte verdichten und eine eigene Binnenkommunikation entsteht, beginnen sie sich gegenseitig voneinander abzuheben. Schulze

---

1 Vgl. Gerhard Schulze, Erlebnisgesellschaft. Kultursoziologie der Gegenwart, Frankfurt a.M. ⁵1995.

spricht hier von sozialen Milieus.[2] Sie entstehen durch Wahl und Entscheidung. Jugendliche bilden solche Ähnlichkeitsgruppen, die sich durch gleichen Geschmack, gleiche Symbole, gleichen Stil auszeichnen.[3]

Jugendmilieus entstehen durch Beziehungswahl. Kriterien für diese Wahl sind: Öffnung oder Abgrenzung in der Alltagsinteraktion; Angleichung oder Distanzierungen von anderen Personen und deren subjektiven Standpunkten; Gefühle von Vertrautheit oder Nähe; Zustimmung zu Passendem und Ablehnung von Stilbrüchen.

Aus diesem Blickwinkel erscheint auch Gemeinde als ein Milieu unter anderen. In der Firmvorbereitung wechseln die Jugendlichen für eine bestimmte Zeit aus ihrem Milieu in das der Gemeinde. Hier begegnen sie anderen Symbolen, Gesprächsmustern, Sichtweisen der Welt. Firmkatechese lässt sich demnach als Milieubegegnung beschreiben.

Für MitarbeiterInnen in der Firmvorbereitung ist es wichtig, ab und zu eine „milieutheoretische Brille" aufzusetzen: Sie können dadurch besser wahrnehmen, zu welcher Ähnlichkeitsgruppe Jugendliche sich zugehörig fühlen. Zugleich ermöglicht es ihnen diese Zugehörigkeitswahl zu würdigen und zu ihr in Beziehung zu treten. Mit „In-Beziehung-Treten" meine ich etwas zwischen Zustimmung und Ablehnung: Nicht „Ja" oder „Nein" sagen, sondern neugierig werden: „Ah ja, so konstruierst du dir deine Welt, das ist dir wichtig, das sind deine Orientierungspunkte."

2 Firmkatechese als Gemeindekatechese

In den siebziger Jahren war die Firmkatechese ein exemplarisches Vorzeigefeld der sich entwickelnden Gemeindekatechese:

---

2 Schulze a.a.O. 174f. „Statt von Milieu zu sprechen, könnte man auch andere Ausdrücke verwenden, etwa Lebensstilgruppen, Subkulturen, ständische Gemeinschaften, soziokulturelle Segmente, erlebbare gesellschaftliche Großgruppen. Jede dieser Benennungen weckt besondere Assoziationen, die nicht davon ablenken sollen, worauf es in unserem Zusammenhang inhaltlich ankommt: partielle Gemeinsamkeit von Existenzformen und erhöhte Binnenkommunikation."

3 Schulze a.a.O. 189: „Die ästhetischen Spannungen zwischen den Generationen führten erst zu Konflikten, dann zu Segmentierungen kohortenspezifischer Erlebnismilieus."

Gemeindemitglieder begleiten Jugendliche zum Firmsakrament und machen ihnen so Glaube und Gemeinde erlebbar.

Die Würzburger Synode formulierte in Rückgriff auf die Dokumente des II. Vatikanischen Konzils und im Blick auf Gemeinden, in denen diese Praxis schon realisiert war: „Träger der Firmvorbereitung ist die Pfarrgemeinde" und „Die entscheidenden Impulse für eine pastorale Erneuerung der Firmung ... sind zu erwarten ... von der Weise wie die Firmung vorbereitet und neu ins Bewusstsein der Gläubigen gerückt wird."[4]

Trotz immer neuer Herausforderungen war und ist das eine erfolgreiche Praxis. Quantitativ betrachtet machen sich Jahr für Jahr KatechetInnen auf den Weg, sich ihres eigenen Glaubens bewusst zu werden und anderen daran Anteil zu geben. Bei angenommen 500 Gemeinden in einer Diözese und geschätzten sechs FirmkatechetInnen pro Gemeinde sind das immerhin 3000 Menschen jährlich! Durch die Firmkatechese wird sichtbar, dass die Gemeinde selbst (die getauften und gefirmten Christen und nicht alleine die Hauptberuflichen) Trägerin der Katechese ist. Qualitativ betrachtet wird erlebbar und sichtbar, dass „normale" Gemeindemitglieder, also Menschen, die nicht Theologie oder Religionspädagogik studiert haben, den Glaubensprozess anderer Menschen begleiten können. Das ist eine Umschreibung für „katechetisch tätig sein"!

Innerhalb der Firmkatechese wird sichtbar, dass junge Menschen zwischen 12 und 18 Jahren ihre Karten im Blick auf Religion und Kirche neu mischen. Es zeigt sich, dass die konkrete Gestalt des Christseins in jedem Lebensabschnitt neu gewonnen werden muss. Und es wird deutlich, dass Katechese keine Einwegkommunikation sein kann, sondern eine dialogisch-kommunikative Gestalt braucht. Es gab und gibt vielfältige Experimente, wie das konkret gehen kann.[5] Gemeindliche Katechese entwickelte so eine eigene Didaktik: dialogisch, prozesshaft, partizipierend, auf das Evangelium und auf die Situation der Menschen bezogen, erleben-lassend.[6]

---

4 Schwerpunkte heutiger Sakramentenpastoral 3.4.2.: Gemeinsame Synode der Bistümer in der Bundesrepublik Deutschland. Beschlüsse der Vollversammlung. Offizielle Gesamtausgabe I, Freiburg/Basel/Wien ⁵1982.
5 Vgl. Claudia Hofrichter/Barbara Strifler (Hg.), Firmvorbereitung mit Esprit, Praxismodelle, Stuttgart 2001.
6 Vgl. Handreichung zur Sakramentenpastoral in der Erzdiözese Freiburg. Taufe, Firmung, Eucharistie, hrsg. Erzb. Ordinariat Freiburg 6/1998.

3 Firmkatechese im Wandel

Heutige Firmkatechese sieht sich vor mehrere Probleme gestellt:
- Jugendliche gewinnen häufig keinen Zugang zur sozial sichtbaren Gemeinde (Gottesdienste, Jugendarbeit)[7]. Durch Firmvorbereitung und Firmung kommt es nicht zu einem Neuzuwachs an sichtbaren Gemeindemitgliedern.
- Teils ist es schwierig KatechtInnen zu finden.
- Die Vorbereitungswege verlangen von hauptberuflichen und ehrenamtlichen MitarbeiterInnen sehr viel Kraft und Energie.
- Jugendliche kommen mit unterschiedlichen Motivationen. Dadurch entstehen Interessenkonflikte.

Religionssoziologische Aspekte können helfen, diese Probleme zu verstehen[8]. Unsere Gesellschaft hat sich von einer homogenchristlichen zu einer pluralistischen Gesellschaft gewandelt, in der die Kirche eine unter vielen Gruppen ist. Die Jugendlichen kommen aus verschiedenen Milieus und werden von ihnen geprägt. Der Einzelne antwortet auf den gesellschaftlichen Wandel durch Individualisierung, Auswahlmentalität, Bastelexistenz, um nur einige Stichworte zu nennen. Dabei gilt: Die Landschaft in der Kirche und in den Gemeinden ist selbst pluralistisch und vielfältig. Es gibt nichts, was es nicht gibt. In der einen Gemeinde können nur mit Mühe KatechetInnen gewonnen werden, in der Nachbargemeinde werden Gruppen doppelt besetzt. In einer Gemeinde gibt es absolut keine Jugendszene auf Pfarreiebene, in der anderen gestaltet die Gruppe der Jugendgruppenleiter die Firmvorbereitung an entscheidenden Punkten mit.

In dieser komplexen Situation ist es gut, sich für einen Wandel der Gestalt von Katechese zu öffnen. Die Gestalt der Katechese sah in den ersten Jahrhunderten nach Christus anders aus als im Mittelalter oder noch vor 40 Jahren. Sie wird in 10 Jahren wieder

---

7 „Häufig ist die Firmung für die Heranwachsenden das ‚Abschiedsfest' von der Kirche": Die Deutschen Bischöfe – Pastoral-Kommission, Sakramentenpastoral im Wandel. Überlegungen zur gegenwärtigen Praxis der Feier der Sakramente von Taufe, Erstkommunion und Firmung (Heft 12), Bonn 1993, 48.
8 Vgl. Maria Widl, Kleine Pastoraltheologie. Realistische Seelsorge, Graz 1997, 11ff.

anders aussehen. Heute sind wir „Zeitzeugen" dieses Wandels. Die Firmkatechese ist Seismograph: Hier sind die Erschütterungen deutlich zu spüren. Sie hat eine Vorreiterrolle: Hier werden Projekte entwickelt, die künftig die Gestalt der Katechese bilden.

4 Zwischen Sammlung und Sendung

Woran messen wir den Erfolg des Unternehmens „Firmvorbereitung"? Wann sagen wir: „Das ist ganz gut gelungen" oder: „Das war nicht zufriedenstellend"?

Oft ist die Sichtbarkeit der Jugendlichen (während und nach der Firmvorbereitung) im Gottesdienst Maßstab. In den meisten Fällen dokumentieren sich KatechetInnen nach diesem Kriterium ihre eigene Erfolglosigkeit: „Es ist keiner mehr da!" Im Hintergrund steht die Vorstellung: Wir wollen Menschen für das Mitleben in der Gemeinde gewinnen. Das ist legitim und biblisch gut begründbar.

Ein grundsätzlicher Blick auf unsere pluralistische und individualisierte Gesellschaft kann größere Zusammenhänge aufzeigen. Christsein lernen hat einerseits eine lebenslange Perspektive. In jeder Lebensphase gilt es neu zu er- und begreifen, was es damit für mich auf sich hat. Andererseits geschieht dieses Wachsen im Glauben in Zugehörigkeit und Abgrenzung zu den sozialen Gruppen und damit auch zur Gemeinde. Diese Nähe und Distanz wird vom Individuum immer wieder neu geregelt. Religiöses Wachsen geschieht für viele Menschen in aufeinander aufbauenden Kontakträumen zur Gemeinde:

Räume, in denen sie VertreterInnen von Gemeinde und Kirche begegnen – Räume, in denen sie erleben können wie Kirche sich in der Gesellschaft engagiert; Räume, in denen sie liturgisches Feiern in einer für sie attraktiven Weise miterleben; in denen sie Anteilnahme und Gegenüberstellung erfahren; in denen sie Jesus Christus in den Sakramenten begegnen.

Modelle der Firmkatechese müssen diesen beiden Ansprüchen genügen: lebenslanges Wachsen ermöglichen und Nähe-Distanz je neu regeln. Sie dürfen nicht am Bild eines heilen und homogenen katholischen Milieus, in das es zu integrieren gilt, orientiert sein.[9] Bei der Entwicklung solcher firmkatechetischer Modelle können zwei Kriterien hilfreich sein, die in der Gemeindetheologie der siebziger Jahre wichtig waren: Sammlung und Sendung.

Gemeinde braucht, um zu existieren, Menschen, die sich in ihr engagieren. In der Gemeindetheologie wird dies mit „Sammlung" bezeichnet.[10] Wo es keine Menschen mehr gibt, die sich sonntags zum Gottesdienst treffen (Liturgie), die sich um Benachteiligte und Kranke kümmern (Diakonie) und die sich der Perspektive ihres Christseins bewusst werden und andere daran teilhaben lassen (Verkündigung), da stirbt Gemeinde aus. So geht es in der Gemeindekatechese darum, Gemeinde zu sammeln und für engagierte Mitarbeit bleibend attraktiv werden zu lassen. Für die Firmkatechese heißt das: Mitarbeit in der KatechetInnenrunde muss auch Lust machen, die KatechtInnen müssen selbst etwas davon haben. Der persönliche Gewinn ist das, was ehrenamtliche Mitarbeiter anstatt einer Bezahlung mit nach Hause nehmen. Bleibt er aus, laugt ehrenamtliche Mitarbeit langsam aber sicher aus. Und im Blick auf die Jugendlichen: Es ist gut und erstrebenswert, wenn durch die Firmkatechese Jugendliche, die bisher nicht zum sichtbaren Teil der Gemeinde gehören, einen Zugang und einen Ort finden, an dem sie sich beheimatet fühlen.

Gemeinde ist aber kein Selbstzweck, sondern Sauerteig in der sie umgebenden Gesellschaft (Mt 13,33). Auch das biblische Bild vom Salz der Erde bringt dies zum Ausdruck (Mt 5,13). Die Kirche hat eine Aufgabe und Funktion in die Welt hinein: „Die Kirche ist ja in Christus gleichsam das Sakrament, das heißt Zeichen und Werkzeug für die innigste Vereinigung mit Gott wie für die Einheit der ganzen Menschheit".[11] In der Gemeindetheologie wird dies mit „Sendung" bezeichnet. So soll Gemeindekatechese die Aufgabe und Funktion der Gemeinde für die Welt in den Blick bekommen. Für die Firmkatechese heißt das: Es greift zu kurz, als einziges

---

9 Vgl. Karl Gabriel, Christentum zwischen Tradition und Postmoderne, Freiburg 1992.
10 Vgl. Karl Lehmann, Gemeinde: Christlicher Glaube in moderner Gesellschaft, Bd. XXIX, Freiburg 1980, 5-65, bes. 18: „Dialektik von Sammlung und Sendung".
11 Lumen Gentium Art. 1.

Ziel der Firmvorbereitung ein Engagement in den Gruppierungen der Pfarrgemeinde anzustreben. Das Ergebnis der Firmvorbereitung kann auch ein vertieftes Engagement beim Bund für Umweltschutz, bei der Feuerwehr, in der Familie, im Freundeskreis oder im Beruf sein. Die Berufung zur Mitarbeit in der Gemeinde und zum Aufbau des Leibes Christi als konkret sichtbarer Ortsgemeinde ist nur eine unter vielen Berufungen, die Christen erfahren können.

Aus Sammlung und Sendung ergeben sich die beiden Zielperspektiven der Firmkatechese: Zugänge für diejenigen Jugendlichen zu ermöglichen, die Beheimatung in der Gemeinde suchen, verantwortete Passagen für diejenigen, die nach der Firmung in ihre Milieus zurückkehren.

5 Zugänge und Passagen gestalten

In der Firmkatechese kommen viele Jugendliche mit der Gemeinde in Kontakt, die vorher nicht zum binnengemeindlichen Milieu gehörten und auch danach nicht dazugehören werden. Verantwortete Firmkatechese versucht, für diese Jugendlichen Passagen im binnengemeindlichen Raum zu gestalten, in denen sie in ihrem Glauben einen Schritt weiterkommen und Jesus Christus in den Sakramenten begegnen können.[12]

Was ist eine Passage? Das Wort bezeichnet entweder einen Durchgang durch ein umgebendes Milieu (eine Ladenpassage, die Passage eines Schiffes durch eine Meerenge) oder den zusammenhängenden Teil eines größeren Ganzen (ein aus melodischen Figuren zusammengesetzter Teil eines Gesamtwerkes oder ein zusammenhängender Teil eines Textes).[13] In beiderlei Sinn soll hier von Passage die Rede sein.

---

[12] Erstmals veröffentlicht ist diese Sichtweise in: Martin Moser/Helena Rimmele, Leben ist Begegnung. Praktisches Werkbuch für die Gemeindekatechese, Freiburg 1999. Vgl. auch: Martin Moser, Evangelisierung und Gemeindekatechese: Kriterien zur Gestaltung eines katechetischen Prozesses: LKat 11(1989) 103-108; ders., Sind alle Nicht-Kirchgänger Heiden? Plädoyer für eine differenzierte Sakramentenpastoral: KatBl 116(1991) 572-576; ders., Sakramentenkatechese in katechumenaler Absicht: LKat 14 (1992) 124-127.

[13] Vgl. Duden. Das Fremdwörterbuch, Art. Passage, Mannheim 1982, 569.

Im ersten Sinn: Firmanden bewegen sich für eine bestimmte Wegstrecke im Raum der Gemeinde, haben Begegnung mit Menschen und Stimmungen, erleben katechetische Prozesse und gottesdienstliche Feiern, üben Stille, Besinnung und Gespräch ein. Diese Eindrücke wirken in ihnen, hinterlassen eine Resonanz in ihrer Seele, lösen in ihnen Prozesse aus.

Im zweiten Sinn: Die Firmvorbereitung ist ein kleiner Teil des größeren Gesamtwerks des Lebens eines Menschen. Ein Part seiner Biographie wird dadurch gefärbt sein. Einige Melodiebögen oder Töne der Symphonie seines Lebens werden hier grundgelegt.

Für eine Vielzahl der Jugendlichen führt diese Passage nicht zu einem bleibenden Engagement im binnengemeindlichen Raum. Sie gehen mit den Prägungen, Färbungen, Stimmungen und Melodiebögen der Firmvorbereitung wieder in ihre Milieus zurück oder suchen sich in der pluralistischen Vielfalt der Welt neue Zugehörigkeiten. Dadurch wirkt die Gemeinde missionarisch und evangelisierend in das sie umgebende Milieu hinein. Mit Passagen ist nicht eine Mentalität des unverbindlichen Sich-Bedienens gemeint. Wohl aber ist damit gemeint, dass die Jugendlichen nach einer Zeit des Kontaktes und der Begegnung in Freiheit in die Welt entlassen werden. In einer mystagogischen Sichtweise können wir glauben, dass die Menschen in diesen Räumen Jesus Christus begegnen (in den liturgischen Feiern genauso wie in der Anteilnahme und Solidarität im zwischenmenschlichen Kontakt) und auf ihrem persönlichen Glaubensweg den Schritt weiterkommen können, der für jeden und jede jetzt ansteht.[14]

Zugleich versucht die Firmkatechese Zugänge und Motivation zum Mitleben im gemeindlichen Raum zu schaffen. Zugänge von Jugendlichen sind am ehesten dort möglich, wo es ein lebendiges Jugendmilieu auch in der Kirche gibt: Jugendverbandsarbeit, offene Jugendtreffs, Räume und Plätze, wo sich Jugendliche treffen. Nicht jede Gemeinde kann dies leisten. Viele Gemeinden sind damit strukturell und personell überfordert. Im Zuge entstehen-

---

14 Vgl. Paul Maria Zulehner, „Denn du kommst unserem Tun mit deiner Gnade zuvor...". Zur Theologie der Seelsorge heute. Paul Maria Zulehner im Gespräch mit Karl Rahner, Düsseldorf 1984. Vgl. Stefan Knobloch/Herbert Haslinger (Hg.), Mystagogische Seelsorge. Eine lebensgeschichtlich orientierte Pastoral, Mainz 1991.

der Seelsorgeeinheiten ist zu überlegen, ob die Firmkatechese nicht in der Gemeinde/dem Pfarrzentrum verortet werden sollte, in der es eine solches lebendiges Jugendmilieu gibt.

Abschließend stichwortartig einige Hinweise zur Konkretisierung der Perspektive „Zugänge und Passagen gestalten".

- Es gilt Zugänge zu schaffen für Jugendliche, die in Pfarrgemeinden Orientierung und Kontakt suchen oder beheimatet sein wollen:
  - Gut gestaltete Jugendgottesdienste und eine Musikgruppe, um Jugendlichen während der Firmvorbereitung einen neuen Zugang zur Gottesdienstgemeinde zu ermöglichen.
  - Andere Jugendliche finden über Kontakte mit den Gruppenleitern und eine wöchentlich geöffnete Teestube Zugang zur kirchlichen Jugendarbeit.
- Passagen und Begegnung für Jugendliche, die danach wieder in ihre gesellschaftlichen Milieus zurückkehren, ermöglichen.
  - Diese Passagen sollten so gestaltet sein, dass die Jugendlichen gute Erfahrungen mit der Kirche machen. Jugendliche brauchen Empathie und anteilnehmendes Verstehen, aber nicht Anbiederung. Vielfach und zunehmend braucht es von den Erwachsenen auch den Part des Gegenübers: Im Sich-reiben-Dürfen mit anderen Ansichten und im Sich-abgrenzen-Dürfen von erwachsenen Lebensentwürfen finden Jugendliche ihren Weg – auch in der Kirche.
  - Passagen brauchen Orte zum Verweilen, zu Besinnung und Gebet, zu rational-diskursiver Klärung ebenso wie zu ganzheitlichen Erlebnissen. Liturgische Feiern können in solchen Situationen eine nachhaltige Wirkung haben, wenn sie einen Raum eröffnen für das Berührtwerden vom Göttlichen, das wir Christen mit Jesus Christus und Abba-Vater in Verbindung bringen.
- Bedeutsame Begegnungen mit Gemeindemitgliedern und die Erfahrung, angenommen und akzeptiert zu sein, werden bei den Jugendlichen weiterwirken, wenn sie in den anderen Milieus, in denen sie sich bewegen, über ihre Erfahrungen mit Kirche nachdenken und sprechen.

Barbara Strifler

Firmvorbereitung unter neuen Bedingungen
Zur Planung und Organisation von Katechese
in neuen pastoralen Strukturen

„Wie soll das gehen?"

Seelsorgeeinheitstreffen[1] zum Thema Firmvorbereitung. Vier hauptberufliche und fünf ehrenamtliche MitarbeiterInnen aus fünf Gemeinden kommen zusammen. Erster Punkt auf der Tagesordnung: Berichte über die bisherige Firmvorbereitung. Man erzählt einander, wie es in den verschiedenen Gemeinden „gelaufen" ist, welche Schwerpunkte es gab, was dabei schwierig war und womit man gute Erfahrungen gemacht hat.

Eindeutig komplizierter wird das Gespräch, als es an das zweite Thema geht: Firmvorbereitung in der Seelsorgeeinheit. Wie soll das gehen? Allen Beteiligten fallen da mehr Fragen als Antworten ein:

- Mit den Seelsorgeeinheiten als gemeindeübergreifenden Kooperationsstrukturen ändern sich auch die Rahmenbedingungen für Katechese. Muss deshalb jetzt alles ganz anders werden?
- Gibt es in Zukunft für alle Gemeinden der Seelsorgeeinheit ein Einheitsmodell von Firmvorbereitung?
- Was ist mit den Hauptberuflichen? Ist jeweils eine/einer für die gesamte Firmvorbereitung in der Seelsorgeeinheit zuständig? Wo bleibt da noch Zeit für den Kontakt zu den Jugendlichen und ehrenamtlichen MitarbeiterInnen in den einzelnen Gemeinden?
- Und die Ehrenamtlichen? Sollen die jetzt noch mehr Verantwortung und Aufgaben übernehmen? Woher kommen plötzlich die vielen Ehrenamtlichen, die das wollen und können?

---

1 In der Diözese Rottenburg-Stuttgart wurden die Seelsorgeeinheiten als Kooperationsverbund mehrerer Kirchengemeinden eingeführt. Unter Beibehaltung ihrer rechtlichen Eigenständigkeit sollen die Gemeinden einer Seelsorgeeinheit in den verschiedenen pastoralen Feldern enger zusammenarbeiten. Die Beauftragung der hauptberuflichen MitarbeiterInnen erfolgt auf alle Gemeinden der Seelsorgeeinheit hin. In anderen deutschen Diözesen gibt es vergleichbare Entwicklungen.

- Muss die Firmvorbereitung nicht weiterhin vor Ort erfolgen, da sonst die Firmung als kirchliches Initiationssakrament ad absurdum geführt würde? Kirche konkretisiert sich in der jeweiligen Ortsgemeinde. Wie aber können junge ChristInnen in eine Gemeinde aufgenommen werden, die sie nicht kennen und die sie nicht kennt?
- Andererseits: Kann Firmvorbereitung angesichts der Mobilität vieler Jugendlicher „nur" noch vor Ort erfolgen? Die Zugehörigkeit zu einer Gemeinde aufgrund des Wohnsitzes auf Gemeindeterritorium besitzt für Jugendliche (wie auch für viele Erwachsene) kaum mehr Plausibilität. Braucht es deshalb außerhalb der Kirchengemeinde noch andere Orte des miteinander Glaubenlernens?

Der nachfolgende Beitrag setzt bei diesen Fragen an. Er zeigt mögliche Konsequenzen und Wege für die Firmvorbereitung in der Seelsorgeeinheit auf.

Jugendliche brauchen Gemeinde-Beziehungen

„Christ bin ich geworden und geblieben durch andere Menschen, in deren Freundschaft mir die Menschenfreundlichkeit Gottes begegnet ist."[2]

Glauben lernen geschieht primär über Beziehungen.[3] „Beziehung und Kommunikation sind zentrale Merkmale, die aus einem bestimmten Ort einen richtigen Ort, aus einer bestimmten Zeit eine rechte Zeit für den Glauben machen."[4] In der Begegnung mit Menschen, die in ihrem Alltag versuchen, Leben und Glauben zusammenzubringen, können Jugendliche entdecken und erahnen, was Christsein heißt. Junge Menschen, die auf dem Weg sind, einen von ihnen selbst verantworteten Lebens- und Glaubensent-

---

2 Kurt Marti, Lachen, Weinen, Lieben. Ermutigung zum Leben, Stuttgart 1985, 88.
3 Vgl. Bernd J. Hilberath/Matthias Scharer, Firmung – Wider den feierlichen Kirchenaustritt. Theologisch-praktische Orientierungshilfen, Mainz 1998, 112: „Glaubensweitergabe an die kommende Generation ist nicht geschickter Transport von längst verpackten Gütern, sie kann nur erfolgen in lebendiger Kommunikation von Menschen, die voneinander lernen wollen."
4 Helga Kohler-Spiegel, Am rechten Ort zur rechten Zeit: KatBl 125 (2000) 84.

wurf zu entwickeln, brauchen glaubwürdige WegbegleiterInnen. Sie suchen Menschen, die überzeugen, ohne aufdringlich zu sein; Frauen und Männer, die gelernt haben, ihre eigene Lebensgeschichte – mit allen Höhen und Tiefen – als Beziehungsgeschichte mit Gott zu lesen und zu deuten.[5] Durch sie können Jugendliche ihrer eigenen Geschichte auf die Spur kommen, sie als ihre Geschichte mit Gott zu verstehen suchen.

Wo finden Jugendliche solche WegbegleiterInnen? Die naheliegendste Antwort: in der eigenen Kirchengemeinde. In ihr wird Kirche als Gemeinschaft derer, die miteinander Glauben leben und feiern, sichtbar und erfahrbar. Sie ist die konkrete Gestalt von Kirche, in die Jugendlichen durch die Firmung als erwachsene Mitglieder aufgenommen werden. Soll in einer Gemeinde ein glaubensbedeutsames Beziehungsangebot für Jugendliche entstehen und eingelöst werden, sind folgende Kriterien entscheidend:

Eine Gemeinde, die loslässt
„Könnten das nicht die Firmlinge übernehmen?" – fragte ein Kirchengemeinderat als es darum ging, eine Aufgabe zu verteilen, für die sich niemand meldete. „Denn schließlich", so fügte er gleich seine Begründung an, „wer soll denn das alles in Zukunft machen, wenn die Jungen nicht nachkommen?"

Ein verständlicher Wunsch: Was Menschen für sich als bedeutsam erachten, wofür sie viel Kraft und Zeit investiert haben, das soll nicht einfach abbrechen. Zu erleben, dass das, was Generationen aufgebaut und in einer Kirchengemeinde geschaffen haben, von den Jungen nicht weitergeführt wird, das enttäuscht und verletzt. Gleichzeitig gilt es aber im Blick zu haben, worum es bei jedem katechetischen Bemühen geht: „Oberstes Ziel katechetischen Wirkens ist es, dem Menschen zu helfen, dass sein Leben gelingt, indem er auf den Zuspruch und Anspruch Gottes eingeht."[6]

Wer Jugendliche auf dem Weg des Glaubenlernens begleiten will, darf sie nicht für gemeindliche Zwecke vereinnahmen und festhalten. Wie jede Beziehung von Freiheit lebt, brauchen Ju-

---
5 Vgl. Claudia Hofrichter, Katechese als Lebensdeutung: LS 19 (1997) 6-12.
6 Das katechetische Wirken der Kirche A.3.: Gemeinsame Synode der Bistümer in der Bundesrepublik Deutschland. Arbeitspapiere der Sachkommissionen. Offizielle Gesamtausgabe II, Ergänzungsband, Freiburg/Basel/Wien ³1981.

gendliche in ihren Gemeindebeziehungen die Erfahrung, dass sie auch wieder gehen können, wenn sie das möchten.

Jugendliche sind sehr sensibel dafür, ob der Gemeinde einzig und allein ihre Person wichtig ist, oder ob das „geheime Ziel" der Rückgewinnung oder Gewinnung für bestimmte Aufgaben mitschwingt. Aus Sicht der Gemeinde ist dieses Ziel verständlich. Bleibt es aber unausgesprochen, werden sich Jugendliche von vornherein zurückziehen, werden echte Beziehungen verunmöglicht. Im anderen Fall können sich Jugendliche aktiv und kritisch mit diesem Wunsch auseinandersetzen.

Eine Gemeinde, die Räume anbietet
Jugendliche brauchen Räume. Das meint im ganz wörtlichen Sinn: Orte, an denen sie sich aufhalten, die sie eigenständig gestalten und nutzen können.

Zu diesen notwendigen Räumen gehört auch ein personelles Angebot an hauptberuflichen und ehrenamtlichen MitarbeiterInnen, die als Bezugspersonen zur Verfügung stehen.

Solche Räume können nur schwer kurzfristig geschaffen werden. Katechetische Prozesse mit Jugendlichen werden in einer Gemeinde am ehesten dort gelingen, wo solche Räume bereits vorhanden und belebt sind. Zum Beispiel durch das Angebot eines offenen Jugendtreffs, Jugendgruppen, jugendgemäß gestaltete Gottesdienste und ähnlichem. Jugendliche finden so Anknüpfungspunkte und damit – vielleicht – einen (neuen) Zugang zu Gemeinde.

Unterschiedliche Gemeindeerfahrungen

Einigen Gemeinden gelingt es, Jugendlichen im Rahmen der Firmvorbereitung – und darüber hinaus – ein für sie hilfreiches Beziehungsangebot zu machen und mit ihnen gemeinsam ein Stück Glaubensweg zu gehen. Andere Gemeinden haben Schwierigkeiten, Jugendlichen die Heimat zu bieten, in der diese sich wohlfühlen.[7] Dazu kommt, dass Jugendliche vor allem in städtischem Gebiet kaum mehr in miteinander verbundenen Lebensräumen leben. Auch im ländlichen Raum lösen sie sich immer mehr auf. Jugend ist mobil. Schon längst werden Schule und Verein nicht mehr nach dem „Lokalprinzip" ausgesucht. Entscheidend sind vielmehr Kriterien wie: „Da gehen meine Freunde auch hin". Schulort, Wohnort, Freundeskreis und Verein sind nicht mehr deckungsgleich. Jugendliche leben die für sie maßgeblichen Beziehungen dort, wo ihr tatsächlicher Lebensmittelpunkt liegt. Und der ist nicht notwendigerweise am Wohnort. Die Zugehörigkeit zu einer bestimmten Gemeinde allein durch den Wohnsitz verliert damit an Bedeutung.

Firmvorbereitung steht vor der Herausforderung, diese Lebenszusammenhänge aufzugreifen und auf das Mobilitätsverhalten Jugendlicher angemessen zu reagieren. Sie tut dies, indem sie eine katechetische Wegbegleitung auch außerhalb der eigenen Kirchengemeinde anbietet.

Seelsorgeeinheit als neue pastorale Struktur für die Firmvorbereitung ...

In vielen Diözesen entstehen seit einigen Jahren neue gemeindeübergreifende pastorale Kooperationsstrukturen. Es ist zu prüfen, wie diese neuen Strukturen im Rahmen der Firmvorbereitung genutzt werden können. Sie bieten die Möglichkeit und Chance, dass verschiedene Gemeinden sich gegenseitig unterstützen und ergänzen.[8] Nicht in jeder Gemeinde muss alles gemacht werden.

Verschiedene Kooperationen sind möglich:
- Ehrenamtliche MitarbeiterInnen werden auf die Seelsorgeeinheit hin gesucht. Damit werden diejenigen Gemeinden entlastet, die keine eigenen KatechetInnen in ihrer Gemeinde gewinnen können.

---

7 Dies gilt vor allem für Gemeinden mit einer drastisch umgekehrten Generationenpyramide. Je schwächer die Altersgruppe der jüngeren Generation (von 14 – 30 Jahren) vertreten ist, desto schwerer bekommen junge Menschen einen Zugang zur Gemeinde. Die Folge ist häufig eine noch stärkere „Ausdünnung" in diesen Altersgruppen.
8 Der Materialbrief GK 1/2001 (Beiheft zu den Katechetischen Blättern) widmet sich dem Thema Katechese in neuen pastoralen Strukturen.

- Die inhaltliche Begleitung der FirmkatechetInnen liegt in der Hand einer hauptberuflichen Mitarbeiterin/eines hauptberuflichen Mitarbeiters und erfolgt gemeinsam für die gesamte Seelsorgeeinheit.
- Religiöse und erlebnispädagogische Angebote finden auf der Ebene der Seelsorgeeinheit statt.[9] Dies legt sich vor allem dort nahe, wo es um größere Projekte geht. Zum Beispiel eine gemeinsame Lebenswoche im Gemeindezentrum, mit deren Organisation und Durchführung eine einzelne Gemeinde überfordert wäre. Solche übergreifenden Projekte ermöglichen, besser auf die Pluralität jugendlicher Lebenswelten einzugehen. So sind spezielle Angebote für Mädchen[10] oder HauptschülerInnen im Rahmen einer Seelsorgeeinheit möglich. Für eine einzelne Gemeinde wären sie nur schwer realisierbar. Aus diesem Angebot wählen die Jugendlichen aus.
- Für Mütter und Väter von Firmjugendlichen werden erwachsenenkatechetische Veranstaltungen auf der Ebene der Seelsorgeeinheit angeboten.

... und ihre Folgen für ehrenamtliche und hauptberufliche MitarbeiterInnen

Die neuen Kooperationsstrukturen wirken sich auch auf die Rolle von hauptberuflichen und ehrenamtlichen MitarbeiterInnen aus.

„Hauptberufliche MitarbeiterInnen haben die Aufgabe, das Umfeld und den Rahmen für katechetische Prozesse innerhalb der Seelsorgeeinheit zu ermöglichen und diese zu moderieren.(...) Sie befähigen und begleiten die ehrenamtlichen MitarbeiterInnen; sie stützen und stärken KatechetInnen in ihrer Aufgabe der Glaubensweitergabe."[11] Wo Hauptberufliche im Rahmen der Firmvorbereitung auf der Ebene der Seelsorgeeinheit tätig sind, werden die Beziehungen zu Jugendlichen und Erwachsenen vor Ort

---

9   Ein Praxisbeispiel aus der Gesamtkirchengemeinde Esslingen: Claudia Hofrichter/Barbara Strifler (Hg.), Firmvorbereitung mit Esprit, Praxismodelle, Stuttgart 2001.
10 Vgl. Claudia Hofrichter; Mädchen brauchen Frauen, Jungen brauchen Männer. Geschlechtsspezifische Firmvorbereitung: in diesem Buch 77-86.

schwieriger. Sie werden nicht in allen Gemeinden einer Seelsorgeeinheit gleichermaßen möglich sein. Trotzdem bleiben verbindliche und regelmäßige Kontakte zu Gemeindemitgliedern wichtig. So kann vermieden werden, dass die eigenen Planungen und Überlegungen nur noch am großen Schreibtisch der Seelsorgeeinheit entstehen – ohne ausreichenden Bezug zur pastoralen Realität.

Ehrenamtliche MitarbeiterInnen klären, ob sie in der Firmvorbereitung auf der Ebene der Seelsorgeeinheit oder der Kirchengemeinde mitarbeiten wollen. Sie legen den zeitlichen und inhaltlichen Rahmen ihrer Tätigkeit fest.[12] Ihre Rolle besteht nicht darin, Aufgaben, die bisher von Hauptberuflichen wahrgenommen wurden, einfach zu übernehmen. Sie verstehen sich auch nicht als ausführende Organe eines von Hauptberuflichen beschlossenen Firmkonzepts. Ehrenamtliche bringen ihre spezifische Kompetenz in die Firmvorbereitung ein und übernehmen darin Verantwortung.

Gemeinde bleibt auch in Zukunft ein bedeutsamer Lernort des Glauben

Das Firmsakrament als kirchliche Initiation wird innerhalb einer konkreten Gemeinde gefeiert. Der Gemeindebezug ist deshalb auch in der Vorbereitung auf diese Feier wichtig. Hauptberufliche und ehrenamtliche MitarbeiterInnen initiieren katechetische Prozesse mit Jugendlichen und sorgen für deren Kontinuität. Sie entwickeln die nötige Achtsamkeit dafür, was für Jugendliche und für die Gesamtsituation der Gemeinde „dran" ist; welche katechetischen Prozesse sinnvoll, hilfreich und leistbar sind.

---

11 Gemeindekatechese im Gespräch: Zur Organisation der Katechese in der Seelsorgeeinheit. Eine Handreichung für hauptberufliche pastorale Dienste und ehrenamtliche MitabeiterInnen in der Gemeindekatechese, hrsg. Institut für Fort- und Weiterbildung der Diözese Rottenburg-Stuttgart in Kooperation mit HA IVa, Rottenburg 2000, 36. (Bezug: Institut für Fort- und Weiterbildung, Postfach 9, 72101 Rottenburg).

12 Vgl. Claudia Hofrichter/Barbara Strifler, Darf's auch ein bisschen mehr sein? Ehrenamtliche Mitarbeiterinnen und Mitarbeiter in der Firmvorbereitung: in diesem Buch 165-175.

Durch die neuen pastoralen Strukturen ändert sich die Art und Weise, wie die einzelne Gemeinde Firmvorbereitung gestaltet. Das heißt: In der Seelsorgeeinheit muss nicht mehr jede Gemeinde eine eigenständige komplette Firmvorbereitung konzipieren und durchführen. Jede Gemeinde klärt, welchen Beitrag sie zur gemeinsamen Firmvorbereitung leisten kann. Die eine Gemeinde stellt geeignete Räumlichkeiten für Aktionen im Rahmen der Firmvorbereitung zur Verfügung, eine andere steuert „ihre Band" für den Firmgottesdienst[13] bei. In der dritten Gemeinde finden spezielle religiöse Erlebnisangebote für die FirmbewerberInnen statt, bei denen Ehrenamtliche aus mehreren Gemeinden der Seelsorgeeinheit mitarbeiten.

Neben diesen „zentralen" Elementen sucht jede Gemeinde nach geeigneten und möglichen Wegen, Beziehung zu „ihren Firmjugendlichen" herzustellen.

Mit Phantasie und Kreativität entstehen dabei umsetzbare Ideen wie die folgenden bereits erprobten:

- Wie bisher in vielen Gemeinden selbstverständlich, werden Jugendliche zu regelmäßigen Kleingruppentreffen eingeladen. Jugendliche haben so die Chance, in der überschaubaren Gruppe und in offener Atmosphäre ihre Fragen zu stellen.
- Wie wäre es, wenn der Kirchengemeinderat mit den Neugefirmten ein gemeinsames Pizzaessen veranstaltet? Jugendliche spüren, dass der Kirchengemeinderat Anteil an ihnen nimmt und sie einlädt, in der Gemeinde auf ihre Weise mitzuleben.
- Ein persönlicher Geburtstagsbesuch eines Gemeindemitglieds bei den Firmjugendlichen hat einen Überraschungseffekt. Wer rechnet schon damit? Für die Jugendlichen kann erfahrbar werden, dass sie – so wie sie sind – in „ihrer" Gemeinde willkommen sind.
- Ein Gemeindepraktikum ermöglicht den Jugendlichen, Aktivitäten innerhalb der Gemeinde kennen zu lernen oder auch das Engagement von Gemeindemitgliedern außerhalb der Gemeinde zu erleben.

---

13 Dieser kann – je nach Anzahl der Firmjugendlichen – abwechselnd in einer der Kirchen der Seelsorgeeinheit stattfinden.

- Auch die in einigen Gemeinden praktizierten Gebetspatenschaften können für Jugendliche ein beeindruckendes Zeichen dafür sein: Ihr seid uns wichtig!

Es kann (los)gehen

Die zu Beginn erwähnte Sitzung zum Thema Firmvorbereitung in der Seelsorgeeinheit hat vermutlich in vielen Seelsorgeeinheiten so oder so ähnlich stattgefunden. In den meisten Fällen wird es auch nicht bei einer Sitzung geblieben sein.

In fünf Esslinger Kirchengemeinden aus zwei Seelsorgeeinheiten entstand bei solchen Treffen ein Konzept, das in der Firmvorbereitung 2002 zum ersten Mal umgesetzt werden soll.

Der gemeinsame Firmvorbereitungsweg umfasst zwei Bereiche:
- Auf der Ebene der Seelsorgeeinheit gibt es ein breitgefächertes Angebot: verschiedene thematische Wochenenden, eine Taizéfahrt, eine gemeinsame Lebenswoche und unterschiedliche Projekte im diakonischen Bereich. Bereits bestehende Angebote kirchlicher Jugendarbeit werden – soweit möglich – ebenfalls für die Firmvorbereitung genutzt. Die Jugendlichen wählen nach ihren Interessen aus.
- Auf der Ebene der Kirchengemeinde organisiert jede Gemeinde nach ihren Möglichkeiten und Schwerpunkten eine eigene Form der Wegbegleitung. Diese reicht von regelmäßigen thematischen Kleingruppentreffen über Treffen in der Großgruppe bis zu Einzelgesprächen und mehrwöchigen Gemeindepraktika.

Welche Erfahrungen wir mit diesem neuen Modell machen werden – das wissen wir noch nicht. Aber probieren wollen wir es – es kann (los)gehen!

Claudia Hofrichter

Welch ein Alltag! – Big Brother und die Firmgruppe
Vom (un)spektakulären Erleben in der Katechese[1]

Blitzlichter

Big Brother
Zwanzigtausend meldeten sich für das Big Brother Projekt von RTL 2 und wollten sich freiwillig in den TV-Wohngemeinschaftscontainer begeben, von manchen Kritikern „TV-Knast" genannt. War es die Aussicht auf den Gewinn, der am Ende stand? Oder das Ausprobieren von Grenzen? Der Kick? Denn wer will das schon – von allen Seiten umzingelt und eingeengt sein, beobachtet, nie allein, kontrolliert.

Ständige Kontrolle – keine Beziehung hält das lange aus. Gleichzeitig scheint in einer solchen Schreckensvision vom ständigen Beobachtet-Sein ein eigener Reiz zu liegen. Das Unspektakuläre des Alltags wird in Big Brother gezeigt, in aufsehenerregender Weise inszeniert und hochstilisiert. Das WG-Dauermobbing des „nur einer kann gewinnen" spiegelt das große Gesellschaftsspiel in TV-Format wider.

In aller Munde ist die Sendung, im Internet kann man per Chatroom seine Meinung zur Sendung äußern. Die Zuschauer sind diejenigen, die entscheiden, wer aus der WG heraus muss und wer am Ende die Siegerprämie nach Hause trägt. So kann sich auch „der letzte Looser" am Mobbing, dessen Opfer er sonst selber schnell werden kann, gefahrlos beteiligen.

Big Brother is watching you
Ich erinnere mich an meine Schulzeit. Wir lasen George Orwells Roman „1984", eine Horrorwelt des totalitären Staates, in dem jeder überwacht wird. Als Jugendliche waren wir erschrocken, heute stellen wir mit eben solchem Erschrecken fest, dass die Sze-

---

[1] Erstveröffentlichung unter dem Titel: Vom (un)spektakulären Erleben in der Katechese: Meditation Heft 26 (2000) 33-37. Vgl. zum Ganzen: Claudia Hofrichter, Spiel mir das Lied vom Leben. Katechese und Erlebnisgesellschaft: Materialbrief GK 2/99 (Beiheft zu den Katechetischen Blättern), 2-8.

nerie des Romans durchaus reale Züge hat. Überwachungskameras gehören heute bereits zum Alltagsbild in Supermärkten, auf Flugplätzen, in Banken, in öffentlichen Einrichtungen. In einigen Großstädten der Welt sollen sie auf stark frequentierten Plätzen Kriminalität verhindern. Wer Diktatur, Ausgeliefertsein, Gefangenschaft, Manipulation der Gedanken und Gefühle am eigenen Leib erfahren hat, erhofft sich Bewahrung von Freiheit. Viele Menschen der Kriegsgeneration und viele, die aus ihrer Heimat geflohen sind, um bei uns die Freiheit und den Schutz der eigenen Meinung zu erfahren, sind irritiert von der wachsenden Überwachung auch bei uns. Die neuen Kommunikationsmittel ermöglichen die unbemerkte Weitergabe von persönlichen Daten, sobald wir uns einklicken ins World Wide Web.

Jugendliche auf der Suche nach Gott
Eine Gruppe älterer Firmjugendlicher (17-18 Jahre) verbringt ein Wochenende zum Thema „Was trägt mich in meinem Leben? Welche Rolle spielt Gott in meinem Leben?" Sie setzen sich mit Psalm 139 auseinander. Sie spüren die Spannung, die aus den Worten des Psalmisten erklingt. Er fühlt sich unangenehm kontrolliert von Gott: Von allen Seiten engst du mich ein, hast mich erforscht. Und er erfährt diesen Gott als Partner des Menschen. Die Jugendlichen machen Körperübungen, malen Bilder, spüren den einzelnen Versen mit bibliodramatischen Spielen nach, sind unterwegs mit ihren persönlichen Fragen, schreiben Paraphrasicrungcn zum Psalm. Sie werden sich bewusst, dass ihre eigenen Fragen und Sehnsüchte dort vorkommen: der Wunsch nach Geborgenheit und Freiheit nach Unabhängigkeit und Zukunft. Sie spüren, wie oft sie sich eingeschränkt fühlen und als Rädchen im Getriebe funktionieren müssen. Sie suchen einen verlässlichen Partner. Gott spielte dabei bisher – wenn überhaupt – die Rolle des „lieben" Gottes, der eher „softige", beruhigende Attribute trug. Gott war weniger derjenige, der auch quer liegt und mit dem man streiten kann, gar als dem, der Lebensmöglichkeiten verwehrt. Wen aus der jüngeren Generation stört heute noch Gott in der Weise wie es der Psychotherapeut Tilmann Moser in seinem Roman „Gottesvergiftung" beschreibt: „Von allen Seiten umgibst du mich". Für Moser stellen diese Worte des 139. Psalms eine

ständige Bedrohung der eigenen Person dar: Gott wird zum „ewigkontrollierenden big-brother-Gesicht"[2]. Mit Hilfe verschiedener erlebnis- und erfahrungsorientierter Zugänge entdecket die Gruppe, dass Gott immer der ganz andere, aber der stets verlässliche ist.

Was erlebt die Erlebnisgesellschaft?

Erlebnisse finden heutzutage häufig in einer künstlich erzeugten Kulissenlandschaft statt. Diese Kulissen ergeben sich nicht einfach aus dem Leben heraus. Was wir erleben, ist vielfach entfremdetes, gekauftes Erleben. Der Imperativ „Erlebe dein Leben" und der damit verbundene Erlebniswert ist dominierender Faktor, ein Produkt zu kaufen.

Die Bilderwelt des Fernsehens bringt uns sozusagen die Wohn- und Schlafzimmergeschichten des Nachbarn ins Haus. Als Beispiel sei nur das „Reality TV" genannt. Aus solchen Erlebnispartizipationen werden noch lange keine eigenen Erfahrungen. Hierbei geht es nicht um Diskreditierung solcher Sendungen. Sie treffen einen Nerv unserer Zeit. Der Soziologe Gerhard Schulze spricht von einer Entgrenzung der Lebensbereiche. Er führt diese zurück auf die Ausdifferenzierung aller Lebensbereiche und die Vervielfältigung der Möglichkeiten, sich zu verhalten, zu konsumieren, Leben zu gestalten. Es kommt weniger darauf an, ein Produkt oder eine Sache zu besitzen als auf die ersehnte Wirkung des Produkts. „Erleben wird vom Nebeneffekt zur Lebensaufgabe."[3] Alltäglichkeiten werden subjektzentriert zu Erlebnissen und Erlebnisgegenständen, öffentliche Plätze und Räume zu „Erlebnisräumen" umgewertet. Die Pluralisierung der Lebensmöglichkeiten impliziert die Individualisierung der persönlichen Lebens-

---

[2] Tilmann Moser, Gottesvergiftung, Frankfurt a.M. ²1976, 14. Und welcher Erwachsene kennt nicht aus eigener Kinderzeit die Redeweise „Ein Auge ist, das alles sieht, auch was bei dunkler Nacht geschieht". Wo elterliche Autorität nicht mehr ausreichte, wurde Gott als Erziehungshelfer benutzt. „Weißt du, wie viel Drohung und Unentrinnbarkeit unter der Oberfläche dieser Lobpreisung liegen?" (42).
[3] Gerhard Schulze, Die Erlebnisgesellschaft. Kultursoziologie der Gegenwart, Frankfurt/New York 1992, 55.

orientierungen. Jede und jeder wird gleichsam zum Hauptdarsteller und Regisseur seiner Lebensgeschichte.

Jugendliche wurden befragt, was sie von Big Brother halten. Die einen fanden es „cool", wie andere sich eingesperrt verhalten, die anderen „total langweilig" und nur Geldmacherei. Einer meinte, dort werde reales Leben gezeigt und man könne eventuell daraus etwas lernen, eine andere Gruppe von Jugendlichen äußerte, hier könne man ablesen, wie Menschen, die ganz verschieden sind, miteinander Konflikte gewaltfrei lösen. Genau das suchen viele, denn sie haben es in der Familie oder in der Schule nie gelernt.

Es gibt zu denken: Der absolute Traum, den jede und jeder als Jugendliche einmal gehabt hat, wird hier wenigstens im Fernsehen ein Stück wahr. Der Traum vom Leben in der WG als Chiffre für Eigenständigkeit, Freiheit, Unabhängigkeit von Eltern und Autoritäten, Unbeobachtet-Sein.

Erleben in der Katechese

Der Alltag ist Anknüpfungspunkt der Katechese. Firmgruppen, Elterngruppen, KatechetInnengruppen prüfen das Angebot des christlichen Glaubens ihrer Situation entsprechend. Sie nehmen Lebenssituationen bewusst wahr, sie deuten sie mit den Deutungsmustern, die ihnen vertraut sind und sie lassen sich darüber hinaus ein auf die Deutung, die das Evangelium ihnen anbietet. Katechese hat sich zum obersten Anliegen gemacht, „dem Menschen zu helfen, dass sein Leben gelingt, indem er auf den Zuspruch und den Anspruch Gottes eingeht"[4]. Da geht die Katechese weit über das Angebot der Erlebnisgesellschaft und Big Brother hinaus. In der Erlebnisgesellschaft und ihrer zunehmenden Tendenz zur Individualisierung suchen Menschen Orte und Räume, Begegnungen und Beziehungen, „wo unmittelbare Erlebnisse und authentische Erfahrungen mit dem Glauben aus und in der kon-

---

4 Das Katechetische Wirken der Kirche. Arbeitspapier der Gemeinsamen Synode der Bistümer in der Bundesrepublik Deutschland 1974, A.3. : Gemeinsame Synode der Bistümer in der Bundesrepublik Deutschland. Arbeitspapiere der Sachkommissionen. Offizielle Gesamtausgabe II, Ergänzungsband, Freiburg/ Basel/ Wien ³1981.

kreten Alltags- und Erlebniswelt gemacht werden können"[5]. Diesem Anspruch hat sich Katechese verschrieben. Damit ist sie intervenierend und kritisierend, gastfreundlich und erfahrungsoffen. Intervenierend an Schnittstellen des Lebens; kritisierend, wo die Vorstellungen von Gott einseitig werden, wo der „König von Juda" zum „König der Löwen" mutiert und der „Christus am Kreuz" sich in die „Prinzessin der Herzen" verwandelt; gastfreundlich und erfahrungsoffen, wo sie differenzierte Zugänge zu Glaube und christlichem Leben eröffnet.

Katechese ist zunächst wenig aufsehenerregend. Gruppen bilden sich. Man sieht und nimmt wahr, wie und was andere erleben. Interaktionen zwischen Menschen entwickeln sich hier in einer spezifischen Ausprägung. Organisiert ist die Gruppe. Was die Gruppe aber erlebt, welche Erfahrungen die Einzelnen machen, kann nicht organisiert werden. Hier entsteht unmittelbares Erleben (im Gegensatz zu Big Brother, wo das Setting künstlich hergestellt ist). Wo Menschen eine Gemeinschaft bilden und sich suchend mit ihren Lebens- und Gottesfragen auseinandersetzen, dort geschieht Aufsehenerregendes, ereignet sich etwas Spektakuläres. Gott ist im Alltag des Menschen präsent, dort wo zunächst nichts Außergewöhnliches geschieht; er ist präsent, wo Menschen sich neu orientieren müssen, wo Hoffnung wider alle Hoffnung notwendig wird, um Sinn zu sehen. Katechese mit ihrem differenzierten Instrumentarium erlebnis- und erfahrungsorientierten Vorgehens leistet Hebammendienste bei der Suche des Menschen nach Gott. Wo die existentielle Betroffenheit da ist, wird der ferne Gott ganz nah. Da mischt sich dieser Gott ein, rückt vielleicht sogar unangenehm auf den Leib, wie dem Beter des Psalm 139. Dort bleibt Gott nicht anonym.

Erfahrungs- und erlebnisorientierte Katechese stärkt die Eigenverantwortung des Menschen im Umgang mit sich selbst und seinen Fragen. Sie stellt ein Deutungsangebot zur Verfügung, das dem Einzelnen ermöglicht, sich berühren zu lassen. Was der Einzelne erlebt, erfährt durch die Gemeinschaft der Gruppe die notwendige Verobjektivierung als Prüfstein von Echtheit.

---

[5] Hermann Kochanek, Spurwechsel. Die Erlebnisgesellschaft als Herausforderung für Christentum und Kirche. Frankfurt a.M. 1998, 138.

Bernd Jochen Hilberath

„Wes Geistes Kind seid ihr?"
Firmung als Initiation in ein Leben aus dem Geist

Jugendweihe ist in – Firmung ist out

Die Jugendweihe, kulturelle Hinterlassenschaft des DDR-Sozialismus, erlebt gegenwärtig in den neuen Bundesländern eine erstaunliche Renaissance. Im Frühjahr 1999 kamen erstmals wieder mehr als 100.000 Jugendliche zur Feier. Gefirmt bzw. konfirmiert wurden dagegen nur etwa 35.000. Das bedeutet: Knapp 50% der Jugendlichen nehmen an der Jugendweihe teil, 14% lassen sich firmen/konfirmieren, ein Drittel begehen ihre Initiation in die Erwachsenenwelt nicht in einer dieser beiden offiziellen Weisen. „Diese nackten Zahlen sagen jedoch nur wenig über die tatsächliche Bedeutung der Jugendweihe aus. Deshalb ein konkreteres Bild: In Ost-Berlin, in Leipzig, in Rostock und in anderen Städten nehmen Schulklassen wieder zu 100% an der Jugendweihe teil. Wenn vereinzelt jemand „nichts macht" oder zu Konfirmation oder Firmung geht, dann gilt dieser als der exotisch Fremde, der sein Abweichlertum doch bitte zu erklären hat. Damit ist in einigen Regionen Ostdeutschlands – zumindest in dieser Hinsicht – der frühere Zustand weltanschaulicher Uniformität erreicht."[1]

Initiationsfeiern – das ist also nicht nur etwas für „primitive Stämme". Es gibt sie als offizielle Feiern in unserem Land. Und es gibt nicht-kirchliche Initiation nicht nur in den neuen Bundesländern. In der Welt der Jugendlichen, in Subkulturen geschieht in vielfältigen Formen die Einführung in die Welt der Erwachsenen. Im Osten ist es offenbar nach der Wende nicht gelungen, den „Einzugsbereich" der Kirchen auszudehnen, im Westen schrumpft er. Das hat mehrere Gründe. Ungeachtet dessen tun Kirchenmenschen gut daran, auch nach der eigenen Verantwortung zu fragen. In den neuen Bundesländern werden z. T. als Alternative zur Jugendweihe „Jugendfeiern" angeboten, auch von katholischer

---
[1] Andreas Finke, Konfirmation, Jugendweihe, christliche Jugendfeier: Evangelische Orientierung. Zeitschrift des Evangelischen Bundes Nr.2/2000, 3.

Seite[2]: „Der Erfurter Domkapitular Dr. Reinhard Hauke bietet seit 1998 eine ‚Feier zur Lebenswende' an. Teilnehmer sind ungetaufte Schülerinnen und Schüler der 8. Klasse des katholischen Edith-Stein-Gymnasiums. Angeboten wird nicht nur eine Feier, sondern auch ein vorbereitender Unterricht. Obwohl die ‚Feier zur Lebenswende' im Dom stattfindet und Bibeltexte Verwendung finden, werden explizite Hinweise auf Gott vermieden. 1998 hatten 12 Jugendliche an dieser Veranstaltung teilgenommen, 1999 zwanzig. Inzwischen gibt es auch an anderen katholischen Gymnasien im Bistum Magdeburg Initiativen..."[3]

Auch evangelische Pfarrer bieten vergleichbare Feiern an. Andere plädieren für die Verbesserung des genuin kirchlichen Angebotes: „Das beste Mittel gegen die Jugendweihe ist die überzeugende und auf Beziehung angelegte, kontinuierliche Jugendarbeit. Wenn die Arbeit mit Kindern und Jugendlichen in unseren Kirchen besser und glaubwürdiger wäre, dann hätte die beziehungslose Jugendweihe keine Zukunft. Um es plakativ zu sagen: Konfirmation verbessern, nicht verwässern!"[4]

Firmung als Initiation?

Firmung als Alternative zur Jugendweihe? Ist das nicht eine gefährliche Parallele? Bedroht das nicht den Charakter der Firmung als Sakrament, wenn nicht mehr betont wird, was Gott, der heilige Geist, am Menschen tut, sondern stattdessen von einer Weihe des Jugendlichen an Gott die Rede ist? Oder sollen gar die Jugendlichen („solange sie noch greifbar sind") Gott geweiht werden – durch die Gemeinde, die Erwachsenen?

Firmung als Alternative zur „Feier der Lebenswende"? Passt das? Ist das nicht eher der theologische Kern der Taufe? Freilich in Zeiten der Säuglingstaufe dann als nachgeholte Feier?

Theologisch sind also zunächst zwei Fragen zu klären: Ist die Firmung eine Initiationsfeier? Ist sie eine Feier der Lebenswende?

---

2 Vgl. dazu Reinhard Hauke, Die „Feier der Lebenswende" im Erfurter Mariendom: in diesem Buch 94-106.
3 Finke a.a.O. 6.
4 Ebd.

Nach Aussagen des II. Vatikanischen Konzils stellt die Firmung ein Element der christlichen Initiation dar. Sie ist zwar ein eigenes, aber kein selbständiges Sakrament: „Der Firmritus soll überarbeitet werden, auch in dem Sinne, dass der innere Zusammenhang dieses Sakraments mit der gesamten christlichen Initiation besser aufleuchte; daher ist es passend, dass dem Empfang des Sakramentes eine Erneuerung des Taufversprechens vorausgeht."[5]

Taufe und Firmung gehörten ursprünglich als Stationen des einen Initiationssakramentes zusammen, dessen Feier durch die erste volle Teilhabe an der Eucharistie gekrönt wurde. Diesen Zusammenhang haben die orthodoxen Kirchen bis heute beibehalten, und sie können dafür sowohl das Argument des Alters wie der theologischen Konsequenz vorbringen. Allerdings lehrt uns die Geschichte der christlichen Initiation, ihrer Theologie und ihrer Praxis, dass es pastorale Gründe gegeben hat und heute gibt, von dieser theologisch konsequenten Reihenfolge abzuweichen. Theologisch muss nur sichergestellt sein: Firmung ist Teil der Initiation, sie muss als Ausfaltung bestimmter Aspekte dieses Geschehens gestaltet werden. Dabei darf vor allem ihr Charakter als Sakrament nicht verdunkelt werden. Das heißt, aus der Feier dessen, was Gott an Menschen tut, darf keine Feier menschlicher Leistung werden.

Ein kurzer Blick in die Geschichte, motiviert durch heutige Fragestellungen, kann das Behauptete verdeutlichen und fortführen: Firmung ist wesentliches Element christlicher Initiation, und diese dokumentiert in der Tat eine Lebenswende, freilich eine von Gott in Jesus Christus und durch seinen heiligen-heilenden Geist ermöglichte.[6]

Lebenswende als Initialzündung des Heiligen Geistes

Der Befund des Neuen Testamentes darf nicht von der späteren Entwicklung her interpretiert und in ein System gezwängt wer-

---

5 Liturgiekonstitution Nr. 71.
6 Vgl. zum Folgenden auch meinen Artikel „Gibt es eigentlich eine eigenständige Theologie der Firmung?": LKat 23 (2001) Heft 1.

den: Gerade in seiner Vielfalt ist er anregend für Theologie und Praxis heute. Theologische Grundelemente der christlichen Initiation sind: Taufe auf den Messias (Christus) Jesus bzw. auf Vater, Sohn und Geist; Empfang des Geistes des Vaters und des Sohnes. Dieser Geist ist der Geist des Lebens, der eine neue Existenz ermöglicht, auf die Anderen hin öffnet, im Leiden zu Widerstand wie Ergebung befähigt, in die Wahrheit einführt und im Streit um sie als Beistand auftritt. Der Bedeutungsreichtum verlangt eine entsprechende Feier und macht die Ausfaltung der Initiation zu einem gegliederten Ganzen verständlich.

In Liturgie und Katechese der Alten Kirche treten folgende Elemente im Initiationsgeschehen hervor, aus denen sich dann ein eigenständiges (Teil-)Sakrament entwickeln konnte: Betonung des Zusammenhangs von Heiligem Geist und kirchlicher (vom Bischof geleiteter) Gemeinschaft, Absage an den bösen Geist und Bekenntnis des trinitarischen Gottesglaubens, Salbung als Zeichen der Stärkung und der Verleihung von „Kampfbereitschaft". Letztere steht mit der Herabrufung (Epiklese) des Geistes in Verbindung. Entscheidend für die weitere Entwicklung ist die Tatsache, dass die im Initiationsgeschehen dem Bischof vorbehaltene Handauflegung nur noch bei den Visitationen vorgenommen werden konnte. Worum es bei der christlichen Initiation geht, bringen gerade die Liturgien der östlichen Kirchen klar zum Ausdruck: Es geht um die neue Lebensweise des Menschen, die (1) als Möglichkeit von Gott geschenkt, (2) in Jesus dem Christus, dem vom Geist Gesalbten, definitiv eröffnet, (3) durch den Geist des Vaters und des Sohnes allen zugeteilt wird. Was (4) in der Gemeinschaft der Glaubenden verkündet, ausgelegt und gefeiert wird, soll (5) im diakonischen Einsatz in der Gesellschaft bezeugt werden.

Besiegelung bzw. Salbung und Handauflegung zeigen sich als die augenfälligsten rituellen Ausdeutungen des Spezifikums der christlichen Taufe: In ihr wird der Geist des neuen Lebens der messianischen Endzeit verliehen. Weil sie zugleich die Vollendung (perfectio) des Tauf-Initiations-Geschehens bildeten, blieb sie als solche dem Bischof vorbehalten. Sie wurde also beim Anwachsen der Gemeinden nicht dem Presbyter übertragen. Die Firmung entstand so als ein eigenständiges Sakrament. Noch lange blieb im Bewusstsein, dass die Firmung eng zur Taufe gehört. Deshalb sollte der zeitliche Abstand zwischen den beiden Initiationssakramenten, den beiden Momenten des einen Initiationssakramentes, nicht zu groß sein. Erst Ende des 13. Jahrhunderts setzte die Verselbständigung der Firmung als eines Sakraments unter sieben ein. Damit ging eine theologisch nicht unbedenkliche Akzentverlagerung einher: Nun wurden die Momente des gegliederten Initiationsgeschehens betont, für welche die zu Firmenden verantwortlich waren: Kampf und Wachstum im Glauben. Diese Sinnbestimmung des Firmsakraments verlangte eine adäquate Vorbereitung: Dazu gehörte nicht nur die Belehrung; gefordert wurden jetzt auch eigene Akte des Glaubens und der Tugend.

Ein Blick in die Geschichte der Firmtheologie verrät deren Abhängigkeit von praktischen und amtstheologischen Entwicklungen. Allerdings lässt sich auch ein roter Faden theologischer Reflexion und Begründung erkennen: Sobald sich das Initiationsgeschehen differenziert, wird die (Säuglings-)Taufe eher auf das eigene Heil, die Firmung (vor allem) auf das Leben in Kirche und Welt ausgerichtet. Das theologische System der sieben Sakramente erforderte eine qualitative und nicht bloß quantitative Rechtfertigung der Firmung, eine Angabe der für sie spezifischen Gnadengabe. Deshalb wurde ihr seit Thomas von Aquin (13. Jh.) die Gnade der Stärkung und des Wachstums im Glauben zum (geistigen) Kampf gegen die Feinde des Reiches Gottes zugeteilt. Nun wurde auch ihr wie der Taufe (und später der Priesterweihe) ein unauslöschliches sakramentales Prägemal zugeschrieben. Auf der Strecke blieb der Heilige Geist, jedenfalls eine charakteristische und ausdrückliche Beziehung zwischen Firmung und Geistverleihung. Papst Paul VI. griff auf das Erbe der alten Kirche zurück: Er legte Handauflegung und Salbung als Zeichen der Firmung fest und schrieb die alte byzantinische „Spendeformel" vor: „Sei besiegelt durch die Gabe Gottes, den Heiligen Geist." Wenn wir die lateinische Formel wörtlich übersetzen, wird deutlich, dass in der Formel „Empfange das Zeichen der Gabe des Heiligen Geistes" der Heilige Geist zugleich als Geber und als Gabe angesprochen ist.

Für das theologische Verständnis der Firmung bedeutet dies:[7]
- dass die Einheit der Initiation, wie sie in der Alten Kirche bestand und in den Orthodoxen Kirchen bis heute praktiziert wird, erneut ins Bewusstsein rückt;
- dass Handauflegung und Salbung als altkirchliche Zeichen (des zweiten Teils) der Initiation wieder hervorgehoben werden;
- dass die Bedeutung des (bischöflichen) Amtsträgers zurücktritt und Gott/der Heilige Geist als Hauptakteur erscheint;
- dass die Firmung wieder in spezifischer Weise mit dem Heiligen Geist verbunden wird;
- dass der Heilige Geist als Gabe gesehen wird, die den Menschen besiegelt, d.h. als Eigentum bezeichnet, vielleicht auch als Erbanwärter für das vollendete Heil stigmatisiert (vgl. Eph 1,13f);
- dass in jedem Fall die Gabe vor der Aufgabe steht, so dass die Firmung eben als Sakrament zuerst das Handeln Gottes und dann erst die Antwort des Menschen feiert.

Firmung ist Teil des christlichen Initiationsgeschehens, des Christwerdens. Dieses ist als Ganzes initiiert durch Gottes Geist. Die Taufe bringt die Lebenswende und das Hineinwachsen in die neue Lebensgemeinschaft, den Wechsel von der erbsündlichen Gesellschaft in die Gemeinschaft des Erbheils zum Ausdruck, die Firmung sagt den Beistand des Geistes zu einer ihm entsprechenden Lebensweise zu. Wegen ihres Zusammenhangs mit der Taufe ist die Firmung „Feier zur Lebenswende", Tauferneuerung. Als Abschluss des Initiationsgeschehens ist sie Einführung in die Gemeinschaft derer, die im Glauben erwachsen geworden sind. Wird der Charakter dessen, was Initiation besagt, ernstgenommen, dann läuft die sakramentale Feier nicht Gefahr als krönender Abschluss menschlichen Bemühens missverstanden bzw. verfälscht zu werden. Dann nämlich stehen die Sakramente der Taufe und der Firmung an bestimmten Knotenpunkten eines gegliederten Prozesses, sind sie immer auch Anfang, Einführung, Initiation.

---

7 Vgl. Bernd Jochen Hilberath/Matthias Scharer, Firmung – Wider den feierlichen Kirchenaustritt, Mainz ²2000, 116.

Der initiierende Geist als Spezifikum der Firmung

Dass die Initiationssakramente immer auch Anfang sind, ist theologisch auf das zurückzuführen, was wir die Initialzündung des Heiligen Geistes nennen. Wir können diesen Prozess mit dem stufenweise Zünden von Weltraumraketen vergleichen: Auf jeder Stufe braucht es einen neuen Schub, und dieser Schub kommt – jedenfalls im christlichen Initiationsprozess – nicht durch Selbstzündung zustande, sondern durch Auslösung von außerhalb. Dieses Bild kann uns verdeutlichen, was die Theologie mit dem „extra nos", dem „außerhalb unserer selbst" des Gnaden-Heilsgeschehens meint. Mir scheint, dass dies gerade im Zusammenhang mit der Firmung nicht oft genug betont werden kann. Im ökumenischen Dialog sowohl mit den Kirchen des Ostens wie mit den reformatorischen Schwesterkirchen steht hier noch manche Klärung an; zugleich können sich die unterschiedlichen Theologien und katechetische wie liturgische Vollzüge bereichern. Die Bandbreite reicht von der fast ausschließlichen Betonung des göttlichen Handelns – da, wo Säuglinge getauft und gefirmt werden und die erste heilige Kommunion empfangen – bis zur Katechismusabfrage als Voraussetzung zur Teilhabe am Abendmahl.

Um den Gedanken von der Initialzündung des Heiligen Geistes zu verstärken, möchte ich über die Firmung bzw. die Initiationssakramente hinaus nachforschen, ob und wo denn sonst noch der Geist Gottes als initiierender Geist begegnet.

Am Anfang war der Geist

Dies gilt nicht nur, aber auch und entscheidend für das Werden der Schöpfung.[8] Der Geist Gottes schwebt über dem Wasser, als Gott durch sein Wort aus Nichts die Welt ins Dasein ruft. Bei der

---

8 Ich betrachte die biblische Überlieferung jetzt nicht unter historisch-kritischem Blickwinkel hinsichtlich ihres Entstehens, des ursprünglichen „Sitzes im Leben". Ich betrachte also nicht den literarischen, sondern den in den verschiedenen Überlieferungen bezeugten theologischen Anfang. Es geht also nicht um die Frage, ob eine (ausdrückliche) Schöpfungstheologie am Anfang des Glaubensbewusstseins steht, sondern darum, dass Schöpfungstheologie wesentlich zu diesem Glauben gehört.

Erschaffung des Menschen wird der Geist eigens herausgestellt: Die Ruach, der Atem/Geist, beseelt den Menschen, macht ihn zu einem lebendigen Wesen. Und der Mensch ist bleibend angewiesen auf die göttliche Ruach. In unüberbietbarer Weise bringen dies die beiden Verse 29 und 30 aus dem „Schöpfungspsalm" 104 zum Ausdruck. Die wörtliche Übersetzung macht die wechselseitige Beziehung von Gottes Geist und Menschengeist noch deutlicher: „Verbirgst du dein Gesicht, sind sie verstört, nimmst du ihnen den Atem-Geist, so schwinden sie hin und kehren zurück zum Staub der Erde. Sendest du deinen Atem-Geist aus, so werden sie alle erschaffen, und du erneuerst das Gesicht der Erde." Gottes Atem-Geist verleiht den Menschen Atem-Geist, der Geist des Lebens weckt die Lebensgeister. Gottes Anblick verleiht der Schöpfung ein Gesicht, die Lebewesen können ihr Gesicht aufrichten dank der Zuwendung Gottes (das Wort „sich zuwenden" hat im Hebräischen den gleichen Stamm wie „Gesicht").

Die christliche Liturgie hat diese Verse in die Pfingstvesper übernommen. Sie preisen dann nicht nur Gottes Schöpfertat, sondern auch seine Erlösertat. Der Geist Gottes ist nicht nur der Schöpfergeist am Anfang, auf den die Schöpfung bleibend angewiesen ist. Er ist auch der Geist der Neuschöpfung, der wiederum sowohl am Anfang steht wie bleibend für Initialzündungen sorgt. Gottes Geist kam auf Menschen, Richter, Könige, Prophetinnen und Propheten, um das Volk Gottes am Leben zu halten, es an die Lebensordnung Gottes zu erinnern, um eine Zukunftsperspektive für alles Lebendige anzukündigen. Immer mehr verdichtete sich die Erfahrung, dass endgültiges Heil, Rettung aus der völlig verfahrenen Lage nur zu erwarten ist, wenn Gottes Geist selbst aktiv wird, die definitive Wende herbeiführt. So heißt es etwa bei Ezechiel 36,26-28. „Ich schenke euch ein neues Herz und lege einen neuen Geist in euch. Ich nehme das Herz von Stein aus eurer Brust und gebe euch ein Herz von Fleisch. Ich lege meinen Geist in euch und bewirke, dass ihr meinen Gesetzen folgt und auf meine Gebote achtet und sie erfüllt. Dann werdet ihr in dem Land wohnen, das ich euren Vätern gab. Ihr werdet mein Volk sein und ich werde euer Gott sein."

Die neutestamentliche Überlieferung bringt die christliche Überzeugung von der in Jesus Christus gegebenen definitiven

Wende, dem Anfang einer neuen Schöpfung, ebenfalls mit dem Wirken des Geistes in Verbindung: „Als aber die Zeit erfüllt war, sandte Gott seinen Sohn, geboren von einer Frau und dem Gesetz unterstellt, damit er die freikaufe, die unter dem Gesetz stehen, und damit wir die Kindschaft erlangen. Weil ihr aber Söhne und Töchter seid, sandte Gott den Geist seines Sohnes in unser Herz, den Geist, der ruft: Abba, Vater." (Gal 4,4-6) In das Reich Gottes gelangt, wer „aus Wasser und Geist" neu geboren wird (Joh 3,5).

Es ist der Geist des Sohnes, den dieser am Kreuz übergibt (Joh 19,30), den Seinen einhaucht (Joh 20,22). So erweist sich Jesus als der wahre Charismatiker, der vom Geist Begabte, von ihm Erfüllte. An markanten Stellen seines Lebens, eben an Anfängen, bringen dies die neutestamentlichen Glaubenszeugnisse zum Ausdruck: Am Beginn des öffentlichen Wirkens Jesu, während seiner Taufe durch Johannes, wird er als der Sohn geoffenbart, als der Geist auf ihn herabkommt. Besonders Lukas betont, dass Jesus seitdem vom Geist „erfüllt" (Lk 4,1) ist. „Im Geist" wird er in der Wüste umhergeführt, widersteht er dem widergöttlichen Geist, beginnt er seine Predigt- und Heilungstätigkeit. Dass Jesus ganz vom Geist Gottes durchdrungen ist, dass in ihm Gott durch seinen Geist einen neuen Anfang in seiner Schöpfung macht, das bringen Matthäus und Lukas durch die Theologie der Jungfrauengeburt zum Ausdruck: Neues, heilvolles, endgültiges Leben ist für die Schöpfung nur möglich, wenn Gott selbst in ihr und mit ihr einen neuen Anfang wagt und sich definitiv in seinem Geist der Schöpfung einverleibt.

Jedes Mal, wenn eine neue „Raketenstufe" in der Geschichte Gottes mit den Menschen gezündet wird, ist es der Geist, der die Initialzündung auslöst – und der sich als Gabe, die bleibt, als Beistand auf Dauer schenkt. Auch der Anfang der christlichen Gemeinde steht im Zeichen des Heiligen Geistes. Die Übergabe des Geistes am Kreuz ist in der Perspektive des Johannesevangeliums bereits die Geburtsstunde. Die Kirchenväter deuten Wasser und Blut, aus der geöffneten Seite hervorquellend, als Taufe und Eucharistie, als beginnendes und bleibendes Initiationssakrament. Lukas schenkt uns die Pfingsterzählung, die in der christlichen Überlieferung so dominierte, dass die übrigen Zeugnisse vom initiierenden und bleibenden Wirken des Geistes in der gesamten Schöpfung, in allen Menschen (und nicht nur beim Lehramt) aus dem Blick geraten konnten.

Gottes Geist und die qualitativen Sprünge der Evolution

Der evangelische Theologe Gerd Theißen hat vor Jahren den Versuch unternommen, den in der Bibel bezeugten und auf sie gegründeten Glauben in der Perspektive der Evolutionstheorien zu betrachten.[9] Kann das Menschenbild des christlichen Glaubens als Ergebnis eines qualitativen Sprungs in der Evolution angesehen werden? Ich greife die Anregungen auf, die das initiierende wie bleibende Wirken des Heiligen Geistes aus diesem Blickwinkel beleuchten können.[10]

Das neues Leben schaffende und ermöglichende Wirken des Geistes zielt auf eine Veränderung des Menschen und seiner grundlegenden Lebensweise. Zwar zeigen auch Tiere soziale Verhaltensweisen, ja, diese können bis zur Selbstaufopferung gehen (nach dem Volksglauben ernährt der Pelikan seine Jungen mit dem eigenen Blut; im Mittelalter sah man darin ein Symbol für den Erlöser Christus). Jedoch scheint dieses Verhalten auf die Erhaltung der eigenen Arten begrenzt zu sein. Dies gilt auch da, wo sich beobachten lässt, dass sich nicht die Stärkeren (im physischen Sinne), sondern die Kooperativeren durchsetzen und durch Selektion belohnt werden.

Im Rahmen seiner kulturellen Evolution hat der Mensch neue Formen sozialen Verhaltens entwickelt, die den Rahmen der eigenen Gruppe sprengen und gerade die Schwachen, Benachteiligten und Marginalisierten einschließen können. Diese Veränderung biologisch fundierten Verhaltens ist freilich den Menschen nicht als fixe Grundausstattung einfach (mit-)gegeben, sie muss jeweils neu erworben, bejaht und entwickelt werden. Die Menschen werden gerade in ihren negativen Verhaltensweisen häufig stärker als durch biologisch Grundgelegtes durch Erworbenes bestimmt. In diesem egozentrischen und unsozialen Verhalten erscheinen

---

9 Gerd Theißen, Biblischer Glaube in evolutionärer Sicht, München 1984.
10 Vgl. auch meine Ausführungen in: Bernd Jochen Hilberath, Pneumatologie, Düsseldorf 1994, 4.3.

Menschen oft schlimmer als Tiere, nämlich als solche, die einander beißen und verschlingen (vgl. Gal 5,15).

Ein Leben aus dem Heiligen Geist Gottes steht dann in Konfrontation zu biologisch fundierten und (vielleicht mehr noch) kulturell tradierten Verhaltensmustern, die nicht selten als „typisch menschlich" und „unüberwindlich" etikettiert werden. Der christliche Glaube bekennt, dass Gott in Jesus von Nazaret, „empfangen vom Heiligen Geist, geboren aus der Jungfrau Maria", einen neuen Anfang in der Geschichte der Schöpfung gemacht hat. Dadurch wird Gottes gute Schöpfung als solche nicht negiert oder abgewertet. Sie wird erneuert, indem die übermächtig gewordenen sündigen Verhaltensweisen und sündigen Strukturen menschlichen Zusammenlebens von innen her aufgebrochen werden. Der christliche Glaube bekennt, dass der Mensch in der „einen Taufe zur Vergebung der Sünden" aus Wasser und Heiligem Geist, „von oben/von neuem" geboren wird. Dadurch erhält er Anteil am neuen Leben, das sich aus der Gemeinschaft der heiligen Gaben der Eucharistie speist. Im Heiligen Geist eine neue Schöpfung geworden, kann der Mensch egoistisches Verhalten überwinden, den Wiederholungszwang ererbter Verhaltensweisen durchbrechen, der Spirale der Gewaltanwendung entkommen und dem Mechanismus der Schuldenzuweisung, der immer einen Sündenbock braucht, entfliehen.

Firmung als Initiation und Inspiration zu einem Leben aus dem Geist

Der bisherige Gedankengang lädt dazu ein, die Firmung einmal zu betrachten als Initiation in eine Lebensweise, die für das initiierende und bleibende Wirken des Geistes aufmerksam ist. Wenn ich von „Initiation und Inspiration" spreche, will ich erneut unterstreichen, dass diese Initiation nicht Menschwerk ist, sondern auf die Initialzündung des Gottesgeistes zurückgeht. Es ist die Einhauchung des Geistes der neuen Schöpfung. So wie am Anfang Gottes Atem-Geist den Erdling erst zu einem lebendigen Wesen macht, so macht der heilige-heilende Geist Gottes die Menschen zuallererst zu überlebensfähigen Existenzen.

Dem Motto „Wehret den Anfängen" des Ungeistes steht als positive Wendung gegenüber „Achtet auf die Initialzündungen" des Heiligen Geistes. „Wes Geistes Kind seid ihr?" Auf diese Frage antworten Gefirmte: „Kinder des Geistes des Vaters und des Sohnes, des Jesus von Nazaret, des Geistes des heilenden Anfangs". Firmung heißt Tauferneuerung, Erinnerung an die Initiation des Heiligen Geistes, der mich in der Gemeinschaft des Erbheiles leben lässt. Firmung heißt mich jetzt erneut ergreifen, inspirieren lassen, den Geist den Anfang meiner erwachsenen Glaubensexistenz wirken lassen.

Das kann nicht auf eine Feier beschränkt werden, so sehr Feiern zum Ausdruck bringt, dass wir die neue Existenz nicht uns verdanken. Aber wir haben ihr zu entsprechen. Deshalb sind einige Andeutungen nötig, was denn das heißen kann, aus dem Geist zu leben, der neue Lebensmöglichkeiten eröffnet – für mich, für dich, für alle; aus dem Geist zu leben, der uns inspiriert, dem Leben auf der Spur zu bleiben, mit nichts weniger als der Fülle des Lebens zufrieden zu sein.

Folgende Kriterien lassen sich aufstellen:[11]
1. Achtung vor dem Lebendigen, achten auf alles Lebendige, gerade in seinen unscheinbaren und gefährdeten Anfängen: Leben und Lebendigkeit können nicht gemacht werden, und auch für die Erhaltung des Lebens und die Bewahrung der Schöpfung sind die Menschen auf die Lebensmacht des Geistes Gottes angewiesen. Leben heißt: In der Kraft des Schöpfergeistes von Gott her und auf ihn hin existieren.
2. Anderem Leben Raum geben, gerade in den zarten Anfängen des Lebenslaufes, aber auch eben erst entstehender Beziehungen: Schöpfung als das Nichtgöttliche, als das Andere Gottes kann und darf sein, weil Gott in seinem Geist der Schöpfung Raum gibt. Aus seiner Fülle tritt Schöpfung ins Leben, weil er die Schöpfung frei sein lässt. Leben aus dem Geist heißt, das Leben der Anderen respektieren und ihre Freiheit fördern – durch Freigeben und Freigiebigkeit.

---
11 Vgl. meine Pneumatologie 198f; außerdem meinen Beitrag: Der Geist Gottes und die Identität des Menschen: Reiner Anselm/Franz-Josef Nocke, Was bekennt, wer heute das Credo spricht?, Regensburg 2000, 83-107.

3. Leben in Beziehung: Die Wirklichkeit des Geistes wie der Liebe weisen die gleiche Struktur auf. Beide verwirklichen sich, indem sie aus sich herausgehen und indem sie beim Anderen zugleich zu sich selbst finden, bei sich sind. Dies hat zur Voraussetzung die Bereitschaft zur Ekstase, zum Aus-sich-Herausgehen, um im Anderen und mit dem Anderen sich selbst zu finden. So wie der Geist in der Schöpfung wirkt, ohne deren Freiheit zu beschränken und ohne aufzuhören, der unverfügbare Geist Gottes zu sein, so bedeutet Beim-andern-Sein weder Vergewaltigung des anderen noch Selbstaufgabe.
4. Sich nicht an falsche Sicherheiten klammern: Die in der Heiligen Schrift bezeugte, im Glauben gedeutete Lebenserfahrung zeigt, dass die Menschen, die freigelassenen Geschöpfe, sich selbst immer wieder unfrei, zu Sklaven nicht- oder widergöttlicher Mächte machen oder zu solchen gemacht werden. So wuchs die Erkenntnis, bleibend auf den befreienden und neu belebenden Geist Gottes angewiesen zu sein. Aus dem Heiligen Geist Gottes leben heißt, sich von aller falschen, nämlich im eigenen Seinkönnen festgemachten Sicherheit zu lösen und sich frei zu machen für das Geschenk des wahren und wahrhaft frei machenden Lebens.
5. Selbstbestimmte Zuwendung: Zugleich bedeutet Leben aus dem Geist Gottes die heiligende-heilende Zuwendung zu aller unterdrückten, ausgebeuteten, versklavten Kreatur.

In den Anfängen der Kirche war es der Apostel Paulus, am Anfang der Erneuerung der abendländischen Christenheit war es der Reformator Martin Luther, der die Freiheit eines Christenmenschen in „dialektischer" Weise beschrieb: Christen sind ganz Gott untertan und gerade deshalb sind sie niemandes Untertanen. Was vielen Zeitgenossen dialektisch = widersprüchlich erscheint, dass nämlich Freiheit etwas mit Bindung zu tun haben könnte, macht gerade die biblische Grunderfahrung aus: Die Bindung an Gott macht frei gegenüber allen Autoritäten. Zugleich aber kommt zu diesem „frei von" ein selbstbestimmtes = vom Geist Gottes bestimmtes „frei für": Weil wir Christen niemandem untertan sind, können wir uns freilich in den Dienst von Mitmenschen stellen.

6. Alles eigene Mühen relativieren: Die Miterben des Reiches Gottes, die Mitarbeiterinnen und Mitarbeiter an der Gemeinschaft des neuen Lebens in Wahrheit und Freiheit wissen sich als unnütze Knechte und Mägde, welche die Vollendung, die Fülle des Lebens durch den Geist des Vaters und des Sohnes erwarten. Indem sie Zeugnis geben vom Grund der Hoffnung, die sie erfüllt (vgl. 1 Petr 3,15), erflehen sie im Geist, der in der Schöpfung seufzt und mit ihr in Wehen liegt (vgl. Röm 8), dass ihre Hoffnung nicht ins Leere geht. Sie vertrauen darauf, dass der Freund des Lebens am Ende alle Lebensfäden in Händen hält.
7. Aller Anfang ist nicht schwer: Christliche Initiation als vom Geist initiierte, Leben der Menschen als von Gott ermöglichtes – das läuft auf die Umkehrung des Spruches hinaus, dem zufolge aller Anfang schwer ist. Im Glauben ist der Anfang leicht. Auch das „initium fidei" (der Anfang des Glaubens) – so lehrt die Kirche seit den ersten Auseinandersetzungen um das Verhältnis von Gottes Handeln und dem Handeln des Menschen – ist Tat des göttlichen Geistes. Am Anfang der Schöpfung steht Gottes mächtiges Wort, am Anfang der Neuschöpfung die Menschwerdung des göttlichen Wortes, am Anfang des Glaubens die Inspiration des Geistes.

Firmung feiern und sich in ihr verpflichten lassen heißt: Weil Gottes Geist den Anfang gemacht hat und unsere Inspiration bleibt – packen wir's an! Die beste Firmvorbereitung ist das Nachspüren des bereits gemachten Anfangs – in der eigenen Biographie, im Leben der Mitmenschen, auch denen der Vergangenheit (Jesus!), damit die Selbstverpflichtung zum erwachsenen Glaubensleben aus der Freude entspringt.[12]

---

12 Vgl. Hilberath/Scharer a.a.O. 131.

II THEMEN ZUR ZEIT

Claudia Hofrichter

Mädchen brauchen Frauen, Jungen brauchen Männer
Geschlechterspezifische Firmvorbereitung

Das Szenario

Firmtreff aller Jugendlichen zum Auftakt der Vorbereitungszeit. Mädchen und Jungen trudeln nach und nach ein. Sie besetzen einen Platz im Stuhlkreis und halten gleichzeitig den Nebenstuhl noch frei. Karin will, dass ihre Freundin Nina neben ihr sitzt und auf der anderen Seite Ute. Die Jungen fangen mit der Platzbelegung genau gegenüber an. Zum Schluss sind zwei paritätisch besetzte Halbkreise entstanden. Als es an die Gruppenbildung geht, wird es hektisch. An der Wand hängen Plakate mit den Namen der Gruppen- und ProjektbegleiterInnen. Sieben Jugendliche, maximal acht sollen in einer Gruppe sein. Vor den einzelnen Plakaten bilden sich kleine Trauben von Mädchen- und Jungengruppen. Manch einer findet sich wider Willen in einer gemischtgeschlechtlichen Gruppe wieder. Die Enttäuschung steht einigen Jungen und Mädchen ins Gesicht geschrieben.

Alte und neue Erfordernisse

Ganz neu ist die Idee der geschlechtsspezifischen Firmvorbereitung nicht. In den Anfängen gemeindekatechetischer Vorbereitung mit Jugendlichen in kleinen Gruppen, wurden die Vorzüge und Nachteile heterogener und gemischter Gruppen diskutiert. Zwei Wahrnehmungen spielten damals eine besondere Rolle:

- Mädchen und Jungen von 14-16 Jahren können, wenn sie inhaltlich und erfahrungsorientiert miteinander arbeiten sollen, in der Regel wenig miteinander anfangen. „Schweigende Mädchen" und „blödelnde Jungs" waren damals typische Beschreibungen.

• Ehrenamtliche Mitarbeiterinnen (und auch damals schon wenige Mitarbeiter) beschäftigten Fragen und Überlegungen wie: „Komme ich mit einer gemischten Gruppe zurecht? In diesem Alter sind Mädchen und Jungen doch so schwierig." „Mir ist eine reine Mädchengruppe lieber. Mit tobenden Jungs komme ich nicht gut klar, da fehlt mir die Autorität." „Eine reine Jungengruppe nehme ich gern. Da sind sie unter sich. Das ist einfacher."

Seit einigen Jahren werden diese Wahrnehmungen wieder thematisiert. Standen einst die Bedürfnisse der Mitarbeiterinnen bei der Gruppenbildung im Vordergrund, hat sich der Fokus heute geändert. Im Vordergrund stehen heute Überlegungen zur geschlechtsspezifischen Firmvorbereitung. Der Blick ist dabei auf geschlechtsspezifische Themen und ihrer Bedeutung für die religiöse Entwicklung von Jugendlichen gerichtet. Wie selbstverständlich ergibt sich daraus die Frage nach geschlechtshomogenen Gruppen einerseits. Andererseits bekamen die Begleitpersonen der Firmjugendlichen, Frauen und Männer, mehr Aufmerksamkeit:

Mehrere Aspekte werden im Folgenden bedacht: Das entwicklungspsychologische Umfeld geschlechtsspezifischer Firmvorbereitung, die Bedeutung von Frauen und Männern als Begleitpersonen der Jugendlichen sowie erste Anknüpfungspunkte für die Firmvorbereitung.

Backfische und kleine Helden

Mädchen und Jungen entwickeln auf unterschiedlichen Wegen ihre geschlechtsspezifische Identität. Mädchen und Jungen im Firmalter haben bereits eine weibliche bzw. männliche Sozialisation durchlebt. Sie haben darüber hinaus „Glaubenssätze" verinnerlicht wie: „Brave Mädchen kommen in den Himmel" oder „Ein Indianer kennt keinen Schmerz", „Frauen sind das schwache, Männer das starke Geschlecht", „Ein Junge macht das nicht", „Als Mädchen ist man hilfsbereit und nett".

Wer flüstert Mädchen und Jungen eigentlich zu, wie sie sich zu verhalten haben? Frauen sind die ersten Bezugspersonen von Jungen und Mädchen. In den 9 Monaten Schwangerschaft wächst die Beziehung der Mütter zu ihren Kindern. Es gibt einen unsichtbaren Code zwischen Mutter und Kind, der die lebenslängliche Kommunikation von Menschen untereinander beeinflusst. In der Regel versorgen eher Mütter die Säuglinge und begleiten ihr physisches und psychisches Wachstum. Das kindliche Weltbild orientiert sich an dem der Mütter und Frauen, die in Kindergarten, Kindertagesstätte und Grundschule einen großen Teil der Zeit mit den Kindern gestalten und prägen. Mädchen und Jungen lernen die Welt also vor allem aus der Perspektive von Frauen kennen.

Übernehmen Väter einen großen Teil der Erziehungsarbeit und geben Kindern einen Einblick in die Welt aus Männersicht, bleiben die außerhäuslichen Bereiche im täglichen Leben der Kinder von Frauen geprägt. In diesem Fall erfahren Mädchen und Jungen die Welt aus der Perspektive von Männern und Frauen.

Heute achten Mütter stärker auf den Umgang mit Rollenerwartungen. Sie denken häufiger über ihr eigenes Verhalten gegenüber ihren Töchtern und Söhnen nach. Ihnen ist es wichtig, dass ihre Töchter sich behaupten können und zu selbstbewussten Frauen heranwachsen. Auch in Schule und Verein werden Mädchen dazu ermutigt. Die alten Rollenmuster scheinen mit Beginn der Pubertät allerdings wieder zu funktionieren. Der Mythos von männlicher Überlegenheit und weiblicher Unterwerfung und Anpassung scheint alle anderen Kräfte zurückzudrängen. „Von Jungen wird nicht nur erwartet, dass sie sich in der gleichgeschlechtlichen Gruppe behaupten und durchsetzen können, sondern auch, dass sie ihre Überlegenheit gegenüber den Mädchen demonstrieren."[1] Viele Mädchen akzeptieren „still, dass sich die Jungen scheinbar selbstverständlich mehr Platz und Aufmerksamkeit holen, und geben die Konkurrenz zu den Jungen auf. Sie überlassen den Jungen den Raum, den diese anscheinend brauchen, und warten bescheiden auf ihren Märchenprinzen, anstatt selber um ihren Platz in der Welt zu kämpfen"[2]. Sind Mädchen körperlich oft

---
1 Dieter Schnack/Rainer Neutzling: Kleine Helden in Not. Jungen auf der Suche nach Männlichkeit. Reinbek bei Hamburg (vollständig überarbeitete Neuausgabe) 2000, 38. Vgl. auch Cheryl Benard/Edit Schlaffer, Einsame Cowboys. Jungen in der Pubertät, München 2000.
2 Schnack/Neutzling a.a.O. 39.

weiter entwickelt als die Jungen, so muss den Mädchen von den Jungen zumindest größere körperliche Kraft entgegengehalten werden können.

Offensichtlich genügt es nicht, wenn Frauen in der Erziehung von Mädchen und Jungen sensibel die geschlechtsspezifischen Entwicklungen reflektieren und Erziehungsmaßnahmen entsprechend ausrichten. Spätestens wenn Mädchen und Jungen in die Pubertät kommen, schlagen sich gesellschaftliche Einflüsse stärker nieder: Mädchen besuchen nun Schulen, in denen es in der Regel einen Männerüberhang im Kollegium gibt. Politik, Gesellschaft, Vereine usw. sind nun stärker von Männern dominiert. Spätestens hier sehen sich Mädchen mit einer Welt konfrontiert, die von Männern bestimmt wird. Mädchen werden wieder in die alten Rollenmuster gedrängt, welche die Generation ihrer Väter und Großväter beeinflusst haben.

Die Medienwelten verstärken diesen Geschlechterkampf. Dort werden Stereotypen, bestimmte Bilder von Weiblichkeit und Männlichkeit aufgegriffen. Die „klassischen" Typisierungen von Frau und Mann werden sozusagen als zusätzliche Message mitgeliefert. Die Computer- und Technikwelt wird vorwiegend dem männlichen Ideal zugeordnet, während das Korsett eines bestimmten Schönheitsideals den Frauen übergestülpt wird.

Mädchen brauchen Frauen, Jungen brauchen Männer

Mit Eintritt in die Pubertät sind für Jungen und Mädchen unterschiedliche Wege zu bewältigen. In der Phase der Adoleszenz machen sie mit sich Erfahrungen als junge Frauen und junge Männer.

Mädchen entwickeln ihre Identität als Frau. Mütter haben hierbei automatisch eine Vorbildfunktion. Gleichzeitig grenzen sich Mädchen von ihren Müttern ab und lösen sich von ihnen. Auch das ist notwendig, um die eigene Identität zu finden. Durch die zahlreichen Kontakte mit ihren Müttern erleben Mädchen die Mutter nicht nur räumlich anwesend. Sie fühlen sich von ihnen dadurch kontrolliert und eingeengt. Da Väter häufig abwesend sind, nehmen sie durch den Vater weniger Kontrolle wahr.

Mädchen spüren Veränderungen im eigenen Körper. Sie schauen in den Spiegel, finden sich schön und hässlich zugleich, machen sich schick, um den Jungs zu gefallen. Sie sind einmal himmelhochjauchzend und dann wieder zu Tode betrübt. Frauen können diesen Veränderungsprozess begleiten. Sie ermöglichen die Auseinandersetzung mit den gängigen Schönheitsidealen. Sie unterstützen die Auseinandersetzung zwischen Selbstbild und dem Fremdbild gesellschaftlicher Vorstellungen. Jedoch nicht alle Mädchen verkraften den Veränderungsprozess in der eben beschriebenen Weise. Einigen fällt es schwerer, Frau zu werden und das Frausein anzunehmen. Essstörungen[3] und Süchte sind oft Folge solcher Verweigerung. Hier ist therapeutische Hilfe angezeigt.

Für Jungen ist nicht mehr die Mutter die Identifikationsfigur. Frauen haben in Situationen, in denen Jungen ihre Identität suchen, nur geliehene Erfahrungen. Jungen suchen verstärkt den Mann als Vorbild, als Person, an der sie sich messen und reiben, mit der sie sich identifizieren und von der sie sich abgrenzen können. Im Autonomiestreben der Jungen und der damit verbundenen Auflösung der Symbiose zwischen Mutter und Sohn spielen der Vater oder andere Männer – zum Beispiel Filmhelden – eine wichtige Rolle. Das Verhalten des Vaters in schwierigen Situationen hat Vorbildfunktion für den Jungen. Erlebt der Junge neben der Mutter auch den Vater als jemanden, der tröstet, der weint, der Grenzen hat, fällt die Loslösung von der Mutter leichter. Erlebt der Junge, dass Eltern sich streiten und dass sie sich wieder vertragen, dass Entscheidungen gemeinsam getroffen werden, dann wird er in Zukunft eher geschützt sein, Frauen niederzuhalten, um ihnen gegenüber zu bestehen. Die Beziehung zur Mutter und damit zum anderen Geschlecht wird vom Vater geprägt. Gibt es keine oder permanent abwesende Väter, suchen die Jungen ihre Vorbilder in den Medien, in Computerspielen, in Aktionfilmen oder auf dem Fußballplatz. Nicht selten identifizieren sie sich mit den Männern, die sich in bedrohlichen und aussichtslosen Situationen zu helfen wissen. Eben diese Männer greifen häufig zu Gewalt und zu Waffen, um sich „ihr Recht" gegenüber Frauen zu verschaffen.

---

3 Empfehlenswert dazu: Kathrin Seyfarth: SuperSchlank? Zwischen Traumfigur und Essstörungen. München 2000.

Frauen und Männer in der Firmvorbereitung

Wo ist der eigene richtige Weg? Was möchte ich in meinem Leben erreichen? Wie gehe ich mit Grenzen um? Wohin soll es gehen mit meinem Leben als Frau, wohin will ich gehen? Wohin soll es gehen mit meinem Leben als Mann, wohin will ich? Ihre Suche nach Identität und ihre Sehnsucht nach gelingendem Leben gestalten Jungen als Jungen und Mädchen als Mädchen.

Hierin liegt auch der Ansatzpunkt für die neue Bedeutung männlicher Begleiter von Jungengruppen bzw. von spezifischen Angeboten für Jungen in der Firmvorbereitung. Dass Frauen in der Firmvorbereitung aktiv sind, ist uns wie selbstverständlich. Und nicht nur da. Sie stellen innerhalb der Gemeinden die Mehrheit derer, die den Gottesdienst besuchen (an Werktagen sind oft ausschließlich Frauen anzutreffen), vielerorts auch die Mehrheit der ehrenamtlichen MitarbeiterInnen überhaupt.[4]

In der Begleitung der männlichen Firmjugendlichen sind Männer gesucht, die ihr Rollenbild reflektiert haben, die sich abgrenzen von den durch Fernsehen, Internet und Comics vermittelten Männerbildern. Sie können Jugendliche begleiten bei ihrer Suche nach Identität. Jungen brauchen Männer, die einen guten Umgang mit ihrem eigenen Körper haben, damit sie selber einen guten Umgang mit sich entwickeln lernen.

Mädchen brauchen Frauen, die ihnen helfen, ihre eigenen Kräfte und Möglichkeiten zu entdecken. Da Mädchen oft zur Vorsicht und Zurückhaltung erzogen werden, sind grenzüberschreitende Erfahrungen für sie besonders wichtig (z.B. etwas zu wagen, was frau sich nicht zugetraut hätte). Gleichzeitig müssen Mädchen lernen, sich anderen gegenüber abzugrenzen und Nein zu sagen.[5]

---

4 Mitarbeiterinnen sind Mütter der Firmjugendlichen oder Frauen, die nicht zum Kreis der Eltern der Firmjugendlichen gehören. Vgl. zum Aspekt „Mütter und Väter in der Firmvorbereitung": Claudia Hofrichter/Barbara Strifler, Nur in der zweiten Reihe?!: in diesem Buch 153-164.

5 Im Outdoorbereich gibt es bereits eine weit entwickelte geschlechtsspezifische Arbeit. Diese setzt daran an, dass die Lernerfahrungen, die Mädchen und Jungen machen sollen, verschieden sind. In nahezu allen Kommunen entstehen Mädchentreffs. In Jugendhäusern werden für Mädchen eigene Belegzeiten eingerichtet. In diesen Zeiten haben Jungen keinen Zutritt.

Frauen, die in der Firmvorbereitung mit Mädchen, und Männer, die mit Jungen arbeiten, bringen ihre Erfahrungen aus ihrer eigenen religiösen Entwicklung und Biografie mit. Diese Biografie trägt teils schmerzhafte Züge, die bislang vielleicht gut verdrängt werden konnten. Jetzt erinnern sie sich wieder daran. Deshalb ist, bevor Frauen und Männer geschlechtsspezifische Angebote umsetzen, die Vergewisserung ihrer eigenen Geschichte wichtig. Einige mögliche Fragestellungen werden im Folgenden benannt:

- Welche Männer / Frauen, welche wichtigen Ereignisse und Stationen haben meine Glaubensentwicklung gefördert, welche behindert?
- Habe ich Religion und christliche Erziehung in meiner Herkunftsfamilie als Frauensache erlebt? Wie sieht das in meiner jetzigen Familie bei meinen Kindern aus? Bin ich als Frau zuständig? Halte ich mich als Mann weitgehend heraus?
- Welches Bild von Gott wurde mir als Frau in meiner Kinder- und Jugendzeit vermittelt? Habe ich primär männliche Gottesbilder kennen gelernt oder sind mir auch die weiblichen Seiten Gottes vertraut? Wie haben sie meine Gottesbeziehung geprägt? – Welches Bild von Gott wurde mir als Mann in meiner Kinder- und Jugendzeit weitergegeben? Wie hat mich das geprägt?
- Welche Erfahrungen habe ich als Frau bzw. als Mann mit Vertretern und Vertreterinnen der Kirche gemacht? Was verbindet mich mit der Kirche? Welche Fragen beschäftigen mich?
- Bin ich damit vertraut, mein Leben vom Evangelium her zu betrachten? In welchen Situationen tue ich das?

Eine Vergewisserung solcher Fragen kann an mehreren Abenden oder einem Wochenende geschehen, zu dem „Frauen unter sich" bzw. „Männer unter sich" eingeladen werden.

Auf der Suche nach der eigenen religiösen Identität

Firmvorbereitung hat zum Ziel, Mädchen und Jungen in ihren Fähigkeiten und Möglichkeiten zu unterstützen. Firmvorbereitung begleitet Jungen und Mädchen damit auch bei ihrer Suche nach ihrer je eigenen Rolle als Frau bzw. als Mann. Damit handelt sie identitätsstiftend. Firmvorbereitung ist adressatenorientiert. Sie greift die Fragen der Jugendlichen auf. Was bislang noch weitgehend aussteht, ist, diese Fragen mädchen- bzw. jungenspezifisch zu bearbeiten.

Mädchen und Jungen suchen auch nach ihrer religiösen Identität. Zahlreiche religiöse Gruppierungen machen Angebote für Jugendliche. Diese testen, probieren Verschiedenes aus, nehmen wieder Abstand davon. Religiöse Identität ist untrennbar mit der eigenen Lebensgeschichte verbunden. Glaube wird gelebt im Kontext der eigenen Geschichte als Mädchen bzw. als Junge. In ihrer bisherigen religiösen Sozialisation haben sie bereits Erfahrungen gemacht: Mit Bildern von Gott, die ihnen vorgestellt wurden, mit formulierten Gebeten, mit Vertretern der Kirche. In ihrer religiösen Entwicklung haben Jugendliche unterschiedliche Erfahrungen und vielfältige Zugangsweisen. Viele kennen nur noch Relikte gelebter Familienreligiosität, wie zum Beispiel das Weihnachtsfest, den Gottesdienstbesuch an hohen Festtagen, ein Vaterunser am Grab.

Was sie wissen, bringen sie als Wissen aus dem schulischen Religionsunterricht mit. Andere wachsen in einer religiös und vom christlichen Glauben geprägten Umgebung in Familie und Gemeinde auf.

Jungen und Mädchen durchlaufen entwicklungspsychologisch gesehen verschiedene Stufen der religiösen Entwicklung.[6] Die Stufen folgen nicht chronologisch aufeinander und nicht zeitgleich. Das bedeutet, dass nicht nur Mädchen und Jungen eine unterschiedliche Entwicklung durchlaufen, sondern der individuelle Stand der religiösen Entwicklung von Firmjugendlichen sehr unterschiedliche sein kann.

---

6 Vgl. dazu James W. Fowler, Stufen des Glaubens. Die Psychologie der menschlichen Entwicklung und die Suche nach Sinn, Gütersloh 1991, 340f.

**Mädchen und Jungen brauchen Bestärkung –
Perspektiven und Umsetzungen**

Dies kann als Grundanliegen geschlechtsspezifischer Firmvorbereitung formuliert werden. Die Firmliturgie selber greift diesen Aspekt auf. Im Gebet des Bischofs bei der Firmspendung wird der Heilige Geist als Gabe und Stärkung als vorrangiger theologischer Akzent dargestellt: „Der Heilige Geist stärke sie (sc. die Mädchen und Jungen) durch die Fülle seiner Gaben und mache sie durch seine Salbung Christus, dem Sohn Gottes, ähnlich."[7]

Das Sakrament der Firmung ist der Ort, an dem in besonderer Weise und auf eine besondere Lebenssituation (Pubertät) hin das Wirken Gottes einem Menschen zugesprochen wird mit dem Ziel, eine bewusstere und entschiedenere Auseinandersetzung mit Umwelt und Gesellschaft eingehen zu können.[8]

Mädchen- und jungenspezifische Firmvorbereitung hat verschiedene Perspektiven im Blick:
- Für viele Mädchen und Jungen ist die Firmvorbereitung ein erster Kontakt mit Kirche nach einer langen Pause. Deshalb bietet gerade in dieser Situation geschlechtshomogene Firmvorbereitung einen Raum an, in dem Gefühle und Fragen geschützt benannt werden können. Für viele Jugendliche bleibt dies auch der einzige Ort.
- Mädchen unterstützen, dass sie sich mehr zutrauen, ihre Kräfte messen, mit Angst umgehen, Mut entwickeln etwas auszuprobieren, was für sie neu und unbekannt ist.
- Jungen, die auf Sieg und Überlegenheit programmiert sind, unterstützen, ihre Kraft einzuschätzen, so dass sie verantwortlich mit sich und anderen, denen sie vertrauen und die ihnen vertrauen, umgehen.

---

7 Die Feier der Firmung in den katholischen Bistümern des deutschen Sprachgebietes, hg. im Auftrag der Bischofskonferenzen Deutschlands, Österreichs und der Schweiz und der Bischöfe von Bozen-Brixen und vom Luxemburg, Freiburg/Basel/Wien 1972.
8 Vgl. dazu Claudia Hofrichter u.a.: Ich glaube. Handreichung zu Firmvorbereitung. München 1994, 17.

- Die Fähigkeiten und Gaben von Jungen und Mädchen jeweils als persönliche Stärken wahrzunehmen und sie damit aus der Geschlechterkonkurrenz herauszuführen.
- Spezifischen Erfahrungen von Mädchen in der biblischen Tradition Resonanz verleihen und damit die christliche Tradition so vermitteln, „dass Mädchen ihre eigene Stimme darin gewürdigt erfahren, dass ihre Wünsche gestärkt werden, ihr Recht zur Sprache gebracht, erlittenes Unrecht benannt und patriarchale Normen kritisiert werden"[9].
- Mädchen haben bestimmte Bilder von Gott im Kopf. Traditionell haben beide Geschlechter in ihrer Kindheit einen männlichen Gott kennen gelernt: den Schöpfer, den Hirten, den Herrn, den Vater. Darüber hinaus haben sie biblische Männergestalten kennen gelernt, die in einer besonderen Nähe zu Gott und zu Jesus standen: Abraham, Mose, Jona, Zachäus, die Jünger. Die vielen Frauengestalten wie Debora, Mirjam, Rut, Noomi, Maria Magdalena, die Syrophynizierin sind ihnen eher vorenthalten worden. Ist Gott männlich, erscheint auch das Männliche als Gott. Für mädchenspezifische Bibelarbeit gilt, die einseitigen Denkweisen von Gott aufzubrechen und damit Mädchen bei ihrer Suche nach Identität einen Zugewinn zu ermöglichen und sie zugleich von einer Last zu befreien.
- Jungen gilt es solche biblische Texte zu erschließen, die Macht und Ohnmacht nicht als Stärke und Schwäche abbilden, sondern vielmehr als verschiedene Erfahrungen, die Menschen mit sich und mit anderen machen. So können neben den Stars und Helden der Gegenwart neue männliche Leitbilder entdeckt werden.
- Mädchen- und jungenspezifische Firmvorbereitung kann zur Geisterfahrung werden. Gelingt es, einzelne Themen zunächst mädchen- bzw. jungenspezifisch zu erarbeiten und die „Ergebnisse" dann zusammenzuführen, ist dies ein zusätzlicher Gewinn an Erfahrung des Geistes: Den Anderen entdecken und dies als Bereicherung für das eigene Leben wahrzunehmen. Entdecken, was mir an mir als Mädchen/als Junge bislang noch fremd war, und der Frage nachgehen: Wer bin ich im Unterschied zum Anderen?

---

9 Sabine Ahrens/Annabelle Pithan (Hg.), Weil ich ein Mädchen bin. Ideen – Konzeptionen – Modelle für mädchengerechten KU, Gütersloh 1999, 7.

Solche Perspektiven hatte Firmvorbereitung bisher nicht ausgeblendet, jedoch wurden sie unter geschlechtsspezifischen Gesichtspunkten in der Praxis bislang wenig entfaltet. Vereinzelt gibt es Erfahrungen in diesem Bereich, vor uns liegt die weitere Entwicklung.[10]

---

10 Für die KonfirmandInnenarbeit wurden erste Praxiselemente entwickelt: Sabine Ahrens/Annabelle Pithan (s.o.), Stephan Dorgerloh/Markus Hentschel, Knockin' on heavens door, Bd. 1, Gütersloh 1997; Markus Hentschel/Günter Törner/Birgit Weindl, Knockin' on heavens door, Bd. 2, Gütersloh 2000. Felix Rohner, Die Nacht des Feuers. Ein Modell für ein Initiationswochenende für männliche Firmlinge und deren männliche Firmpaten, hg. Männerbüro der Diözese Feldkirch, 1998.

Heinrich-Maria Burkard

Jugend und Liturgie

1   Liturgiefähige Jugendliche? Jugendfähige Liturgie?

„You go to Jugo?!" So lautete die Überschrift eines fetzig gestalteten Handzettels, den Firmlinge[1] an der Realschule verteilten. Eine engagierte Jugendgruppe hatte sich mit der Gemeindereferentin mit dem Vorhaben zusammengesetzt, den normalen Sonntagsgottesdienst „jugendgerecht" zu gestalten, mit allem, was ihres Erachtens dazugehörte:

Ein pfiffiges Motto, fetzige Lieder, begleitet von einer guten Band, ein knackiges Anspiel zur Eröffnung, Dialogpredigt, selbst gestaltetes Credo und Fürbitten mit der Tageszeitung, Gabengang mit Symbolen, Friedensgruß mit einer Papiertaube, als fulminanter Gag zum Ende noch ein Schlussrap und dann im Anschluss an den „Godi" das Angebot zum gemeinsamen Pizzaessen.

Wer mit Jugendlichen zu tun hat, der / die kann diese fiktive Geschichte für seine eigene Erfahrung selbst weiterschreiben. Für die einen wird daraus ein gelungener Jugendgottesdienst, bei dem im Idealfall die „normale Sonntagsgemeinde" begeistert mitgerissen wird. Für die anderen ein Mega-Flop. Statt der Eingeladenen kommen nur die wenigen Leute der Vorbereitungsgruppe, das Ganze ist zu überladen und die meisten Gottesdienstbesucher verärgert über das, was ihnen da wieder mal von ein paar Jugendlichen zugemutet wird; der Pfarrer besteht auf seine Predigt, die mit den ganzen Vorüberlegungen herzlich wenig zu tun hat. Zugegeben: schwarz-weiß gemalt. Deutlich wird dadurch jedoch, wie groß bisweilen die Spannung zwischen normaler Sonntagsliturgie und dem Erleben Jugendlicher ist, von denen oft erwartet wird, dass sie sich doch wenigstens hin und wieder im Sonntagsgottesdienst sehen lassen – wenn sie sich schon firmen lassen.

---

[1] Statt „Firmbewerberinnen und Firmbewerbern" gebrauche ich aus Verständlichkeitsgründen den althergebrachten Begriff „Firmlinge".

Das Dilemma
Das Dilemma liegt auf der Hand: Wenn vom Elternhaus bzw. aus der eigenen religiösen Sozialisation kaum mehr Zugang zu kirchlichen Vollzügen vorhanden ist, kann die übliche Firmvorbereitung nicht nachholen, was lange nicht vorgekommen ist. Das gilt vor allem dann, wenn seitens der einzelnen Jugendlichen nur wenig Interesse an Kirche, an Gottesdienst zu wecken ist. Unterhaltung und Event bekommen sie allemal anderswo professioneller und ansprechender geboten. Religiöse Ansprechbarkeit, die bei vielen Jugendlichen durchaus aufspürbar ist, wird heute auch von anderen „Anbietern" als der Kirche genutzt. Deren „Marktanteile" sind an der Interessen-Favoriten-Liste Jugendlicher weiter am schrumpfen.

Ein entwicklungspsychologischer Aspekt verstärkt das Ganze: Kirche und Gottesdienst stehen in der Regel (noch?) für bewahrende Tradition, die von Elternseite aus vertreten wird, von denen man sich ja gerade absetzen will (anders als im Erstkommunionkinderalter).

Anknüpfungspunkte
Viele Jugendliche suchen und brauchen zuverlässigen Halt, den unsere Liturgie durchaus auch bietet. Dieser Halt wird von ihnen nur dann als solcher entdeckt, wenn sie genügend Zeit und Raum hatten, liturgische Vollzüge als für sie hilfreich zu erfahren. Das kann über den Weg einer guten Ministrantenarbeit geschehen. Ebenso wichtig sind für viele Jugendliche glaubhafte Erwachsene, die selbst durch ihre Art, Leben, Glauben und Gottesdienst zusammenzubringen, Neugierde wecken und zur Nachahmung einladen. Denn Liturgiefähigkeit setzt Beziehungsfähigkeit, Gottvertrauen und Zugang zu kontemplativer Wahrnehmung voraus. Dies alles müssen (nicht nur!) Jugendliche im Firmlingsalter erst noch lernen. Dieses Lernen ist meines Erachtens weniger kognitiv vermittelbar, sondern eher ein „Lernen am Modell".

Gefragt ist hier vor allem auch die Glaubwürdigkeit und Sensibilität der am Gottesdienst Beteiligten. Wenn Jugendlichen vermittelt wird, dass sie trotz ihrer anderen Lebensart und Lebensweise im Gemeindegottesdienst willkommen sind (und nicht nur geduldet), wenn sie Möglichkeiten haben, sich dort einzubringen, wo es ihnen wichtig ist (und nicht nur dort, wo sie sich selbst als Vorzeigeobjekte empfinden), wenn sie auch ohne Vorwurf und moralisches Nachbohren wegbleiben dürfen (weil ihnen eben auch andere Dinge wichtig sind), dann ist am ehesten gewährleistet, dass sie selbst einen persönlichen Zugang zum Gottesdienst der Gemeinde und zu liturgischen Vollzügen überhaupt finden.

Entscheidend sind für mich zwei Grundhaltungen:
- Zum einen die Ehrfurcht vor der verborgenen Gegenwart Gottes in jedem Jugendlichen („Mystagogie"). Den Jugendlichen zu helfen, Gott selbst in ihrem Leben aufzuspüren, bleibt zentrale Aufgabe katechetischen Wirkens.
- Zum andern der Respekt vor der persönlichen Freiheit jedes Menschen. Hier gilt es, sowohl die Freiheit der Jugendlichen, wie auch die eigene in den Blick zu nehmen. Oft, so mein Eindruck, erliegen Firmkatechet/innen einem inneren Druck, „den Hund um jeden Preis, wenn schon nicht zum Jagen, dann doch wenigstens zum Mitwackeln zu bringen". Gott zwingt niemanden – also brauchen auch wir niemanden zu zwingen, weder die Jugendlichen, noch uns selbst.

Ist unsere Liturgie „jugendfähig"?
Die Antwort für mich lautet: Ja – in dem Maße, wie es diejenigen sind, die sie feiern, gestalten und verantworten. Oder sie ist es eben nicht.

„Jugendfähig" heißt für mich nicht kumpelhaftes Anbiedern und krampfhaftes Suchen nach immer neuen Gags und Events. Was nicht heißt, dass es solche nicht auch geben soll. Jugendfähig heißt für mich Sensibilität für das, was Jugendliche umtreibt, und Sensibilität dafür, was biblische Heilsbotschaft Jugendlichen zu bieten hat. Das können inhaltliche Themen, wie Familienstreitgeschichten sein, wie Jakob und Esau (Gen 27), Konkurrenzgeschichten, wie die Nachfrage nach den Plätzen an der Seite Jesu (Mk 10, 35-45) oder Visionen, wie die Totenbeinerweckung (Ez 37) oder das neue Jerusalem (Offb 21). Das kann die Annäherung an biblische Gestalten sein, insbesondere die Person Jesu, oder auch wichtige Teile seiner Verkündigung, wie die Seligpreisungen der Bergpredigt. „Jugendfähig" ist für mich sonntägliche Liturgie auch dann, wenn die Tagestexte wenigstens ansatzweise für Jugendliche verstehbar und nachvollziehbar erschlossen werden.

2 Brückenschlagsversuche aus der bunten Ideenkiste

„In mir ist alles leer und durcheinander. Himmelhochjauchzend zu Tode betrübt. Hat mein Leben so überhaupt noch einen Sinn?" Diese Worte zitierte Pater Hans aus einem Brief einer 15-jährigen Jugendlichen, den er selbst kurz zuvor erhalten hatte. „Was würdet ihr jetzt Jenny – ich nenn sie einfach einmal so – darauf antworten?"

Mit dieser Fragte brachte er eine ganze Lawine in mir – selbst noch Jugendlicher – ins Rollen. Der Brief und seine Frage waren echt und das, was zur Sprache kam, hätte genauso von mir kommen können. Nach dem Gottesdienst schrieb ich einen vielseitigen Antwortbrief an Jenny, deren wirklichen Namen ich später erst erfuhr, und brachte ihn dem Pater mit der Bitte, ihn an das Mädchen abzuschicken.

Eine lebendige Brieffreundschaft entstand daraus. Weil „Jenny" evangelisch war, kamen wir ohnehin auf Religion, Kirche und unseren eigenen Glauben zu sprechen. Pater Hans hatte es verstanden, eine Brücke zu bauen.

Mein späterer Heimatpfarrer – mit selbem Vornamen – lud uns Jugendliche immer wieder zu sich ins Pfarrhaus ein. Vor Jugendgottesdiensten nahm er sich die Zeit, mit uns über das Evangelium zu sprechen, das am entsprechenden Sonntag dran war.

Er half uns, selbst in Gebeten und Fürbitten zum Ausdruck zu bringen, was uns dabei aufgegangen war. Nach einem Ausspruch von Roger Schütz, dem Prior von Taizé, ermutigte er uns immer wieder: „Lebe das Wenige, das du vom Evangelium begriffen hast". Auch das waren entscheidende Brückenschläge für mich.

Er gestattete uns, Neues auszuprobieren und warb dennoch um Verständnis für das für uns Althergebrachte; entscheidend jedoch war sein ehrliches Interesse an uns und das „personale Angebot", das er uns machte. Beides sind für mich Grundhaltungen, die unbedingt zu den folgenden Vorschlägen aus der Ideenkiste (nach Mt 13,52) dazugehören![2]

Im Vorfeld

- Sich selbst Zugänge zur Erlebniswelt Jugendlicher verschaffen, um deren Sprache, Bilder, Musik, Ausdrucksformen etc. zu verstehen. Es lohnt sich, mit einer Firmgruppe einmal zu den „Orten ihrer Freizeit" zu gehen und sich ihre Welt zeigen zu lassen.
- Liturgische Vollzüge elementarisieren und Wichtiges von Zweitrangigem unterscheiden. Entsprechende Ein-Übungen auch für die Gruppenleiter/innen während der Firmvorbereitung anbieten (z.b. Schweigen, Wort-Gottes-Teilen, symbolische Zeichenhandlungen).
- Rote Fäden ziehen: Bei einem Firmvorbereitungswochenende spannten wir wirklich ein Seil durch den Raum, hängten dann zuerst vier rote Kartons mit dem Satz „der Herr sei mit euch"[3] auf und ließen aus verschiedenen Untergruppen die entsprechenden Gottesdienstteile dazuhängen und erläutern.
- Jugendliche für die Bedürfnisse anderer Gemeindeglieder sensibilisieren (besonders der Großelterngeneration): Ein Austausch über die Glaubens- und Gottesdiensterfahrungen zwischen einer Firmgruppe und älteren Menschen aus dem Altersheim können hierfür hilfreich sein.
- Exemplarische Teile des Gottesdienstes mit verschiedenen Jugendlichen und Gruppen vorbereiten und gestalten:
Neue Lieder einüben, Texte und Anspiele, Interviews oder Collagen, Bilder oder Gegenstände aus ihrem Leben, interessante Personen einladen, um zu erzählen und gemeinsam etwas in

---

[2] Siehe dazu den Beitrag von Elke Lang, „... und heute werde ich gefirmt": Claudia Hofrichter/Barbara Strifler (Hg.), Firmvorbereitung mit Esprit, Praxismodelle, Stuttgart 2001.

[3] Mit diesem Ruf wird jeweils eine neue Art der Gegenwart Jesu angedeutet, in der er selbst jetzt unter uns präsent sein will: a) in der versammelten Gemeinde (entsprechend Mt 18,20), b) in seinem Wort (entsprechend Joh 14,23), c) im Sakrament von Brot und Wein (entsprechend Joh 6,51), d) in den Armen und Bedürftigen, zu denen wir gesandt sind (entsprechend Mt 25,40). Es lohnt sich sehr, mit aufgeschlossenen Jugendlichen darüber zu reden, in welcher dieser Gegenwartsweisen sie selbst Jesus am ehesten begegnet sind oder begegnen können.

den Gottesdienst einzubringen, diakonische Projekte mit in den Gottesdienst einbeziehen, Träume und Wünsche ausdrücken lassen.

Im Gottesdienst selbst
- Einstiege suchen, die gleichermaßen Jugendliche und die Erwachsenen ansprechen:
  - „Gewitzt", z.B.: Nach einem ernsten Hinweis, dass bitte alle Handys zuerst ausgeschaltet werden, klingelt prompt das Handy des Pfarrers, eines Gruppenleiters, oder eines Firmlings, der ein entsprechendes Gespräch beginnt (z.B. „schlechter Empfang...").
  - „Sammelnd", z.B.: Alle setzen sich und hören meditative Musik, währenddessen bringt jemand einen interessanten Gegenstand zum Ambo oder Altar.
- „Weniger ist mehr": nicht zu viele Elemente gestalten, dafür auf Prägnanz und Verständlichkeit gestalteter Elemente achten.
- Musik, die einlädt und nicht erschlägt und die von den Charismen lebt, die da sind (oft getrauen sich Firmlinge anfangs nicht, ihre Instrumente mitzubringen, die sie selber spielen).
- Orte schaffen in der Liturgie und im Kirchenraum, bei denen sich die Jugendlichen zuverlässig wiederfinden, z.B.:
  - ihre Gruppenpinnwand, von der etwas vorgelesen wird;
  - die Fürbittklagemauer, in die vorgetragene Fürbitten gesteckt werden;
  - ihre Gruppenkerze, die in einem eigenen Ritus entzündet wird, oder kleine Kerzen, die in eine mit Sand gefüllte Tonschale gesteckt werden;
  - ihre „Patenpflanze", die auch ein Blumengesteck sein kann, um die sich eine Gruppe kümmert;
  - die Opferschale, in die sie bei der Gabenbereitung etwas für sie wichtiges hineinlegen können;
  - bis zur Kassettenaufnahme des Gottesdienstes, die eine Gruppe kopiert und zu Leuten bringt, die nicht mehr zur Kirche kommen können.
- Den Verkündigungsteil anschaulich gestalten: z.B. eine Figurenaufstellung im Kirchenraum wie beim Bibliodrama und dann von den Einzelnen Rückmeldungen einholen.

Einen fiktiven Brief eines Evangelisten vorlesen. Bilder zum Evangelium zeigen, die ansprechend sind. Szenen mit biblischen Figuren stellen lassen.
- „Knackpunkt Hochgebet": Wenn ich mich als Zelebrant schon vom ersten Störenfried drausbringen lasse, dann verspannt sich die Atmosphäre schnell. Stattdessen bemühe ich mich, echt vor Gott zu stehen und echt besonders für die Jugendlichen, die da sind, zu beten. Wenn Ergänzungen und Kommentare, dann prägnant auf den roten Faden des Gottesdienstes verweisend und nicht katechetisch-moralisch erziehend.
- Symbole/Gegenstände einsetzen, die nicht lange erklärt werden müssen.
- Elemente der Lebendigkeit und Elemente der Ruhe und Sammlung in einer Feier so verteilen, dass sie mitvollzogen werden können und sich ergänzen.

Nach dem Gottesdienst
Jugendlichen gemeinsames Erleben nach dem Gottesdienst ermöglichen: Spiele, Austausch, Musik, Essenkochen im Jugendraum.
- Gottesdienste nachbereiten: Reflexion in den Firmgruppen, Anerkennung für Gelungenes, Einholen von Verbesserungsvorschlägen, offene Fragen.
- Aktionen, die bereits im Gottesdienst angeregt oder vorgestellt wurden, z.B.: Erntedankgaben einsammeln, einmachen, entsprechend weitergeben, Palmbüschel binden und für einen wohltätigen Zweck verkaufen etc.

Reinhard Hauke

Die „Feier der Lebenswende" im Erfurter Mariendom
Eine christliche Alternative zur Jugendweihe im Osten Deutschlands[1]

„Und sie taten ihre Schätze auf"

Jugendliche der 8. Klasse in Erfurt informieren sich am Beginn des Schuljahres bei Freunden und Bekannten, wo man die Feier der Jugendweihe preisgünstig gestaltet bekommt. Da es sich bei der Jugendweihe im Osten Deutschlands um so etwas wie eine „Volkstradition" handelt, wird die Frage danach mit Ernsthaftigkeit behandelt. Für viele Jugendliche ist die Feierstunde das äußere Zeichen für den Start in das Leben der Erwachsenen. Durch die Kleidung wird der Schritt in diese neue Lebensaltersstufe angezeigt. Die Familie nimmt an dem Ereignis mit großer Selbstverständlichkeit und Ernsthaftigkeit Anteil. Der Anlass ist allen Beteiligten klar, jedoch scheint mir ein Problem darin zu bestehen, dass die inhaltliche Prägung unsicher ist. Im Sozialismus wurden die Jugendlichen auf die Ideale des Sozialismus eingeschworen. Im Gelöbnis hieß es:

„Seid ihr bereit, als wahre Patrioten die feste Freundschaft mit der Sowjetunion weiter zu vertiefen, den Bruderbund mit den sozialistischen Ländern zu stärken, im Geiste des proletarischen Internationalismus zu kämpfen, den Frieden zu schützen und den Sozialismus gegen jeden imperialistischen Angriff zu verteidigen?"

Das bedeutet: Die Freunde lieben und die Feinde bekämpfen – das ist das Programm für das künftige Leben. Wer Freund und Feind ist, sagt die Partei der Arbeiterklasse.

Die damals „Freunde" Genannten haben eine Revolution initiiert und sich gewandelt. Das Land des damaligen Imperialismus wurde mit dem Land des Sozialismus 1990 wiedervereinigt. Die-

---
[1] Der Beitrag erscheint leicht geändert auch in: Diakonia 32 (2001).

jenigen, die gesagt haben, wer Freund und Feind ist, gibt es nicht mehr – zumindest nicht mehr in ehemaligen Machtpositionen. Was kann also heute der Inhalt einer Jugendweihe sein?

Die Jugendweiheverbände helfen sich nach der Wende mit Humanismus. Sie laden Persönlichkeiten des öffentlichen Lebens ein, um über den Wert des Lebens der Erwachsenen zu sprechen. Der Inhalt einer Jugendweihefeier wird heute wesentlich durch den Redner bestimmt. Es ist zweifelhaft, ob die Jugendlichen einen Einfluss auf die Auswahl der Redner haben. Damit ist unsicher, ob sie auf den Inhalt der Feier Einfluss nehmen können.

Wer Schätze anzubieten hat, findet leicht Interessenten. Steht in einer Stadt eine schöne Kirche, dann gehen Gläubige und Nichtgläubige gern hinein. Kirchenschätze bestehen jedoch aus Gegenständen, die Kostbarkeiten fassen wollen, deren Wert nur durch den Glauben erfassbar ist. Kirchenfenster, die heute wegen ihres unschätzbaren Wertes keine Versicherung versichern will, umrahmen den Altarraum, in dem Eucharistie gefeiert wird. Ein Kelch im Wert eines Einfamilienhauses wird genutzt, um den konsekrierten Wein aufzubewahren. Was hat Menschen bewogen, diese Ausgaben zu machen?

Junge Menschen ohne christlichen Glauben fühlen sich manchmal von christlichen Werten – materieller und ideeler Art – angesprochen und sind offen für deren Deutung aus dem Glauben. Die ungetauften Jugendlichen werden vielleicht sagen: „Das kann ich nicht nachvollziehen!" Aber sie haben Respekt vor dem, was anderen kostbar ist. Auf der Suche nach Werten, für die es sich zu leben lohnt, werden die christlichen Werte wahrgenommen. Wenn es gelingt, sie im Gespräch in ihrer Werthaftigkeit zu erschließen, dann kann ein Weg beginnen. Es ist dabei nicht nötig, sofort das nizäno-konstantinopolitanische Glaubensbekenntnis bekannt zu machen. Jesus Christus begnügt sich am Anfang immer mit Gleichnissen. Das Gleichnis weckt Aufmerksamkeit, Widerspruch und Glauben. Die Methode Jesu Christi könnte auch heute ein Einstieg sein.

Eine katholische Schule und das Thema „Jugendweihe" – die Chance des Neubeginns

Im Jahr 1992 wurde in der Stadt Erfurt eine katholische Schule in bischöflicher Trägerschaft eröffnet. Die Edith-Stein-Schule ist ein Gymnasium mit Regelschulzweig. Diese Schule kann mehrfach Besonderheiten aufzählen: Es ist eine katholische Schule in der thüringischen Diaspora; hier lernen Gymnasiasten und Regelschüler nebeneinander und miteinander; hier nehmen Christen verschiedener Konfessionen und Nichtchristen am christlichen Religionsunterricht teil. In jedem Schuljahr werden ca. 70% katholische, 20% evangelische und 10% ungetaufte Schüler in die Schule aufgenommen.

In der 9. Klasse werden die katholischen und evangelischen Schüler auf Firmung bzw. Konfirmation vorbereitet. Für ungetaufte Schüler entsteht in der Zeit dieser Lebenswende vom Kind zum Jugendlichen die Frage: „Und wie kann ich meine Lebenswende feiern?" Verständlicherweise haben sich zahlreiche Schüler der Edith-Stein-Schule ohne konfessionelle Bindung für die traditionelle Form der „Jugendweihe" entschieden. Es stellt sich jedoch gerade dann, wenn Schüler in einer christlich geprägten Schule aufwachsen und die christlichen Werte kennenlernen, die Frage, ob nicht Christen ein Angebot für Nichtchristen zur Feier der Lebenswende unterbreiten sollten. Eine Sinngebung tut Not und das Christentum hat einen großen Reichtum, der auch hier helfen kann.

1997 wurden durch den katholischen Lehrer des ehemaligen Grundkurses und Pfarrer der Dompfarrei in Erfurt Jugendliche angesprochen und eingeladen, eine neue Form von „Jugendweihe" zu kreieren. Vier der möglichen acht Jugendlichen nahmen das Angebot dankbar an. Es wurde der Begriff „Feier der Lebenswende"[2] für diese alternative Form der „Jugendweihe" geschaffen. Zusammen mit dem Pfarrer begannen die Jugendlichen und Eltern im Oktober 1997 einen spannenden Weg, der in der „Feier der Lebenswende" am 2. Mai 1998 sein Ziel fand.

---
2 Der Begriff knüpft an die Bezeichnung der Ritenbücher in der katholischen Kirche an, die bezeichnet werden „Feier der Taufe", „Feier der Firmung", „Feier der Krankensalbung" etc.

Der Vorbereitungsweg

Im Oktober 1997 war das erste Treffen mit Interessenten im Erfurter Dom. Fünf Mädchen und ihre Eltern waren zum Treffen gekommen. Es sollten dabei die gegenseitigen Erwartungen und Vorstellungen ausgetauscht werden. Am 25. November wurden den Jugendlichen und Eltern die Kunstwerke der Schatzkammern des Domes vorgestellt und deren religiöse und kunsthistorische Bedeutung nahe gebracht. Wichtig war dabei, das Anliegen der Künstler zu verdeutlichen, etwas Schönes zur Ehre Gottes herzustellen und nicht, sich selbst damit einen großen Namen machen zu wollen. Beim Treffen im Dezember konnten die Jugendlichen mit ihren Eltern die Dachböden des Domes und die Türme besichtigen.

Ab Januar 1998 trafen sich die Jugendlichen monatlich einmal mit dem Pfarrer, um erstmals die inhaltliche Frage der Feier konkret zu besprechen. Dazu kamen die Jugendlichen im Dompfarramt zusammen. Einigkeit bestand darüber, den bisherigen und zukünftigen Lebensweg unter dem Thema „Verantwortung für den Mitmenschen" zu betrachten. Deshalb wurde bei diesem ersten Abend zur thematischen Vorbereitung der bisherige Lebensweg in Stationen beschrieben. Anhand einer Lebenslinie benannten die Jugendlichen Ereignisse ihres Lebens und überlegten, wie sie diese Ereignisse dokumentieren können. Das Ziel dieser Überlegung war, bei der Feier anhand dieser Gegenstände den bisherigen Weg zu beschreiben. Die Gegenstände wurden bei der Feier auf einem Tuch angeordnet, das in der Lieblingsfarbe der Jugendlichen gefärbt war und von den Eltern, die den Jugendlichen in das Leben gebracht haben, auf dem Boden ausgelegt wurde.

Bei einem weiteren Vorbereitungsabend im Februar wurden die eigenen Zukunftswünsche durch die Jugendlichen formuliert. Dabei schilderten sie ihre Erwartungen betreffs Berufsleben und persönlicher Lebensgestaltung. Das Ergebnis dieser Überlegungen wurde in der „Feier der Lebenswende" vorgetragen und eine Kerze, die zu dem Tuch gestellt wurde, sollte dabei ein Symbol der Zukunftshoffnung sein.

Im März fand das dritte Treffen zur inhaltlichen Gestaltung der Feier statt, bei dem sich die Zahl der Interessenten mittlerweile auf acht erhöht hatte. Es wurde über die Probleme der Gesellschaft und Welt nachgedacht, um daraufhin Wünsche in Bezug auf Veränderung dieser Probleme zu formulieren. In diesem Zusammenhang kam der Wunsch auf, eine konkrete Hilfsaktion mit der Gruppe zu starten. Die Jugendlichen boten an einem der folgenden Samstage fünfzehn Obdachlosen ein Mittagessen im Pfarrhaus an, das sie selbst organisiert hatten. Diese Aktion für die Obdachlosen bewirkte auch, dass die Jugendlichen erkannten: Ein Pfarrer hat eine Wohnung wie jeder andere Junggeselle, nur dass bei ihm so viele Bücher stehen, die von Gott und Kirche handeln. Es wurde beim Vorbereitungstreffen im März auch entschieden, gemeinsam ein Lied zu singen. Die Entscheidung fiel auf das Lied: „Wo Menschen sich vergessen". Es erzählt von der Nächstenliebe, die eine Erfahrung der Verbindung zwischen Himmel und Erde machen lässt. Bei einem Treffen im April wurden alle Texte zusammengetragen und miteinander abgestimmt.

Die Stimmung vor der Feier

Nach eingehender Beratung der Jugendlichen mit dem Pfarrer wurde der Termin für die „Erste Feier der Lebenswende" auf den 2. Mai 1998 festgelegt. Die Jugendlichen hatten Verwandte und Freunde zu dieser christlichen Alternative einer Jugendweihe eingeladen. Die Stimmung im Vorfeld der Feier war gespannt: Wie wird es gelingen? Wie werden Eltern, Verwandte und auch die Gläubigen der Gemeinde auf dieses Projekt reagieren? – Das waren die Fragen der Jugendlichen und des Pfarrers. Bei der Generalprobe wurden die Plätze und die Aufgaben verteilt. Dazu waren auch die Eltern eingeladen, da diese bei der Feier das Tuch auslegen sollten. Es war eine gute Stimmung. Fernsehen und Rundfunk hatten sich angesagt. Auch bei den Jugendlichen zu Hause wurde für eine Fernsehdokumentation gedreht. Die Jugendlichen ließen alles geduldig über sich ergehen. So manche Klärung der eigenen Meinung ergab sich durch die Fragen der Journalisten. „Warum machst du das mit dem Pfarrer?" – lautete eine Frage. Die Antwort des Jugendlichen lautete: „Es ist interessant, etwas aus der Kirche und vom Christentum zu erfahren, auch wenn man nicht zur Kirche gehört." Ein Mädchen erklärte: „Wir wollten keine Massenveranstaltung, sondern eine Feier, die wir vorbereiten und durchführen. Der Pfarrer hat dazu geholfen. Er hat uns nicht bedrängt mit Worten: ‚Kommt doch nun zur Kirche!' Es war keinesfalls bedrängend!"

Im Vorfeld wurde mit Mitarbeitern der Seelsorge über die religiöse Qualität des neuen Projektes gesprochen. Es stand die Frage im Raum: „Ist es ein Gottesdienst oder ist es kein Gottesdienst? Wenn es kein Gottesdienst ist, was ist es dann?" Es wurde entschieden: Da die Jugendlichen keine Gottesverehrung wollen, ist es kein Gottesdienst. Es ist eine Feier im Raum der Kirche, bei der ein Pfarrer für die Jugendlichen um Gottes Segen bittet.

Die Feier der Lebenswende

Der Einzug mit den Jugendlichen und dem Pfarrer eröffnete die Feier. Der Dom war mit ca. 200 Gästen gut gefüllt. Nach einem Orgelspiel wurden die Anwesenden durch den Pfarrer begrüßt, der die Kirche als „Ort der Lebenswende" bezeichnete, wenn Kinder durch die Taufe Christen werden, wenn Brautleute einander das Ja-Wort geben, wenn Männer zu Priestern geweiht werden oder im Gottesdienst bei einem Requiem die Wende vom Leben zum Tod und vom Tod zum Leben gefeiert wird. Danach stellten sich die Jugendlichen vor und berichteten von markanten Ereignissen aus ihrem Leben. Dabei legten die Eltern ein Seidentuch aus – Symbol des Lebensweges –, auf dem Gegenstände platziert wurden, die das bisherige Leben der Jugendlichen prägten. Zwei Jugendliche aus der Gemeinde spielten mit Orgel und Geige ein modernes und meditatives Musikstück. Anschließend beschrieben die Jugendlichen ihre Zukunftsträume mit Berufswahl und Partnerwünschen. Dazu hatten sie eine Kerze entzündet. Die persönlichen Zukunftswünsche lauteten u.a.: „Ich wünsche mir, dass meine Freunde treu, zuverlässig und hilfsbereit sind." Oder: „Ich wünsche mir, dass ich immer jemanden habe, der mir zuhört." Nach einem Orgelstück trug ein Mädchen den Text von Antoine de Saint-Exupéry aus dem Buch „Der kleine Prinz" vor, in dem von der Freundschaft zwischen dem Fuchs und dem kleinen

Prinzen die Rede ist. „Du bist verantwortlich für das, was du dir vertraut gemacht hast" – war die Botschaft des Textes. In der Ansprache des Pfarrers wurden verschiedene Beispiele für Freundschaft und Verantwortung füreinander beschrieben. Die Freundschaft zwischen Jonatan und David wurde als Beispiel für eine Beziehung genannt, in der die Zuwendung der Herzen wichtiger ist als der Gehorsam zum Vater. Die Freundschaft zwischen Jesus und den Aposteln wurde als Beispiel genannt für die Gemeinschaft, die auf einem guten und hoffnungsvollen Wort – dem Evangelium – basiert. Der Lebenseinsatz von Pater Maximilian Kolbe für einen Mithäftling wurde als Beispiel für eine Freundschaft genannt, die auf dem Wort Jesu basiert: „Eine größere Liebe hat niemand, als wer sein Leben hingibt für seine Freunde." Letztlich wurde an die Freundschaft zwischen dem Fuchs und dem kleinen Prinzen erinnert, die durch das langsame Sich-vertraut-Machen wächst. Auch konnte vom Einsatz der Jugendlichen für Obdachlose berichtet werden, die am 18. April 1998 im Pfarrhaus stattfand. Die Ansprache endete mit einer Ermutigung der Jugendlichen zum Teilen, damit sie reicher werden an Freunden und an Freude.

Nach der Ansprache sangen Jugendliche, Eltern und Gäste das Lied „Wo Menschen sich vergessen". Daraufhin wurden die Jugendlichen gebeten, ihre Wünsche für die Welt zu nennen, in der sie leben werden. Diese Wünsche beinhalteten auch den Vorsatz, sich für deren Erfüllung einzusetzen. Die Wünsche waren: Beendigung von Krieg und Gewalt gegen Kinder, von Raubbau im Regenwald, von Hass zwischen Religionen und Rassen, von unüberlegtem Umgang mit Tieren. Danach wurden die Jugendlichen, Eltern und Gäste durch den Pfarrer zum Segen eingeladen. Der Pfarrer kommentierte dazu:

„Zum Abschluss dieser Feier möchte ich als Pfarrer dieser Gemeinde Gott um seinen Segen für die Jugendlichen, ihre Eltern und Verwandten bitten. Segen bedeutet: Gott hat ein Interesse an uns. Er spricht zu uns ein gutes Wort und lässt Taten folgen."

Zum Segen hatten die Jugendlichen die Tücher umgelegt, die ihren Lebensweg bezeichneten. Es war ein Symbol für die Annahme dessen, was bisher gewesen ist. In der Hand trugen sie die Kerze: das Symbol für die Hoffnung auf einen guten und neuen

Lebensabschnitt. Mit einem Orgelspiel zogen die Jugendlichen und der Pfarrer aus der Kirche aus.

Ein neuer Versuch

Die Nachfrage von ungetauften Eltern und Jugendlichen veranlasste den Erfurter Dompfarrer zu einem neuerlichen Versuch einer „Feier der Lebenswende" am 15. Mai 1999 und im darauf folgenden Jahr 2000. Nun lag ein schon bewährtes Konzept vor, jedoch sollte es lediglich als „Prototyp" angesehen werden. Aufgrund der größeren Anzahl von Jugendlichen wurden einige Veränderungen in den folgenden Jahren vorgenommen, z.B. wurden die „Ehemaligen" zusammen mit den „Neuen" im Advent zu einem Abend eingeladen, bei dem der Pfarrer über das christliche Brauchtum im Advent und zur Weihnachtszeit berichtete. Dass der Termin des Weihnachtsfestes mit dem Fest des römischen Sonnengottes zusammen hängt, dass der Weihnachtsmann ein profanierter Nikolaus ist und durch Martin Luther zum Weihnachtsfest kam, dass der Adventskranz ein Zeichen für Ewigkeit und eine Zählhilfe ist, war den Jugendlichen neu. Nach der Information über das Brauchtum erzählten die „Ehemaligen" von ihrer „Feier der Lebenswende", von der Vorbereitung, der Feier im Dom und der familiären Feier. Man fühlte den Stolz der „Ehemaligen", dass sie die Vorreiter waren und den „Neuen" den Weg bereiten konnten.

Die Feier der Lebenswende in der Diskussion

Die Juni-Ausgabe 1998 der „Herder-Korrespondenz" betitelte den Bericht über die „Feier der Lebenswende" mit: Pionierarbeit. Damit war gemeint: Es hat jemand etwas Neues angefangen und vermutlich den richtigen Weg eingeschlagen. Solche Kommentare ermutigen den „Pionier". Es wird darauf hingewiesen, dass mit solchen Angeboten das „doppelte Unbehagen" abgebaut werden kann: Einerseits bei denjenigen, die sich noch nicht entschließen können, die Spendung von Sakramenten zu erbitten, da sie noch nicht die nötigen Voraussetzungen erfüllen und dennoch das Interesse an Kirche und Christentum signalisieren wollen; andererseits bei denjenigen, die einen bewussten Empfang der Sakramente fordern und das rein äußerliche und unentschiedene Mittun der Menschen nicht dulden wollen. Es ist wichtig, den Menschen in seiner jeweiligen Befindlichkeit ernst zu nehmen und ihn zugleich aber auch zu höheren Zielen zu locken. Religionspädagogisches Fingerspitzengefühl ist dabei unverzichtbar. Wenn Jugendliche und Eltern durch Engagement sich beteiligen wollen, ist das ein gutes Zeichen dafür: Der richtige Weg wurde gewählt und die entsprechende Form gefunden. Blocken Jugendliche und Eltern ab, dann ist das ein Zeichen für Überforderung durch Erwartungen und sollte nicht zur Kritik an den Jugendlichen und Eltern führen, sondern zur kritischen Beleuchtung der Methoden, mit denen diese Ansprüche vermittelt werden.

In Zuschriften an die Dompfarrei in Erfurt wurde vielfach lobend erwähnt, dass die „Feier der Lebenswende" ohne Missionierungsabsicht erfolgte. Diese Feststellung, die auch in gewissem Sinn durch den Initiator der Feier intendiert war, rief aber auch Widerstand und Kritik hervor. Im Mai 1998 hieß es in einem Artikel einer Kirchenzeitung: „Welchen Sinn hat eine solche Feier? Findet man, wenn man atheistisch aufgewachsenen Jugendlichen den Glauben näher bringen will, in der Katechese oder in den Schritten zur Vorbereitung auf die Erwachsenentaufe nicht genügend Hilfestellungen? Ist es notwendig, eine neue Feier zu erfinden?" Ich begrüße den Hinweis auf den katechumenalen Weg. Mit großer Dankbarkeit denke ich an die Gespräche mit Taufbewerbern, die Schritt für Schritt den Weg in den Glauben hineingegangen sind. Sie hatten dazu einen konkreten Anlass und Grund, einen „kairos", den Gott geschenkt hat: entweder eine Freundschaft zu einem Christen oder die Erfahrung eigener Not und die Hoffnung auf eine heilsame Antwort durch den Glauben. Mir erscheinen aber diese drei Stadien des katechumenalen Weges (Glaubensinformation, Einführung in die Glaubenspraxis und Einführung in die Mysterien des Glaubens) noch nicht ausreichend für Menschen, die keinen „kairos" erleben, d.h. bisher keinerlei besondere Gelegenheit hatten, sich mit Kirche und Glauben zu beschäftigen. Sie sind auf der Suche nach einem Sinn für ihr

Leben und werden besonders durch das beginnende Erwachsenwerden zum Nachdenken über den Sinn des Bisherigen und Zukünftigen angeregt. Es ist für sie denkbar, diesen Punkt auf ihrer Lebenslinie im Raum der Kirche und mit einem Pfarrer zu gestalten. Sie dokumentieren damit eine Offenheit für Christentum, die andere nicht zeigen. Damit unterscheiden sie sich von der Mehrzahl der Jugendlichen ihres Alters. Die Teilnehmer der „Feier der Lebenswende" haben manche Diskussion hinter sich, warum sie diesen Weg wählen. In einer Gesellschaft, in der Kirche keine Bedeutung hat, ist eine Entscheidung für eine Feier in der Kirche schon etwas Besonderes. Und ich behaupte: Es ist eine Entscheidung, die nicht ohne Gottes Zutun erfolgte. Und wenn sich 300 Gäste, die meistens ohne Kirche und Gott ihr Leben gestalten, in einem Gotteshaus zu dieser Feier versammeln, dabei in einer Ansprache den Sinn religiöser Symbole erfahren, zum Verständnis des Heiligen geführt werden und zum Schluss mit Gebet und Segen entlassen werden, dann kann das als ein Fest angesehen werden, wo Gottes Geist Herzen bewegt hat.

Im genannten Artikel wird weiterhin festgestellt, dass die Kirche es nicht nötig hat, einem Trend nachzulaufen. Es scheint damit die Vermutung geäußert zu werden, dass die „Feier der Lebenswende" eine „Firmung light" ist, die das Fest zum „verbilligten Preis" anbietet, weil die Jugendlichen das vorgegebene Ziel nicht erreichen. Mit dem Hinweis darauf, dass „Standhaftigkeit und Mut zum Bekenntnis ... ostdeutsche Christen zu Zeiten der DDR überzeugend bewiesen" haben, wird vermutlich die Vorstellung ausgesprochen, dass im Osten Deutschlands die entschiedenen Christen allein eine Daseinsberechtigung haben. Diese Erwartung ehrt uns, aber ich frage zurück: „Und was bedeutet das, ein entschiedener Christ zu sein?" Nur wer einen sicheren Standpunkt hat, kann auch den Rettungsring demjenigen zuwerfen, der einen Halt sucht. Und für die Suchenden sind wir Christen „not-wendig".

Rückblick und Ausblick:
Gedanken der „religiös sprachlosen" Jugendlichen

Bei der „Feier der Lebenswende 1998" im Erfurter Dom wurden die Gedanken von Jugendlichen geäußert, die keine religiöse Praxis haben, aber sich im Raum der Kirche auf die Reflexion ihres bisherigen und zukünftigen Lebens einließen. Offen wurde anhand von Fotos oder Gegenständen darüber berichtet, was sie auf ihrem bisherigen Lebensweg geprägt hat. Julia und andere berichteten, dass für sie ein Kuscheltier oder ein lebendiges Haustier ganz wichtig gewesen ist. Ob Kater Paul oder Henry, das Lieblingskuscheltier Molli oder der Hirschkäfer Karl: die Jugendlichen haben durch diese wirklich lebendigen oder nur in ihrer Fantasie lebendigen Tiere Geborgenheit und Zuwendung gespürt. Das war Ergänzung oder Ersatz der Zuwendung ihrer Eltern und Freunde. Für das bisherige Leben war aber auch das Hobby wichtig, das allein oder in der Gruppe ausgeübt wurde. Musik hören und selber machen gehört bei vielen Jugendlichen von Kindesbeinen an zum Leben. Musik schafft eine eigene Welt, die manchmal etwas aus der vorhandenen Welt hinausführt, die ein wenig Transzendenz spüren lässt und deshalb froh und frei macht.[3] Die Erfahrung mit dem eigenen Körper im Sport oder beim Erklettern eines Berges ist bedeutsam für den Heranwachsenden. Der Jugendliche will wissen: Was kann ich und wo sind meine Grenzen? Was passiert, wenn ich an meine Grenzen gekommen bin? Fängt mich dann die starke Hand des Vaters oder Freundes auf, oder stehe ich blamiert da? Die Sehnsucht nach Geborgenheit trotz Schwachheit und Grenzerfahrung ist beim jungen Menschen zu spüren.

Aus diesen Erfahrungen wachsen die Wünsche für das eigene Leben und die ganze Gesellschaft, in der jeder der Jugendlichen einen Platz finden möchte. Neben dem Wunsch nach beruflichem Fortkommen und Erfolg tragen die Jugendlichen Wünsche nach Freiheit, Selbstbestimmung und Freundschaft vor. Menschen, die mit ihnen auf dem Weg sein wollen, sollen humorvoll, vertrauenswürdig, ehrlich, zuverlässig und interessant sein. In diesen Wünschen ist das Lebensgefühl junger Menschen erkennbar: Es soll bergauf gehen, aber nicht zu anstrengend sein. Es soll ein Leben in Gemeinschaft werden, in der ich sein kann, wie ich bin. Es ist die Spannung zwischen dem Wunsch nach Ordnung und Freiheit erkennbar.

---

3 Vgl. dazu: Alexander Bross, Sehnsuchtsmelodien. Musik im Leben von Jugendlichen: in diesem Band 131-137.

Die Wünsche für die Gesellschaft, in der die Jugendlichen leben werden, erwachsen aus den Tagesnachrichten. Die Jugendlichen stellen fest: Menschen in der Dritten Welt hungern und bei uns werden Nahrungsmittel vernichtet; Menschen missachten die Gesetze der Natur und zerstören damit ihre eigene Zukunft und die ihrer Zeitgenossen oder der nachfolgenden Generation; Tiere werden als Teil der Schöpfung verachtet und missbraucht; die Armut der Menschen ist vor unserer Haustür erkennbar; Diskriminierung von Menschen anderer Hautfarbe oder Religion geschieht anderswo und hier. Die Wünsche der Jugendlichen lauten folglich: Nachdenken darüber, dass Tiere auch Gefühle haben, dass die Unterschiedlichkeit der Menschen zu achten ist; dass die Schöpfung dem Menschen anvertraut ist und er auch an die künftigen Generationen denken muss.

Wer der Meinung ist, dass Jugendliche der 9. Klasse noch keine Gespür für die Realität der Welt haben, muss angesichts dieser Beispiele sein bisheriges Denken korrigieren. Die Jugendlichen sind sich bewusst: „Insgesamt sollte man erst einmal bei sich selbst anfangen" – so sagt Julia. Der Vorwurf, weltfremd zu entscheiden und zu leben, trifft nicht zu. Ich vermute, dass die Flucht in Musik, Freizeitangebote und auch Drogen damit zu tun hat, dass die Jugendlichen durchaus die Probleme wahrnehmen, aber nicht genügend in die Bewältigung der Probleme einbezogen werden oder ihnen die Fragen über den Kopf wachsen. Wir müssen die Fragen der Jugendlichen zulassen und helfen, wo Signale gesetzt werden, die Hilferufe sind. Überall da, wo sich Seelsorger den Fragen der Jugendlichen gestellt haben, gab es einen Fortschritt im Miteinander. Es wuchs die Ebene des Vertrauens. Auch aus der Seelsorge an Jugendlichen, die sich auf die Firmung vorbereiten, wird berichtet, dass überall dort, wo die Jugendlichen selbst zu Wort kommen können und ernst genommen werden, ein Erstarken der Gemeinschaft erkennbar ist.

Für mich ergab sich aus der Vorbereitung auf die „Feier der Lebenswende 1998" die Erkenntnis, dass dem Denken der Jugendlichen in der Vergangenheit zu wenig Raum gegeben wurde. Es braucht manchmal die Hilfestellung durch das Angebot von Begriffen und Deutungen. Im Kern und Keim ist so mancher Ansatz durchaus religiös, gerade dann, wenn er Beständigkeit, Sicherheit und Festigkeit anstrebt. Es fehlen die Worte und es fehlt die Zielvorstellung für ihre Wünsche. Wo finde ich in Vollkommenheit, was ich in dieser Welt nur als Fragment erkenne? Haben wir Christen eine verständliche Antwort darauf?

Die Möglichkeit, persönlich angesprochen zu werden und einen Segen für die eigene Lebenssituation zu empfangen, war den Jugendlichen und Eltern wichtig. Der Vater von Julia, einer Teilnehmerin an der Feier 2000, schreibt in einem Dankesbrief:

„Wichtig ist die Vermittlung von prinzipieller Zuversicht und Hoffnung, auch bei ungewisser Zukunft, und die Toleranz, die Zukunft anzunehmen, auch wenn es eben nicht so kommt, wie man es sich wünscht und plant. Wichtig ist, sich einer Segnung bewusst zu sein."

Wir haben in der christlichen Kirche eine Fülle an Heilszeichen, die persönlich zugesprochen werden können. Das ist das, was die Menschen suchen. Wir sollten unsere Schätze erklären und deren Wert erschließen. Dann steht die Kirche in Deutschland unter einem guten Stern. Hören wir dazu noch einmal den Vater von Julia:

„Wir denken, dass in vielen Gemeinden diese Form der Verkündigung gepflegt werden sollte, hoffentlich helfen die Fernsehbilder zu einer weiten Verbreitung. Wir empfinden diese Begegnung jedenfalls als Bestätigung und Ermutigung auf dem weiteren Weg (ich nenne es mal) hin zu einem guten Ende."

Claudia Hofrichter

Vom Laborversuch zum Feldversuch
Skizze zur Projektarbeit in der Firmvorbereitung

Projekte gibt es, seit es Ideen gibt. In allen Bereichen unserer Lebenswelt begegnen wir Projekten: in Forschung, Wissenschaft, Kultur und Politik, aber auch im privaten Bereich. Vorhaben wie die Expo 2000, Versuche, in einem Naturschutzgebiet eine bestimmte Tierart zu erhalten, Initiativen wie „Keine Macht den Drogen", eine Studienreise nach Israel oder der private Hausbau stellen Projekte dar. Auch in der Firmvorbereitung ist von Projekten die Rede.

„Projekt" ist zu einem schillernden Begriff geworden. Er wird für eine Vielzahl von Vorhaben unterschiedlichster Art und verschiedenen Inhalts gebraucht. Längst ist nicht mehr klar, welche Kriterien erfüllt sein müssen, wenn wir von einem „Projekt" sprechen. Ist alles, was nicht gleich Routine ist und was aus dem üblichen Rahmen fällt, bereits ein Projekt? Kann jeder Arbeitsauftrag, den eine Gruppe erhält, Projekt genannt werden?

Konkret: Was ist mit Projektarbeit in der Firmvorbereitung gemeint? Wann können sich Angebote innerhalb der Firmvorbereitung mit Recht „Projekt" nennen? Welche Vorteile bringt Projektarbeit mit sich? Welche besonderen Herausforderungen werden an die Jugendlichen und MitarbeiterInnen gestellt?

Was ist ein Projekt?

Projekte sind komplex. Sie heben sich von Routinetätigkeiten ab. Ein Projekt ist ein Vorhaben, das gekennzeichnet ist durch die Einmaligkeit der Bedingungen in ihrer Gesamtheit, eine formulierte Zielsetzung, eine zeitliche Begrenzung, einen bestimmten finanziellen und personellen Rahmen und Abgrenzungen gegenüber anderen Vorhaben und projektspezifische Organisation.[1] Die

---
1 Vgl. DIN-Norm 69901.

Bearbeitung der Projektaufgaben erfolgt in der Regel in einem Team. Der Lösungsweg ist häufig nicht vollständig klar und planbar, denn während der Arbeit am Projekt ergeben sich schnell weitere Gesichtspunkte, die zu berücksichtigen sind. Nach der Realisierung des Projekts löst sich das Projektteam auf.

Projekte haben eine Sach- und eine psychosoziale Ebene. Auf der Sachebene geht es um Ziele und Ergebnisse, um systematisches Vorgehen, um die Strukturierung des Projektes und um den richtigen Einsatz von Methoden und Instrumenten. Auf der psychosozialen Ebene geht es um Teambildung, Kooperation und Konfliktlösung, um fach- und bereichsübergreifende Kommunikation und wechselseitige Akzeptanz.[2]

Projekte laufen idealtypisch in vier Phasen ab[3]:
1. Initiierung und Beschreibung
   Das Projekt wird angeregt, Ziele und Rahmenbedingungen werden beschrieben. Ein Projektteam wird zusammengestellt, ein/e ProjektleiterIn bestimmt, Ziele werden formuliert. Erste Einschätzungen zur möglichen Vorgehensweise und zur Zeitplanung werden angestellt. Personelle, zeitliche und finanzielle Ressourcen abgesteckt.
2. Planung von Arbeitsschritten, Ablauf und Terminen
   Ein erstes Treffen des Teams findet statt. Die Ziele werden konkretisiert. Die Aufgaben und die Verantwortlichen für bestimmte Aufgaben werden festgelegt: Hauptaufgaben, Teilaufgaben, detaillierte Tätigkeitsbeschreibungen für die Teammitglieder, Planung der erforderlichen Ressourcen (Zeit, Geld, Sachmittel), Ablauf und Zeitplanung („Aktionsplan") erstellen: Was – wer – mit wem – wann – erledigt am
3. Durchführung des Projekts
4. Kontrolle und Projektabschluss
   Regelmäßige Zwischenbilanz, Präsentation des Projektergebnisses, Auswertung, Dokumentation

---

[2] Vgl. Friedrich Graf-Götz/Hans Glatz, Organisationen gestalten. Neue Wege und Konzepte für Organisationsentwicklung und Selbstmanagement. Weinheim/Basel ²1999, 164.
[3] Vgl. a.a.O. 165-173.

Von Projekten zu unterscheiden ist die Projektorientierung eines Vorhabens. Das heißt, einzelne konstitutive Elemente, die zu Projekten gehören, werden bei der Durchführung eines Vorhabens angewendet.

Laborversuche christlichen Denkens und Handelns: Projekte in der Firmvorbereitung

Am Ausgangspunkt für Projektarbeit in der Firmvorbereitung steht folgende Frage: Wie erreichen wir die Bedürfnisse der Jugendlichen als auch unsere Ziele? Jugendliche suchen nach Identität und schöpferischer Lebenskraft. Sie spüren bereits, dass es „mehr als alles" geben muss. Sie ahnen, dass sie für bestimmte Situationen tragfähige Deutungen und Antworten auf die großen Fragen ihres Lebens brauchen. Jugendliche versuchen die Erfahrungen, die sie gegenwärtig machen, zu verstehen und daraus Modelle für ihre Zukunft abzuleiten. Sie sind aktiv, probieren Verschiedenes aus, testen Für und Wider.

Firmvorbereitung kann als Laborversuchsreihe auf wichtige und drängende Lebensfragen verstanden werden. Verantwortliche in der Firmvorbereitung wollen Jugendliche stützen und stärken bei ihrer Suche. Sie wollen ihnen ermöglichen, Aspekte des Glaubens und christlich motiviertes Handeln sozusagen im Laborversuch zu erproben.

Projektarbeit im Rahmen der Firmvorbereitung eröffnet gemeinsame Erfahrungen. Sie können als Laborversuche verstanden werden, deren Testergebnisse sich dann im Feldversuch bewähren werden – oder sie werden verworfen.

Was kennzeichnet die Laborversuchsreihe „Projekte"? In der Firmvorbereitung ist zu unterscheiden zwischen projektorientierten Angeboten und Projekten. Projektorientierte Angebote sind in der Regel vorgegebene, bereits durchstrukturierte und vorbereitete Angebote/Maßnahmen/Aktionen, die den Jugendlichen ermöglichen sollen, gemeindliches Engagement und christliches Handeln kennen zu lernen. Solche Angebote werden teils in der Firmgruppe reflektiert. Einige Beispiele: Firmlinge besuchen an einem Samstagnachmittag das Altenheim, das zur Gemeinde gehört. Sie nehmen an einer Kirchengemeinderatssitzung teil. Sie helfen beim Kirchenputz. Sie tragen das Gemeindeblatt aus. Sie treffen sich mit dem Bibelkreis. Sie gehen in die Gruppenleiterrunde und machen Vorschläge für die Jugendarbeit in der Gemeinde.

Davon zu unterscheiden sind Projekte in der beschriebenen Definition.[4] Diese stellen eine besondere Herausforderung dar und erfordern eine andere Vorgehensweise als projektorientertes Arbeiten. Einzelne Elemente der Projekttheorie werden im Folgenden auf Firmvorbereitungsprojekte allgemein durchbuchstabiert:

- *Einmaligkeit der Bedingungen in ihrer Gesamtheit*
  Kontext des Projekts ist die Firmvorbereitung einer Gemeinde bzw. Seelsorgeeinheit. Jugendliche mehrerer Jahrgänge sind eingeladen, sich in Begleitung von (jungen) Erwachsenen auf das Sakrament der Firmung vorzubereiten. Einmalig sind die Bedingungen, weil die einzelnen beteiligten Jugendlichen sich in bestimmten Lebenssituationen befinden und mit unterschiedlichen Interessen zur Firmung anmelden. Ihre Vorstellungen und die der Verantwortlichen, die Möglichkeiten der Gemeinde sowie der theologisch-pastorale und katechetische Anspruch der Firmvorbereitung kennzeichnen die Rahmenbedingungen. Das Projekt findet zu einem bestimmten Zeitpunkt statt. Die Jugendlichen, die sich für ein Projekt melden, finden sich freiwillig aus gemeinsamem Interesse am Projektthema zusammen. Sie werden begleitet von ehrenamtlichen MitarbeiterInnen, die Leitungsverantwortung übernehmen. Nach Beendigung des Projekts löst sich die Projektgruppe wieder auf.

- *Formulierte Zielsetzung*
  Mit der Formulierung des Projekts ist bereits eine Perspektive intendiert. Die konkreten Zielsetzungen werden von den am Projekt beteiligten Personen präzisiert. Die Jugendlichen fragen und suchen von ihrer Situation und ihren Interessen ausgehend nach Zielen und erwünschten Ergebnissen. Hierin be-

---

4 Vgl. Cordula Baum/Wolfgang Müller, Leben ist eine Baustelle – Firmvorbereitung als Projekt: Claudia Hofrichter/Barbara Strifler (Hg.), Firmvorbereitung mit Esprit, Praxismodelle, Stuttgart 2001.

steht für die Jugendlichen die besondere Herausforderung, aber auch die Chance. Denn es zählen nicht nur Sachinteressen am Thema, sondern die psychosoziale Ebene eines Projekts ist bereits im Blick. Teamfähigkeit, die Bereitschaft, die Interessen und Fragestellungen des anderen zu würdigen, sind wichtige Voraussetzungen bei der Erarbeitung einer gemeinsamen Zielperspektive. Hier kann sich christlich motivierter Umgang miteinander zeigen mit seinen Herausforderungen. Vertrauen und Offenheit sind gefragt.

- *Zeitliche Begrenzung*
Das Projekt findet in einen bestimmten zeitlichen Rahmen statt. Dieser sollte von den Verantwortlichen gemeinsam mit den Jugendlichen geklärt werden. Von vornherein ist ein realistischer Zeitrahmen vorzusehen. Innerhalb dieses Rahmens sind die Jugendlichen eigenverantwortlich. Sie bestimmen verbindlich, wie oft und wie lange sie sich treffen, wann und wo. Aufgabe der Jugendlichen ist es, mit der Begrenzung der Zeit umzugehen und ihr Projekt entsprechend anzulegen.

- *Bestimmter finanzieller und personeller Rahmen*
Die Ressourcen sind begrenzt. Projekte haben finanzielle Begrenzungen. Ein bestimmter Betrag wird zur Verfügung gestellt. Wird den Jugendlichen bei ihrem Firmprojekt ermöglicht, eigenverantwortlich mit einem bestimmten Geldbetrag zu haushalten, werden damit verschiedene Ziele erreicht: die Jugendlichen spüren einen Vertrauensvorschuss seitens der Gemeinde. Sie lernen gleichzeitig abzuwägen, wofür und wie sie die Finanzmittel ausgeben. Sie werden kreativ, mit begrenzten Mitteln umzugehen und eventuell Menschen oder Firmen, die sie für das Thema interessieren können, zum Sponsoring zu gewinnen.
Die Jugendlichen, die ein Projekt durchführen, bilden ein Team. Damit dieses Team funktioniert, ist es wichtig, die Fähigkeiten und Begabungen der Einzelnen zu kennen und zu nutzen. Nach Möglichkeit können für eine bestimmte Teilaufgabe „von außen" Personen mit einer bestimmten Kompetenz hinzugezogen werden. Begleitet werden die Projektteams der Jugend-

lichen von ehrenamtlichen MitarbeiterInnen der Gemeinde. Frauen und Männer aus der Gemeinde motivieren die Jugendlichen. Sie stellen ihr Wissen und ihre Fähigkeiten zur Verfügung. Hier bekommt ehrenamtliche Mitarbeit ebenfalls ein neues Gesicht. Menschen übernehmen nicht eine vorgegebene Aufgabe, sondern entwickeln und gestalten entsprechend ihren Fähigkeiten gemeinsam mit den Jugendlichen das Projektthema.

- *Abgrenzungen gegenüber anderen Vorhaben*
  Die einzelnen Projekte entwickeln ein eigenes Profil. Sie grenzen sich voneinander ab und unterscheiden sich von anderen Vorbereitungselementen innerhalb der Firmvorbereitung, z.B. Firmtreff aller Jugendlichen, religiöse Angebote, Gesprächsabende zu einem bestimmten Thema. Projekte erfordern eine besondere Aufmerksamkeit der Beteiligten füreinander und für das Prozessgeschehen der Projektarbeit.

- *Projektspezifische Organisation*
  Projekte haben eine eigene Organisationsform. Diese besteht in der Notwendigkeit kurz-, mittel- und langfristige Aufgaben und Terminplanungen zu koordinieren. Hauptaufgaben und Teilaufgaben werden strukturiert. Danach werden diese einzelnen Jugendlichen mit einer detaillierten Beschreibung zugeordnet. Solches Arbeiten ist vielen Jugendlichen fremd und ungewohnt. Die psychosozialen Fähigkeiten werden in besonderer Weise angesprochen und gefördert. Jugendliche lernen Kommunikation und Kooperation. Sie schätzen die Notwendigkeit und Wichtigkeit von Verbindlichkeit. Sie lernen mit Konflikten lösungsorientiert umzugehen. Sie stellen Kontakte her zu Personen, mit denen sie sonst vielleicht nicht in Kontakt treten würden. Angesichts der vielfältigen Verpflichtungen, die Jugendliche in Schule und Freizeit bereits haben, bedeutet die Organisation und Koordination des Projekts eine besondere Herausforderung.

Die Perspektive des christlichen Glaubens kommt in den einzelnen Projektphasen in unterschiedlicher Weise zum Tragen: Zum einen in der Art und Weise des Umgang miteinander, in gegenseitiger Achtung und Respekt voreinander, im Umgang mit Konflikten. Zum anderen bei der persönlichen Standortbestimmung zu den Fragestellungen, die das jeweilige Projekt eröffnet; z.b. bei der Suche nach ethisch verantwortbaren Weisen des Umgangs mit menschlichem Leben (Gentechnik). Die biblische Überlieferung bildet die Grundlage und Vertiefung christlich motivierter Antwortsuche und Deutung auf die Fragen des Lebens.

Als Laborversuch verstandene Projektarbeit innerhalb der Firmvorbereitung korrespondiert mit dem Verständnis von Firmkatechese als intervenierender Lebensdeutung.[5] Diese Perspektive nimmt radikal ernst, dass Jugendliche vor aller christlichen Deutung ihres Lebens, einzelner Fragestellungen und dessen, was ihnen im Verlauf des Projektes bzw. in dessen Umfeld bewusst geworden ist, bereits Deutungen vorgenommen haben, um Leben zukunftsorientiert zu gestalten. Projektarbeit in der Firmkatechese entspricht dem „Dazwischenkommen" des Angebots des christlichen Glaubens in einer deutungsoffenen Situation. Insofern hat Projektarbeit in der Firmkatechese eine mystagogische Dimension und wirkt evangelisierend. Sie stützt und stärkt die Jugendlichen. So können sie die Kraft des Heiligen Geistes in ihrem Leben entdecken im gemeinschaftlichen Tun.

---

5 Katechese als intervenierende Lebensdeutung wird verstanden als „ein organisierter und zielgerichteter Lernprozess einer Gruppe von Menschen, die mit einem gemeinsamen Interesse in einer konkreten Situation unter bestimmten Rahmenbedingungen und Voraussetzungen zusammenkommen. In der Begegnung mit der Frohbotschaft des Glaubens und der christlich-kirchlichen Tradition können Menschen die eigene Lebensgeschichte als Geschichte Gottes mit seinem Volk und jedem einzelnen entdecken, ein vertieftes Verständnis für ihr Leben finden und Handlungsorientierung aus den Grundüberzeugungen des christlichen Glaubens für ihre Lebensgestaltung gewinnen": Claudia Hofrichter, Katechese als Lebensdeutung. Leben Bewußtwerden Deuten Feiern: Lkat 19(1997) 6-12; hier 9-10. Vgl. auch: Claudia Hofrichter, Leben Bewusstwerden Deuten Feiern. Rezeption und Neuformulierung eines katechetischen Modells am Beispiel „Taufgespräche in Elterngruppen", Ostfildern 1997.

Laborbedingungen:
Chancen und Herausforderungen der Projektarbeit

In Projekten liegen besondere Chancen, die sich zugleich als Herausforderung an die beteiligten Jugendlichen und Erwachsenen darstellen. Diese werden zusammenfassend beschrieben.
Jugendliche bringen ihre persönlichen Fähigkeiten und Interessen ein. Ihre Talente sind gefragt. Dadurch sind Jugendliche motivierter im Unterschied zu weitgehend vorausgeplanten Prozessen, in denen ihre Eigentätigkeit begrenzt ist. Projekte ermöglichen Jugendlichen mitzubestimmen. Jugendliche entwickeln Teamfähigkeit und üben den Umgang mit Konflikten ein. Sie üben ein, sich fair zu verhalten. Sie lernen durch das Tun Verantwortung zu übernehmen. Vorurteile gegenüber Teammitgliedern oder zu bestimmten Themen werden abgebaut.

Ein weiterer Vorzug der Projektarbeit besteht darin, dass die Jugendlichen Gelegenheit haben, über einen längeren Zeitraum hinweg Erlebnisse und Erfahrungen zu einem bestimmten Thema zu machen. Die methodischen Möglichkeiten sind vielfältig. Projektarbeit ermöglicht darüber hinaus geschlechtsspezifisches Arbeiten von Mädchen und Jungen.[6]

Projektarbeit bedeutet für alle Beteiligten, Jugendliche wie erwachsene ehrenamtliche MitarbeiterInnen, einen gemeinsamen Lernprozess. Die MitarbeiterInnen haben eine größere Eigenverantwortung. Sie prüfen ihre eigene Konfliktfähigkeit und klären ihren Umgang mit Scheitern und Konflikten. Sie sind herausgefordert in ihren kommunikativen Kompetenzen und müssen flexibel handeln können. Für sie gilt die Regel, sich herausfordern zu lassen, sich aber nicht zu überfordern. Dies betrifft auch ihre zeitlichen Ressourcen. Die ehrenamtlichen MitarbeiterInnen brauchen eine besondere Vorbereitung auf ihre Aufgabe.

---

6 Vgl. Claudia Hofrichter, Mädchen brauchen Frauen, Jungen brauchen Männer, Geschlechterspezifische Firmvorbereitung: in diesem Buch 77-86.

Vom Laborversuch zum Feldversuch

Die Jugendlichen nehmen ihre Testergebnisse mit hinein in ihre anderen Lebensräume, in Freizeit und Familie, in Schule und Beruf. Die bisherigen Ergebnisse aus dem Laborversuch gehen nun in den Feldversuch. Die Ergebnisse des Laborversuchs werden immer wieder überprüft und weiterentwickelt. Neue Erkenntnisse kommen hinzu. Werden Laborversuchsergebnisse im Alltag weiterhelfen und Bestand haben? Werden sie vereinbar sein mit anderen Versuchsreihen, die die Jugendlichen bei der einen oder anderen Gelegenheit bereits durchgeführt haben und noch durchführen werden?

Folgender Laborversuch jedenfalls hat größte Chancen den Feldversuch zu bestehen:

Müde und erschöpft, zufrieden mit sich und reich an neuen Erfahrungen kamen sie vom Wochenende zurück. Eine Gruppe von Firmjugendlichen der Gemeinde St. Klara hatte sich über den Zeitraum von vier Monaten mit dem Projekt „Die Würde des Menschen ist unantastbar" auseinandergesetzt. Als Projektabschluss hatten sie eine kleine Ausstellung organisiert, innerhalb derer eine Diskussion zwischen Jugendlichen, Erwachsenen und Experten am Freitagabend stand. Das weitere Wochenende nutzten sie für die Auswertung ihres Projektes. Dazu waren sie in ein Jugendhaus gefahren. Das Projektthema stand auf einer Auswahlliste von Projekten, die interessierte Jugendliche erarbeiten konnten. Vorgaben wurden kaum gemacht. Der späteste Termin für den Projektabschluss sowie der finanzielle Rahmen waren vorgegeben.

Unterstützt wurden die Jugendlichen von zwei Gemeindemitgliedern, die selbst Interesse an dem Thema hatten. Die beiden Begleitpersonen waren zusammen mit anderen ProjektbegleiterInnen auf ihre Aufgabe vorbereitet worden durch: Kennenlernen der Methode „Projektarbeit" (Von der Idee über die konkrete Planung und Durchführung bis zum Abschluss eines Projekts). Sie übten selber die Spielregeln von Teamarbeit ein. Darüber hinaus bekamen sie ein Paket mit Grundinformationen und Hintergrundwissen zum Projektthema.

Die Jugendlichen überlegten, wie sie das Thema bearbeiten möchten, welche Eingrenzungen sie vornehmen, was sie für sich und andere erreichen möchten. Danach fing die Arbeit erst richtig an: Kontakte aufnehmen zu Personen, die sich in einem bestimmten Teilbereich, z.B. Gentechnik, Obdachlosenarbeit, Missbrauch von Kindern und Jugendlichen, gut auskennen. Mit ihrer Hilfe wollten sie ihr Wissen vervollkommnen, um sich eine eigene Meinung bilden zu können. Sie sprachen mit Obdachlosen, trafen sich mit Menschen mit Behinderung, luden eine Jugendsozialarbeiterin ein. Im Gemeindeblatt informierten sie regelmäßig über ihr Projekt.

Die Jugendlichen waren mit viel Engagement dabei. Sie spürten, was das Thema mit ihrem eigenen Leben zu tun hat, wie es sie selber betrifft. Sie hatten sich viel vorgenommen – und sie haben viel erreicht.

Georg Langenhorst

„Ein Wort wie Feuer" – kalt, warm oder heiß?
Die Bibel in der Firmkatechese

„Bibel? – Schlagartig sinkt das Interesse! Bis jetzt war die Arbeit in den Firmgruppen ja ganz interessant, ging es doch um einen selbst, die anderen in der Gruppe, um Aktionen, Projekte, Feste. Und jetzt kommt die Gruppenleiterin mit der Bibel! Was soll denn das verstaubte Buch? Das lesen doch nur fromme Omas! Mit dem quält man sich ja ab und zu schon im Religionsunterricht, wenn es besonders langweilig wird – und jetzt auch noch hier?"

„Bibel? – In der Vorbereitung sitze ich lange am Schreibtisch, länger als sonst. Meine Firmgruppe ist eigentlich ganz nett, ich mag sie. Und bislang lief es auch ganz gut: Kennenlernspiele, Austausch über eigene Stärken und Schwächen, Gespräche über Sinn und Unsinn von ‚Firmung', die Aktion mit dem ‚Eine-Welt-Stand'. Aber jetzt die Bibel – na ja, das muss wohl sein. Wie soll man denn ein mündiges Christsein entwickeln, ohne sich mit der Grundschrift des Glaubens auseinander zu setzen? Und ich lese ja immer wieder gern darin. Aber meine Kids?"

Zwei idealtypische Szenen im Blick auf den Einsatz der Bibel in der Firmkatechese – einmal aus möglicher Sicht eines Jugendlichen, einmal aus möglicher Sicht eines Gruppenleiters. Unwilligkeit auf der einen, Unsicherheit auf der anderen Seite – sollte man unter solchen Umständen überhaupt „Bibelarbeit" in der Firmvorbereitung betreiben? Warum eigentlich? Und wie? Im Folgenden sollen Leitlinien einer möglichen Bibeldidaktik für das Feld der Firmkatechese entworfen werden. Ziel ist die Anregung für praktisches Ausprobieren, Bewährungsprobe allein diese Praxis vor Ort.

1 Grundprinzip Erfahrung

In der Firmvorbereitung geht es nicht primär um „Bildung", nicht um Wissenserwerb. Nicht ein „Bescheid-wissen-über-die Bibel" steht hier im Vordergrund, sondern die Möglichkeit, dass Jugendliche die Bibel als ein für sie bedeutsames Buch entdecken. Bedeutsam wird es aber nur dann, wenn sie es mit eigenen Erfahrungen verbinden können. An erster Stelle steht deshalb der Blick auf die Bibel selbst als Erfahrungsbuch: In den verschiedensten Erzählungen und Episoden der biblischen Geschichten sind Erfahrungen geronnen. Menschen anderer Zeiten haben prägende Erfahrungen gemacht, die sie mit Gott verbunden haben. Diese Erfahrungen sind von späteren Generationen als grundlegende Erkenntnisse über Gott erkannt und immer weiter überliefert worden. Nur weil die berichteten Erfahrungen anderer Menschen einleuchteten und Hilfe gaben, wurden diese Geschichten von und mit Gott weitererzählt, später aufgeschrieben. Die Bibel ist so das Buch der in Erzählungen geronnenen Gotteserfahrung, ein Entdeckungsbuch der erlebten und erlebbaren Gottesbeziehung.

Für Jugendliche geht es darum, Zugang zu diesen – ihnen zunächst fremden – Erfahrungen zu gewinnen. Über die tiefen Gräben von Kultur und Zeit hinweg bündeln biblische Geschichten „Urerfahrungen", die auch in anderen Kontexten Lebenswärme und Orientierung ausstrahlen können. Grundsätzlich geht es also darum, Jugendlichen solche Erfahrungen mit der Bibel zu ermöglichen: Erfahrungen als Ankoppelung an oder Einschwingen in biblisch geronnene Urerfahrungen der Gottesbeziehung. Aber wie kann ein solcher Prozess ermöglicht werden?

2 Mehrdimensionale Zugänge

Wenn es um Erfahrungen mit Figuren oder Episoden der Bibel geht, dann darf man sich in der Vermittlung nicht an den primär kognitiven schulischen Zielen und Methoden orientieren. Sicherlich ist es hilfreich, wenn Gruppenleiter Texte historisch-kritisch einordnen können und sich in der Vorbereitung wissenschaftlich mit den biblischen Texten beschäftigen. Diese Form der Auseinandersetzung mit biblischen Texten ist freilich weder Vorausset-

---

1 Horst Klaus Berg, „Ein Wort wie Feuer". Wege lebendiger Bibelauslegung. München/Stuttgart 1991.

zung, noch geht es hier um das eigentlich bedeutsame „Verstehen".
Für die Firmlinge selbst ist diese Dimension der Bibel völlig sekundär – außer, Einzelne fragen bewusst in dieser Richtung nach.

Wichtiger ist die Präsentation und gemeinsame Entdeckung von biblischen Texten im Rahmen einer mehrdimensionalen Bibelhermeneutik. Vor allem in Horst Klaus Bergs bibeldidaktischem Standardwerk „Ein Wort wie Feuer"[1] werden mehrere solcher neueren Zugänge zur Bibel anschaulich erklärt und an Beispielen durchbuchstabiert. Im Rahmen der Firmkatechese kann man sich dabei auf solche Verfahren konzentrieren, die sich an möglichen Erfahrungen von Jugendlichen orientieren. Nur drei solche Beispiele möchte ich holzschnittartig anführen:

- Was passiert mit biblischen Texten, wenn man sie radikal unter der Perspektive betrachtet, dass es sich bei den dort geschilderten Erzählungen um Erfahrungen von Befreiung handelt? Wenn man Texte daraufhin untersucht, wer die Gewinner, wer die Verlierer sind? Welche ökonomischen Interessen und Machtverhältnisse sich in den Texten spiegeln? Gott erscheint dann als parteiisch auf Seiten der Unterdrückten, Rechtlosen und Armen, er fordert und fördert ihre Befreiung. Was aber heißt Befreiung hier und heute? Für wen? Wovon? Wohin? (Impulse aus der befreiungstheologischen Bibeldeutung)
- Was passiert mit biblischen Texten, wenn man sie bewusst einseitig aus Sicht von Mädchen und Frauen liest?[2] Auch in der Firmvorbereitung setzt sich oft das – vielfach unbewusste – patriarchale Urmuster fort. Weiblichen Jugendlichen werden männliche Bezugsfiguren als Zugangsgestalten für ein vorwiegend männlich besetztes Gottesbild angeboten. Dagegen gilt es, patriarchalische Verdrängungsmuster auch in der biblischen Tradition aufzudecken (Mirjam als Prophetin); die Bewahrung weiblicher Vorbildgestalten aller Verdrängung zum Trotz strategisch aufzuwerten (Ester oder Judit; Thekla oder Junia); die immer wieder aufscheinenden „weiblichen Züge" im biblischen Gottesbild zu beleuchten (der Geist als weibliche Ruach; Jes 66,13: Gott als tröstende Mutter). Welche Verbindung besteht

---

2 Vgl. dazu: Claudia Hofrichter, Mädchen brauchen Frauen, Jungen brauchen Männer. Geschlechterspezifische Firmvorbereitung: in diesem Buch 77-86.

zwischen den Erfahrungen von Mädchen und Frauen in biblischer Zeit und heute? Wie spiegelt sich die Erfahrung männlicher Jugendlicher in diesen Erzählungen? (Impulse aus der feministischen Theologie)
- Was passiert schließlich mit biblischen Texten, wenn man sie tiefenpsychologisch deutet? Dann liest man Texte unter der Vorgabe, dass es sich dort vor allem um innerpsychische Vorgänge handelt, die in Erzählungen durch mehrere Figuren ausgedrückt werden: Kain und Abel etwa nicht als feindliches Brüderpaar, sondern als innerer Konflikt zwischen Aggressivität und Friedfertigkeit, zwischen Täterrolle und Opferrolle in jedem Menschen selbst. Erzählungen werden so zum Spiegel von inneren Ängsten, tiefen Sehnsüchten und Hoffnungen oder unterbewussten Erfahrungsbildern. (Impulse aus der tiefenpsychologischen Auslegung)

In den drei benannten Feldern kann es nicht darum gehen, absolutes Expertenwissen anzuwenden. Die wenigsten KatechetInnen sind Fachleute in den benannten Bereichen. Grundwissen lässt sich hier allerdings leicht anlesen und auf Fortbildungen vertiefen. Allen Unkenrufen zum Trotz: „Dilettieren" ist erlaubt. So wie Jugendliche Erfahrungen im Umgang mit der Bibel machen dürfen, so auch KatechetInnen im Prozess der Vermittlung.

3 Perspektive der Randfiguren

Entwicklungspsycholgisch betrachtet befinden sich die meisten Jugendlichen während der Firmvorbereitung in einer Umbruchphase. Vor allem die Forschungsergebnisse des Amerikaners James Fowler haben in den letzten Jahren neue Erkenntnisse zu Tage gefördert, die für den Umgang mit der Bibel wichtige Konsequenzen nach sich ziehen. Für viele 14–17-jährige ist der mögliche vorherige Glaube – von Fowler als „mythisch-wörtlicher Glaube"[3] charakterisiert – zerbrochen. Sie glauben nicht mehr unhinterfragt an die Stimmigkeit von Erzählungen, an den wortwörtlichen

---

3 Vgl. James W. Fowler: Stufen des Glaubens. Die Psychologie der menschlichen Entwicklung und die Suche nach dem Sinn ¹1981, Gütersloh 2000, 151ff.

Sinn, an die mythische Deckungsgleichheit von Erzähl-Ebene und Sinn-Ebene. Diese Deckungsgleichheit war zuvor von der Autorität der Eltern und Erziehungsvorbilder abgestützt worden. An die Stelle dieser Überzeugungen tritt bei vielen ein Glaubensstadium, das Fowler als „synthetisch-konventionell"[4] bezeichnet. Wichtig wird in diesem Alter die emotional entscheidende Beziehungsgruppe, an deren Verhaltens- und eben auch Glaubensmuster sich viele Jugendliche anschließen. Dieses „Sich-Anschließen" an wiederum vorgegebene Deutemuster greift Fowler im Begriff „konventionell" auf. „Synthetisch" ist dieser Glaube, weil hier einzelne Elemente unverbunden und eher unreflektiert zusammengefügt werden.

Für den Umgang mit der Bibel ergibt sich daraus zweierlei:

Erstens „glauben" die Jugendlichen den Erzählungen auf der wortwörtlichen und auch auf der symbolischen Ebene nicht mehr ohne Vorbehalte. Erzählungen werden hinterfragt, abgelehnt, zurückgewiesen. Die Plausibilität von Erzählungen muss sich in der Tiefenstruktur bewahrheiten: Sie muss in die eigene Erlebniswelt übertragbar sein und der Überprüfung an eigenen Erfahrungen standhalten können.

Zweitens hat dieser Bruch in der Entwicklung Konsequenzen für die Wahl der biblischen Figuren, deren Gotteserfahrung vorbildhaft oder zumindest glaubwürdig wirken kann. Manche der biblischen Figuren wirken allerdings auf Jugendliche „verbraucht", da sie sowohl im schulischen Religionsunterricht als auch in der Katechese bei bestimmten Themen und Fragestellungen ihren Ort haben.

Spannend sind solche Figuren, die Ecken und Kanten haben, widersprüchlich bleiben, die selbst Entwicklungen in ihrer Gottesbeziehung erkennen lassen. Alttestamentliche Beispiel dafür sind: Rut, die als rechtlose Frau und Vertriebene gegen alle Wahrscheinlichkeit ihr Überleben sichert und in den Stammbaum Jesu aufgenommen wird. Hiob, der als unermüdlicher Rebell Gottes Gerechtigkeit in Frage stellt und als Klagender gerechtfertigt wird. Kohelet, der als Skeptiker den Sinn allen menschlichen Forschens und Strebens anfragt, und sein Leben doch der höheren

---

4 a.a.O. 167ff.

Weisheit Gottes überlassen kann. Im Blick auf das NT hilft eine Beobachtung aus dem Feld der Gegenwartsliteratur: Aus einem näheren Blick auf die seit 15 Jahren zu beobachtenden Tendenz einer breiten literarischen Wiederentdeckung Jesu[5] vor allem im Roman lernen wir, dass ein direkter Zugang zu Jesus oft schwierig ist. Stattdessen legt sich die Annäherung über Nebenfiguren nahe: Warum also nicht sich Jesus annähern aus den Augen der Maria Magdalena, vom ungläubigen Thomas her, mit den Augen des „Verräters" Judas Ischariot oder aus der zurückblickenden Perspektive der Sterndeuter, die sich auf den weiten Weg machten, den Messias zu suchen?

Der Zugang zu Jesus muss im besten Sinne frag-würdig bleiben. Das erreicht man am ehesten, wenn man nicht schon die kirchlichen Antworten voraussetzt, sondern den gemeinsamen und ergebnisoffenen Suchprozess wagt. Nicht zufällig stützt sich das wichtigste bibeldidaktische Konzept der Gegenwart – das „Elementarisierungs-Konzept" von Karl-Ernst Nipkow – auf die Grunderkenntnis, das man sich mit Kindern und Jugendlichen auf den „Streit um gewissmachende Wahrheit"[6] einlassen muss. Kinder und Jugendliche haben das Recht, aus der Beschäftigung mit der Bibel das für sie persönlich Wichtige herauszunehmen.

4 Kreativer Medieneinsatz

Schließlich bietet gerade die Firmkatechese – im Gegensatz zum schulischen Religionsunterricht, der für gewöhnlich in ein starres 45-Minuten-Schema eingebunden ist – die Chance, andere Medien einzusetzen. Der Kreativität von Gruppenleitung und Gruppenteilnehmern ist dabei grundsätzlich Tür und Tor geöffnet: Bibliodrama, „Bibel teilen", Bibel-Interview – zu diesen Methoden gibt es genügend gute Einführungen.[7]

---

5 Vgl. ausführlich: Georg Langenhorst, Jesus ging nach Hollywood. Zur Wiederentdeckung Jesu in Literatur und Film der Gegenwart, Düsseldorf 1998. Dort auch didaktische und methodische Hinweise.
6 Karl-Ernst Nipkow, Elementarisierung als Kern der Unterrichtsvorbereitung: KatBl 111 (1986) 600-608.
7 Sigrid Berg, Kreative Bibelarbeit in Gruppen. 16 Vorschläge, München/Stuttgart 1991.

Ich möchte ein anderes Feld betonen: den phantasievollen Einsatz von Spiegelungen der Bibel aus dem Bereich der Kultur: Bild, Literatur und Film.

- Zahllose Künstler von Rang haben sich immer wieder mit der Bibel beschäftigt: sei es in Illustration, Verfremdung oder provokativer Transformation. Die ruhige Beschäftigung mit Werken dieses bis heute aktuellen Traditionsstroms kann vor allem eine emotionale, affektiv wirkungsvolle Annäherung an biblische Figuren und Erzählungen ermöglichen. Schon die Auseinandersetzung mit den Kunstwerken selbst kann dabei von kreativen Methoden bestimmt sein. Vor allem aber bieten sich kreative Eigenaktivitäten als Verlängerung mit der vorherigen Beschäftigung mit Bild, Bibeltext und der je persönlichen Situation an. Der religionspädagogische Buchmarkt hält hierzu zahlreiche gute Bildmaterialien und didaktisch-methodische Ratgeber[8] bereit.
- Auch in der Literatur der Gegenwart finden sich zahlreiche Spiegelungen der Bibel. Auf ganz unterschiedlichem ästhetischen Niveau deuten Schriftstellerinnen und Schriftsteller ihre Zeit, sich selbst, das Leben in biblischen Bildern und Sprachmustern. In oft ungewohntem Ton, mit provokativer Sprache, mit eigenem Zugang zur Wirklichkeit scheinen hier Erfahrungen auf, in denen sich junge Menschen vielleicht eher wiederfinden, als in der Bibel selbst – obwohl diese als Ausgangspunkt und Hintergrundfolie stets präsent bleibt. Nicht um einen „verlängerten Deutschunterricht" geht es dabei, sondern erneut um einen ungewöhnlichen persönlichen Erfahrungszugang. Auch hier bieten sich zahlreiche kreative Methoden an.[9]
- Der Film ist schließlich jenes Medium, das den Jugendlichen selbst am vertrautesten ist.[10] Im – nicht zu häufigen und genau überlegten – Einsatz von Filmen kann man sicherlich mit einem Motivationsschub rechnen. Ausgewählte Jesusfilme der

---

8 Vgl. etwa Margarete Luise Goecke-Seischab, Von Klee bis Chagall. Kreativ arbeiten mit zeitgenössischen Graphiken zur Bibel, München/Stuttgart 1994.
9 Vgl. dazu: Georg Langenhorst: Gedichte zur Bibel. Texte – Interpretationen – Methoden. Ein Werkbuch für Schule und Gemeinde, München 2001.
10 Vgl. dazu Reiner Steib, Chancen für religiöse Erfahrungen: in diesem Buch S. 125-130.

Gegenwart[11] (etwa „Jesus von Montreal" von 1989 oder der „Jesus"-Film der Leo-Kirch-Gruppe von 1999) bieten gute Anknüpfungspunkte für das Gespräch – über die Filme, über die „Story", über die Aktualität der Bibel. Über die Medienzentralen sind solche Filme als Video leicht zu beschaffen.

5 Bibelarbeit? – Ausblick

Mit den in aller Knappheit nachgezeichneten bibeldidaktischen Grundsätzen lässt sich das Problem, dass Bibelarbeit ein mühsames Unterfangen werden kann, natürlich nicht einfach lösen. Nicht um ein „Patentrezept" kann es hier gehen. Wohl aber darum, Mut zu machen, den Firmlingen die Bibel als Erfahrungsbuch der Gottesbeziehung anzubieten. A. Biesinger hat vor einigen Jahren den Slogan „Kinder nicht um Gott betrügen" geprägt. In Aufnahme und Umprägung könnte man formulieren: „Kinder und Jugendliche nicht um die Bibel betrügen". In den spannenden Erzählungen, erfahrungswarmen Gestalten und Figuren bündelt sich in einzigartiger Weise die Beziehung von Mensch und Gott. Die Bibel lädt dazu ein, ausgehend von den dort gespeicherten Texten eigene Erfahrungen mit dieser Beziehung zu machen.

---

11 Überblick und didaktische Tips in: Georg Langenhorst, Jesus ging nach Hollywood, a.a.O. (vgl. Anm. 5).

Rainer Steib

Chancen für religiöse Erfahrungen
Filme in der Firmvorbereitung

Filme laden zur Identifikation ein

Bei einer Vorführung des Horrorfilms „Der Exorzist" mussten in Amerika 204 Personen behandelt werden. Vier Personen hatten Herzrhythmusschwierigkeiten und die restlichen 200 hatten sich vor Aufregung mit Popcorn überfressen. Wenn die Geschichte nicht wahr ist – so ist sie zumindest gut erfunden. Und sie macht eines deutlich: Filme sind spannend. Sie laden die Zuschauer zur Identifikation ein bis hin zu physischen Reaktionen. Dazu muss nicht nur die Übelkeit durch übermäßigen Popcorn-Genuss gezählt werden. Das beginnt schon beim Lachen, Weinen, beim Angstgefühl, beim Mitschwitzen usw. Erst, wenn es einem Film gelingt, den Zuschauer so weit in die Handlung zu holen, – erst, wenn es der Zuschauer zulässt, sich so weit holen zu lassen, wird die Filmbetrachtung zum Filmerlebnis. Natürlich kann auch ein Film jenseits des Erlebnischarakters technisch, schauspielerisch oder inhaltlich brillant sein. Er kann eine wunderbare Geschichte erzählen. Wirklich bedeutsam wird er für mich aber erst, wenn er es schafft, dass ich mich mit den Personen identifiziere, dass ich meine Wünsche und Sehnsüchte, meine Ängste und Erfahrungen in die Geschichte und die Darsteller hineinlege.

Das ist bei Projektionen z.B. im Kino, denen ich mich aussetzen muss, einfacher als beim abendlichen Fernseh-Zapping mit ständigen Werbepausen. Das ist bei Spielfilmen, die genügend Zeit haben sich zu entfalten, einfacher als bei Kurzfilmen. Dennoch gibt es auch kurze und sehr kurze Filme, von denen eine große Faszination und ein großes Identifikationspotential ausgeht.

Identifikation ermöglicht Erfahrung

Ein Film kann einfach ein Diskussions- oder Gesprächsanstoß sein. Er kann Themen illustrieren oder interessant aufbereiten.

Filme können das Unsichtbare sichtbar machen (Zeitlupe, Zeitraffer, Großaufnahmen). Zu seinem höchsten Recht kommt ein Film aber dann, wenn die Zuschauer durch den Film Erfahrungen machen oder bereits gemachte Erfahrungen durch den Film wieder wachgerüttelt werden. Durch die Teilhabe an anderen Schicksalen und Geschichten kann ich wirkliche Empathie entwickeln. Ich kann mich an- und berühren lassen und sozusagen Erfahrungen sammeln. Das ist wichtig – gerade für die Firmvorbereitung. Geht es in ihr doch darum, eigene Lebenserfahrungen aus dem Glauben deuten zu lernen.

Die starke Identifikation mit Filmfiguren hat auch problematische Seiten: Gegen die Scheinwelt des Films kann mein eigenes Leben ganz schön langweilig und bürgerlich sein. Die Heldenhaftigkeit und Dramatik des filmischen Geschehens hat nichts mit Alltagsroutinen, meinen Alltags- und Schulproblemen gemeinsam. Die große und romantische Liebe, das Thema Nummer eins amerikanischer Filme, will sich in dieser Form nicht in meinem Leben einstellen. Oder – ein bekanntes Phänomen – gewalttätige Rollen- und Verhaltensmuster, pessimistische oder bedrohliche Weltansichten werden (unreflektiert) übernommen. Schönheitsideale werden unkritisch akzeptiert. Keiner von uns ist so schön wie die Stars im Film – und auch Julia Roberts hat im richtigen Leben mal Pickel oder fettige Haare – aber eben nicht im Film, denn da werden sie weggeschminkt (bzw. gewaschen). Genauer betrachtet besteht das Problem dabei nicht in der übergroßen Identifikation, sondern in der mangelnden kritischen Reflexion der Medieninhalte und -darstellungen. Die Erfahrungschance, die im Film liegt, sollte nicht aufgrund solcher oder anderer Vorbehalte vertan werden. Denn die Lebenserfahrungen der Menschen sind der Nährboden des Glaubens.

Glaubens-Erfahrungen

Glaube hat sehr viel mit Erfahrungen zu tun. Fromme Erzählungen und gemeinschaftliche Rituale reichen nicht aus. Tragfähiger, lebensrelevanter Glaube muss eine Korrespondenz zu meinen Lebenserfahrungen haben. Erst, wenn ich meine Erfahrungen im

Licht des Glaubens deuten kann; erst, wenn die Lehren des Glaubens in meinem Leben Bedeutung gewinnen und sich dadurch verifizieren lassen, wird Glaube (mani)fest. Dabei ist zu beachten, dass nicht jedes Erlebnis automatisch schon eine Erfahrung ist.

Erfahrungen sind gedeutete Erlebnisse. Wenn das, was mir widerfährt, in einen größeren Kontext eingebracht und gedeutet wird, erhält es Bedeutung und wird zu einer Erfahrung. Ich kann zum Beispiel einen lieben Menschen (oder einen liebenden Menschen) als Zufall oder als Geschenk empfinden. Ich kann eine menschliche Verantwortung als Pflicht oder als mir gestellte Aufgabe empfinden. Zu welcher Erfahrung ein Mensch oder eine Aufgabe für mich wird, hängt von meiner eigenen Einschätzung und meinem Interpretationskontext – auf dem Hintergrund anderer Erfahrungen – ab. Meine Lebenserfahrung gibt meinem Glauben konkrete Gestalt. Und im Gegenzug – mein Glaube gestaltet meine Lebenserfahrungen: Ich kann beispielsweise die biblische Aufforderung zum dankbaren Genuss der Gaben dieser Welt als Theorie oder Literatur betrachten. D.h. ich kann mir des Geschenkcharakters vieler Dinge bewusst sein – und damit hat es sich. Ich kann daraus aber auch eine Lebenspraxis und – durch entsprechende religiöse Ausdrucksformen – auch eine Glaubenspraxis werden lassen. Etwa mit Gebet (ein Tischgebet als Dank für eine Mahlzeit) oder Meditation (eine Besinnung am Abend auf die dankenswerten Erlebnisse eines Tages) oder Feier (Wer sagt, dass ich nur bei der Hochzeit oder der Beerdigung meinen Dank für die Freundschaft oder Liebe eines anderen Menschen feiern kann?). Ich werde bei dieser Gestaltung meines Lebens im Glauben immer neue Lebenserfahrungen sammeln können.

Filme helfen Erfahrungen zu machen

Wie deute ich meine Erlebnisse? Wie integriere ich sie in meine Biographie, damit sie zu wirklichen Erfahrungen werden? Das ist die entscheidende Frage. Dabei können Filme (weil sie Erfahrungen vermitteln) und die Arbeit mit Filmen (weil sie die Deutung dieser Erfahrungen einübt) eine wichtige Hilfe sein.

Dazu ein Beispiel: Der Film „Die Truman Show" erzählt die Geschichte eines jungen Mannes, der nach und nach feststellt, dass das, was er für sein Leben gehalten hat, von Anfang an eine Inszenierung fürs Fernsehen war. Seine wohlabgeriegelte Umgebung besteht nur aus Schauspielern und täglich werden seine Erlebnisse in Fernsehen an die Außenwelt übertragen. Der Regisseur der Sendung bezeichnet sich selbst als Trumans „Schöpfer". Als Truman der Wahrheit auf die Spur kommt, flieht er im Boot aus dem Kulissenmeer und verlässt schließlich die Sendung.

Die Frage, die der Film stellt, ist die Frage nach der Freiheit und Wirklichkeit meines Lebens. Gibt es einen Regisseur, einen Macher, der meine Grenzen festlegt und meine Wege vorbestimmt? Oder bin ich selbst verantwortlich und habe selbst zu entscheiden? Wenn ich an Gott glaube – erfahre ich ihn als den, der mich manipuliert und instrumentiert, oder als den, der meine Freiheit und meine freie Liebe will? (Dafür gibt es übrigens auch das Gegenbild einer Freundin im Film). Welche Erfahrungen mache ich in meinem Leben, die sich in diese oder in jene Richtung deuten lassen?

Es geschieht also ein doppelter Interpretationsprozess: Erst wird die profane Geschichte religiös gedeutet. Dann wird die religiöse Interpretation zurückgewendet auf mein Leben. Meine Lebenserfahrungen sind gefragt! Und die kann der Film durch seine bildhafte, fast symbolische Art sehr gut herausfordern und herauskitzeln. Von Michael Graff, Pfarrer in Alpirsbach und lange Jahre Spielfilmreferent bei der Fachstelle für Medienarbeit, stammt der Satz: „Ich gehe nicht in religiöse Filme, ich gehe religiös in Filme". Will heißen: Ich brauche keine religiösen Filminhalte um religiöse Erfahrungen zu machen, sondern ich komme mit meinen religiösen Lebenserfahrungen in den Film, sammle seine Erfahrungsimpulse auf und wende sie auf mein Leben zurück.

Arbeiten mit Filmen

Spielfilme lassen sich auch sehr gut in Ausschnitten einsetzen. Wenn man dies den ZuschauerInnen zuvor mitteilt, kann man

Enttäuschungen vorbeugen. Damit sie die gezeigte Szene einordnen und verstehen können, sollte man ihnen den Rahmen der Geschichte erzählen. Die gezeigte Szene sollte lange genug sein, dass sie zur Wirkung kommen kann. Da Spielfilme meistens 90 Minuten und mehr Zeit haben, die Charaktere ihrer Personen zu entfalten, muss auch einem Spielfilmausschnitt genügend Zeit gelassen werden, etwas von diesem Charakter zu vermitteln.

Wenn Filme in erfahrungsbezogenen Kontexten eingesetzt werden, muss man konsequent mit diesen Erfahrungen umgehen und sic abrufen. D.h. es muss immer wieder nach den Erfahrungen der Zuschauer gefragt werden. Das kann in direkter Weise geschehen, aber auch spielerisch oder kreativ: Ein kleines Rollenspiel z.B. bei dem die Mitwirkenden eine Szene des Films nachspielen, den Film weiterspielen oder ein alternatives Ende spielen. So können die TeilnehmerInnen ihre Erfahrungen auf zunächst indirekte Weise „ins Spiel bringen". Danach kann besprochen werden, warum die Szene so oder so gespielt wurde und welche (Lebens-) Erfahrungen dahinter stecken.

Grundsätzlich sollte nach jeder Filmbetrachtung eine zumindest kurze non-verbale Phase eingebaut werden. Möglich sind Malübungen, meditative Musik, Körperübungen oder anderes. Bei wenig Zeit kann eine Pause zum Aufstehen, Luft holen, Beine vertreten genügen. Der Zuschauer soll dadurch erst einmal etwas Zeit zur Verarbeitung des Gesehenen erhalten. Personen, die sich nicht so schnell verbal äußern können, erhalten damit die Möglichkeit am Gespräch teilzunehmen. Oft sind es sonst immer die gleichen, die etwas sagen.

Wichtig bei Filmgesprächen: Es gibt nie den „Film an sich" sondern immer nur den „Film für mich". D.h. man kann sich zwar über bestimmte Sachfragen verständigen, es gibt aber Grenzen des Diskussionsprozesses, dort, wo die persönliche Interpretation und Aneignung beginnt. Die Szenen, die für mich besonders schön, berührend oder bedeutsam waren, müssen es nicht zwangsläufig für die anderen Betrachter auch gewesen sein. Filmgespräche lehren uns, die Meinungen und Interpretationen, die Gefühle und Äußerungen anderer ernst zu nehmen und zu respektieren.

Filmgespräche brauchen eine Vorbereitung; der Gesprächsleiter oder die Gesprächsleiterin sollte sich über die Ziele des Gesprächs im Klaren sein. Dennoch sollten Filmgespräche nicht einem starren Konzept folgen, sondern auch auf die Gesprächsbedürfnisse und Anliegen der Zuschauer und Teilnehmer eingehen. Geklärt sollte sein, ob es in erster Linie um Kommunikation zwischen den Gesprächsteilnehmern oder um die Erarbeitung eines bestimmten Themas geht. Wie jedes Gespräch ist auch das Filmgespräch eine gewisse Kunst. Dennoch, nur Mut: Es ist mit etwas Überlegung gut machbar. Aber man sollte sich bewusst sein, dass es nicht genügt, einen guten Film nur anzuschauen und der Rest wird dann von alleine kommen.

Filme sollten im Hinblick auf die Zuschauer ausgewählt sein. Das bedeutet nicht, dass Darsteller grundsätzlich gleichaltrig sein müssen. Es ist für Jugendliche aber erfahrungsgemäß leichter, mit Erwachsenen als mit Kindern als Hauptdarstellern umzugehen.

Und noch eins: Den meisten Jugendlichen geht es wie den meisten Erwachsenen: Sie schauen gerne spannende und mitreißende Filme an!

Alexander Bross

Sehnsuchtsmelodien
Musik im Leben von Jugendlichen

Ich möchte Sie einladen zu einer Phantasiereise, Sie entführen in die Zeit Ihrer Jugend. Stellen Sie sich vor, sie fliegen über dem Ort, in dem Sie zur Schule gegangen sind und beobachten von oben die Jugendlichen, wie sie zu einer Party eilen. Ein bisschen linkisch vielleicht, adrett zurecht gemacht, aufgeregt und verlegen zugleich. Und mittendrin entdecken Sie sich selbst, spüren Ihr Herzklopfen von damals und Sie wissen: Heute Abend wird es passieren, heute gibt es den ersten Kuss (und vielleicht noch mehr...). Erinnern Sie sich? Erinnern Sie sich an die Gefühle von damals, an das Kribbeln und die Schmetterlinge im Bauch – und an die Musik, an den Soundtrack Ihrer ersten Liebe?

Manchmal geht es mir so, dass diese Art von Phantasiereisen in die Vergangenheit durch die Klänge bestimmter Songs angeregt werden. Ganz unvermittelt überkommt mich eine Sehnsucht danach, wieder so intensiv Gefühle wahrnehmen zu können, zu spüren, dass ich so lebendig bin, wie ich es mit dieser Musik in Verbindung bringe. Schön ist das, zumindest meistens. Denn natürlich gibt es auch bei mir die Lieder, mit denen ich vor allem schmerzhafte Erfahrungen verbinde. Lieder, die mich traurig machen, wenn ich sie höre.

So wenig ich mir aus meinem Leben die Musik wegdenken kann und will, so wenig ist sie aus dem Leben unserer Kinder, der Jugendlichen von heute wegzudenken. Sie ist nahezu überall, umgibt und begleitet uns im Alltag und bei besonderen Gelegenheiten. Und dennoch hat die Musik für die Jugendlichen noch einmal eine andere Bedeutung, ganz besonders dann, wenn es ihre Musik ist, die Popmusik. Ersparen wir uns an dieser Stelle ein langatmiges Abwägen unterschiedlicher Definitionen und Abgrenzungen verschiedener Musikrichtungen und jugendkultureller Stile. Unter Popmusik verstehe ich in diesem Zusammenhang eine vornehmlich von den Kids und den Jugendlichen konsumierte und für sie produzierte Musik. Diese Musik unterstützt und begleitet die Jugendlichen bei ihren altersbedingten Entwicklungsaufgaben.

Sie tut dies insbesondere dadurch, dass sie
- zur Bildung von Peer-Groups und zur Abgrenzung vom Elternhaus beiträgt und auf diesem Weg den Ablösungsprozess fördert;
- Identifikationsobjekte anbietet und Freiräume zur spielerischen Erprobung des Ich schafft und damit die Identitätsbildung unterstützt;
- einen stimulierenden Rahmen für erotische Begegnungen bietet und damit zur Festigung der Geschlechtsrolle beiträgt;
- durch ihre rhythmische Struktur zum Tanzen und zur Bewegung anregt und damit zu Körpererfahrung und -bewusstsein beiträgt;
- einen wesentlichen Beitrag zur Entspannung vom Alltagsstress liefert;
- mit einem breiten Spektrum an Traumbildern und Assoziationsmöglichkeiten die Phantasie der Jugendlichen fördert;
- besonders gut in der Lage zu sein scheint, tief liegende existenzielle Gefühle auszudrücken und so zu einem Bestandteil der Suche nach dem Sinn des Lebens werden kann;
- die Kommunikation unter den Jugendlichen fördert, indem sie alle Themen, die Jugendliche betreffen, aufgreift und zur Auseinandersetzung mit ihnen herausfordert.

**Abgrenzung voneinander und vom Elternhaus –
Ein Beitrag zur Identitätsbildung**

Wer die Reaktionen Jugendlicher beobachtet, wenn sie mit einer Musik konfrontiert werden, die ihnen nicht gefällt oder gerade nicht angesagt ist, kann ermessen, wie stark die abgrenzende Wirkung unterschiedlicher Musikstile sein kann. Eine bestimmte Musikrichtung cool zu finden, die Bands, die Songs und die Texte zu kennen, schafft die Möglichkeit, zu einer Peer-Group dazuzugehören. Oft ist der Musikgeschmack sogar so etwas wie die Eintrittskarte zur Clique. Dass dabei die Vielzahl der Stile und die unüberschaubare Zahl von Gruppennamen, Stars und Songs uns Erwachsenen den Überblick erschwert ist ein erwünschter Nebeneffekt. Denn: Musik zu hören, die den Erwachsenen nicht gefällt, die diese nicht verstehen, als niveaulos, als zu laut oder überhaupt als schlecht empfinden, hilft dabei sich abzugrenzen. Für Jugendliche ist es notwendig, etwas Eigenes zu entdecken, ein eigener Mensch zu werden und nicht nur die Kopie der Eltern zu sein. Gerade das ist über das Medium der Musik allerdings immer schwerer zu erreichen. Denn inzwischen gibt es eine Elterngeneration, die mit dem Hard Rock der siebziger und dem Punk der frühen achtziger Jahre ihre Jugend verbrachte. Diese Elterngeneration hört sowohl „ihre" Musik von damals als auch die Musik Jugendlicher von heute. Dennoch gibt es Grenzlinien: Manche Erwachsene, denen früher z.B. AC/DC und Pink Floyd nicht laut genug sein konnten, überfällt bei Techno-Musik und der Love Parade das große Grausen.

Den eigenen Körper entdecken und erproben – Entgrenzende Erfahrungen durch Musik

Sich ganz der Musik hingeben, den Klang körperlich spüren, sich frei und ohne Hemmungen bewegen, sich mit geschlossenen Augen wegtanzen, über Grenzen hinwegsetzen. Oder sich im Takt der Musik wieder und wieder um die eigene Achse drehen, freihändig und möglichst auf dem Kopf stehend: Körpererfahrungen ganz eigener Art und von großer Bedeutung. Jugendliche erleben eine spannende, aufregende und verunsichernde Zeit, in der sie immer wieder mit den Veränderungen ihres Körpers konfrontiert werden. Sie machen ständig neue Erfahrungen mit sich selbst, mit ihren Fähigkeiten und Grenzen und mit ihrer Sexualität. Sie müssen sich zurechtfinden und sich erproben können. Dazu liefert die Musik oft einen hilfreichen Beitrag. Sie ermöglicht körperliche Grenzerfahrungen in Tanz und Bewegung, sie liefert den Rahmen für erotische Begegnungen. Sie thematisiert (verdeckt und offen) die Sexualität. Sie kann Hemmungen und Grenzen abbauen und den Kontakt erleichtern.

Sprachrohr für die Lebensthemen der Jugendlichen

Wenn man die Inhalte von Songtexten betrachtet, stößt man sehr schnell darauf, dass sich die überwiegende Mehrzahl vor allem mit dem Thema Liebe beschäftigt. Mit ihren Sonnenseiten, dem Glück, aber auch mit ihren Schattenseiten, mit Trennung, Schmerz und Trauer. Und sie tut dies in zeitgemäßer Form. Songtexte spiegeln so den Zeitgeist wider – und singen auch immer wieder gegen ihn an. Eine genauere Betrachtung der Songtexte zeigt allerdings, dass sich in ihnen eine vielfältige und vielschichtige Mischung von Themen findet. Von Glück über Freiheit, Liebe und Sex bis hin zu Fun und Klamauk ist alles vertreten. Dabei sind die textlichen Stilmittel so unterschiedlich, wie die musikalischen.

Ein Grundmotiv tritt dabei häufig auf: die Sehnsucht nach mehr, die Sehnsucht nach einem gelingenden Leben, nach einem sinnerfüllten Leben. Auf diese Sehnsucht versuchen auch die Religionen eine Antwort zu geben. Eine Antwort, die dauerhaften Bestand hat. Jugendlichen (und nicht nur ihnen) fehlt an diesen Antwortversuchen häufig der Bezug zur Wirklichkeit, zum Leben. Die Musik kann diesen Zugang bieten. Sie stößt ein Tor auf, weckt Hoffnungen und hält Sehnsüchte wach, ohne die das Leben farblos und sinnentleert wäre.

Mir ist dieser Blickwinkel wichtig. Häufig suchen Erwachsene, die sich haupt- oder ehrenamtlich damit auseinandersetzen, wie der Glaube an Kinder und Jugendliche weitergegeben werden kann, nach den „wirklichen" religiösen Themen und Elementen in der Musik. Und dann ist das Entsetzen oft groß, denn ungewöhnlich und fremd, ja sogar provozierend, ist das, was von der CD kommt und in den Dance-Clubs landauf, landab gespielt wird. Texte werden aus ihrem religiösen und kultischen Zusammenhang übertragen in den Kontext einer von Marktinteressen dominierten Freizeitscene. Dabei besetzen die DJ's ganz selbstverständlich auch die Plätze, die im religiösen Kontext den Vorstehern der Liturgie zukommen. „Ich sehe mich selbst, den DJ, als modernen Schamanen. Ich schlage die Trommel. Menschen entdecken Spiritualität durch das Fallenlassen in Musik, in die monotone Rhythmik."[1] Die „Helden" der Popmusik als neue religiöse Führer?

Die Popmusik nimmt als moderne Massenkultur gesellschaftliche Strömungen auf. So spiegelt sich auch hier der gesamtgesellschaftliche Trend wider: Die Kirchen haben ihr religiöses Monopol verloren. Ersatzweise zeigen sich Spuren von Religiosität in der heutigen Gesellschaft an vielen Orten außerhalb des kirchlichen Rahmens. Diese Spuren sind auch keineswegs mehr notwendigerweise im christlichen Kontext verwurzelt. Vielfach sind die Hinweise auf Religion und Transzendenz allgemein gehalten, keinem Bekenntnis zuzuordnen. Religiöse Spuren bleiben ungenau und vage. Am ehesten noch könnte man diese Strömungen einer Religion des „Universalismus" zuordnen.

Eine Auseinandersetzung mit dieser Art religiöser Inhalte lohnt sich. Ein populäres Beispiel: Im Februar des Jahres 2000 hat Carlos Santana für seine CD „Supernatural" (= übernatürlich) etliche Preise bekommen. Songs aus dieser CD halten sich in den Hitparaden auf den oberen Plätzen. Einige der Texte sind tiefreligiös, so z.B. der Song „Put your lights on", in dem es u.a. heißt: „There's an angel with a hand on my head / She says I've got nothing to fear / There's a darkness deep in my soul / ... / So let your light shine, into my home / God don't let me lose my nerve"[2].

Am häufigsten tauchen religiöse Inhalte zu Themen der Menschen und des menschlichen Lebens auf. Im Refrain eines Songs heißt es: „It wasn't in the words / it wasn't in the silence / it wasn't in the church / it wasn't in the bible / it wasn't on the screen / it wasn't in the movies / I found it, found it in the love"[3]. Eine klare und deutliche Absage an Erfahrung aus zweiter Hand und ein Hinweis auf den hohen Stellenwert der Liebe. Dies gilt für die Songs, aber auch für das Leben der Menschen. Eine kritische

---

[1] Sven Väth, bekannter DJ in den 90-er Jahren: Die Zeit - Leben, Nr. 15/6. April 2000, 15.
[2] Sinngemäß: „Es gibt einen Engel, der die Hand über mich hält und mir sagt, dass ich nichts zu fürchten habe. Tief in meiner Seele herrscht eine Dunkelheit ... drum lass dein Licht leuchten, hinein in mein Heim. Gott lass mich bei Sinnen bleiben" – Santana: Supernatural. Arista Records 1999. C. Santana versteht sich ausdrücklich nicht als Christ.
[3] Sinngemäß übersetzt: „Es war weder in den Worten, noch in der Stille, weder in der Kirche noch in der Bibel, weder auf dem Bildschirm noch im Film zu finden – ich habe es in der Liebe gefunden".

Durchsicht der erfolgreichen Liedtexte zeigt, dass der Liebe zwischen Mann und Frau eine erlösende und befreiende Funktion zugesprochen wird, wobei dem Partner/der Partnerin die Rolle des Erlösers/der Erlöserin zukommt. Darin zeigt sich, dass erotische Liebe eine der wesentlichen Erfahrungsbereiche von Transzendenz für (heutige) Menschen ist. Zwischen den Zeilen der Liebeslieder, in den Sehnsuchtstexten und -melodien, in denen der bedingungslosen und ausdauernden Liebe nachgespürt wird, finden sich die Spuren der Gottessehnsucht.

An diesen Beispielen zeigt sich, dass es eines genauen Blickes bedarf, um in den vielfältigen Erscheinungsformen der Popmusik, im Durcheinander von Kommerz, Kunst und Kultur Spuren der Gottessehnsucht zu finden. Denn nicht alles, was auf den ersten Blick religiös erscheint, ist es auch wirklich, und nicht alles, was auf den ersten Blick profan und „weltlich" erscheint, ist deswegen gleich schon unreligiös und ohne Spuren der Gottessehnsucht.

Meines Erachtens zwingt uns der Glaube an den menschgewordenen Gott, der Glaube an einen Gott, dem die Menschen und ihr Leben so wichtig sind, dass er sich nichts Menschliches ersparen wollte, dazu, im Menschlichen die Spuren Gottes oder der Sehnsucht nach ihm zu finden.

Dies erfordert den offenen und unvoreingenommenen Blick auf die Musikkultur mit all ihren Absonderlichkeiten. In ihr zeigen sich eben diese Spuren. Um sie zu finden, braucht es nicht nur den kritisch-distanzierten Blick, es braucht auch Sympathie. Und es braucht die Offenheit, auch in den Einflüssen anderer Kulturen und Religionen die Spuren der einen Gottessehnsucht zu sehen, die in allen Menschen ist.

Ob sich unter diesen Gesichtspunkten Lieder und Musikstücke als katechetisches oder religionspädagogisches Material einfachhin anbieten, scheint mir zweifelhaft. Wichtiger ist mir ihre Funktion als Indikator, als Hinweis auf aktuelle Erscheinungsweisen von Religiosität, von Gottessehnsucht. Wenn mit Popsongs in der Katechese gearbeitet werden soll, dann sollte dies behutsam und mit Offenheit geschehen (was sicherlich nicht immer einfach zu machen ist).

Zum Schluss der Hinweis auf ein Lied, das kein großer Hit war, für mich aber zu den wichtigsten Liedern mit religiösem Bezug gehört. „That I would be good" von Alanis Morisette[4]. Darin singt die Sängerin von ihrem Wunsch, ernst genommen und anerkannt zu werden, auch dann, wenn es ihr schlecht geht, alles misslingt, wenn Jugend, Lebenskraft und Gesundheit verschwinden. Sehr empfehlenswert, vor allem zum Selbst-Hören und Auf-sich-wirken-Lassen.

---

4 Zu finden unter anderem auf ihrem Album „Unplugged".

Judith Gaab

Ich glaube, du glaubst, wir glauben
Das Credo in der Firmvorbereitung

1   Ich glaube, du glaubst, wir glauben

Ich glaube, du glaubst, wir glauben gemeinsam mit allen Christen evangelisch und katholisch, in Ost und West, mit denen, die vor uns waren und die nach uns kommen. Ausdruck unseres gemeinsamen Glaubens ist das Credo der christlichen Kirchen. In den Konzilien des 4. Jahrhunderts wurde um diesen Text mühsam gerungen.[1] Er wurde zum Erkennungszeichen und diente zugleich als Abgrenzung gegenüber Andersglaubenden. Seit dem 5. Jahrhundert hat das Credo seinen festen Platz in der Eucharistie; seinen Ursprung hatte es in der Feier der Taufe.

In der Firmvorbereitung und in der Firmliturgie nimmt es aufgrund der engen Zusammengehörigkeit von Taufe und Firmung eine zentrale Stellung ein. Der Firmling bekräftigt seinen Glauben, sagt Ja zu seiner Taufe und reiht sich mit seinem Bekenntnis ein in die große Gemeinschaft der Glaubenden: Ich glaube, du glaubst, wir glauben gemeinsam.

2   Ich glaube, du glaubst, dass wir glauben

In unserer Gesellschaft gestaltet sich Leben individuell und vielgestaltig. Das hat Auswirkungen auf den Glauben. Gemeinschaftsstiftende Elemente sind, wenn man manche Großveranstaltungen (z.B. die Laolawelle in Fußballstadien) betrachtet, hoch im Kurs, so sie ein bestimmtes Lebensgefühl treffen. Fehlt ihnen der unmittelbare Lebensbezug, sind sie nur schwer vermittelbar. Die überlieferten Glaubensbekenntnisse sind in ihren Formulierungen zeitbedingt. Der Zugang zu ihnen fällt vielen Menschen heute schwer. Dieses Dilemma wirft Fragen auf: Ob denn der bloße Akt des gemeinsamen Sprechens tatsächliche

---
1 Vgl. Hubert Jedin, Kleine Konziliengeschichte, Freiburg/Basel/Wien ⁵1986.

Glaubensgemeinschaft erzeugt? Ob die Themen, die Menschen im Jahr 2001 umtreiben, in diesen alten Formeln überhaupt vorkommen? Kurz, ob dieses Credo noch seine Funktion als gemeinsames Glaubenzeugnis erfüllt und Ausdruck meiner, deiner, unserer Hoffnung und Überzeugung sein kann?

Diese Fragen stellen sich besonders in der Firmvorbereitung mit Jugendlichen. Das Credo ist ein zentraler Inhalt in der Firmvorbereitung und fest in der Firmliturgie verankert. Doch durch das gemeinsam gesprochene Credo wird nicht automatisch eine gemeinsame Glaubensbasis geschaffen. „Ich glaube, du glaubst, dass wir gemeinsam glauben, wenn ich diesen Text spreche, aber was ich tatsächlich glaube, steht auf einem anderen Blatt." Jugendlichen ist das Credo nicht mehr vertraut. Es hat für sie keine eigene Plausibilität. Sie haben keinen Zugang zur Sprache der frühkirchlichen Bekenntnisse und den dort formulierten Glaubenswahrheiten. Diese geben Antworten auf Glaubensfragen, die sich den Christen der ersten Jahrhunderte drängend gestellt haben. Zum Beispiel die Frage nach der Gottessohnschaft Jesu Christi. Die Fragen, die sich junge Menschen in einer zunehmend komplexer werdenden Welt heute stellen, kommen – wenn überhaupt – nur sehr verborgen in der überlieferten Gestalt des Credos vor. Soll das Credo nicht zur bloßen Worthülse verkommen, muss mit dieser Kluft umgegangen werden.

3 Das überlieferte Credo und der Glaube der Menschen

Damit das Einheitssymbol unseres Glaubens den Lebenstexten der Jugendlichen gerecht werden kann, muss seine Sprache und sein Entstehungskontext neu erschlossen werden. Ein Weg dazu ist, das Credo in Lebenswelt und Sprache der Jugendlichen neu zu übersetzen. Moderne Erschließungsversuche[2] tragen dazu bei, das

---

2 Einen wichtigen Versuch das Credo in einer für Menschen des 21. Jahrhunderts verständlichen Weise auszulegen hat der Theologe Hans Küng in seinem Buch „Credo. Das Apostolische Glaubensbekenntnis – Zeitgenossen erklärt" bereits 1992 unternommen (München). Eine inhaltliche Kurzfassung des 250-seitigen Küng-Buches hat der Religionspädgoge Jean-Louis-Gindt, Religionspädagoge am Athenäum in Luxemburg erarbeitet. Erschienen als Publik-Forum – Dossier Ostern 1999.

Credo auch in heutiger Zeit noch mit persönlicher Überzeugung mitsprechen zu können. Sie helfen Brücken zu schlagen, können die Kluft jedoch nicht aufheben.

Im Frühjahr 1999 regte die Zeitschrift Publik-Forum ein „Credo-Projekt" an. Im Mittelpunkt dieses Projekts stand die Einladung, für sich oder in Gruppen neue Glaubensbekenntnisse zu formulieren. Inzwischen sind weit über 2000 Texte allein bei Publik-Forum eingegangen. Nicht gezählt sind die Bekenntnistexte, die aus Folgeaktionen in Gemeinden, Schulen, Bildungswerken entstanden. Erste Auswertungen dieser Texte zeigen, dass wichtige Themen, die in den überlieferten Texten im Vordergrund stehen, heute keine Bedeutung mehr haben. Und umgekehrt formulieren Menschen heute Themen für ihren Glauben als bedeutsam, die in den alten Bekenntnissen keine Rolle spielen. Menschen heute ist es wichtig, Glaube und Leben zusammenzubringen. Der Stellenwert der persönlichen Erfahrung und der Bezug zum eigenen Lebenskontext dringt in allen Texten durch. Die Gottessohnschaft Jesu, die in den alten Texten betont wird, tritt zugunsten seines Lebens und Handelns in den Hintergrund. Wenn in den Texten von Jesus die Rede ist, dann in seiner Bedeutung als vorbildhafter Mensch und Bruder. Die Kirche als Gemeinschaft der Glaubenden kommt selten vor. Sie wird bei der Entfaltung eines eigenverantwortlichen Glaubens eher als hinderlich erfahren. Dafür ist ein neu wachsendes Interesse am Verhältnis des Christentums zu den Weltreligionen zu verzeichnen.

Diese Tendenzen sind Hinweise darauf, dass eine bloße Wiederholung und Kommentierung der alten Bekenntnisformeln nicht mehr genügt. Menschen suchen nach Verstehen. Sie fragen nach der Bedeutung des Glaubens im Blick auf ihr eigenes, individuelles Leben. Es gilt, die Themen, die Menschen umtreiben, in Bezug auf Glaube und Religion neu zur Sprache zu bringen. Besonders drängend ist dies in der Firmvorbereitung. Jugendliche in der Ablösungs- und Orientierungsphase zwischen Abgrenzung und dem Austesten eigener Möglichkeiten empfinden die Spannung zwischen vielfältigen Zwängen und dem Bedürfnis nach Freiheit existentiell. Beim Entdecken und Ausprobieren des Eigenen ist der Erlebnisaspekt von zentraler Bedeutung. Die in den alten Texten verwobenen menschlichen Lebens- und Glaubenserfahrungen sind aber nicht so ohne weiteres zugänglich. Deshalb erscheint es sinnvoller, an den Lebensthemen und Glaubensfragen der Jugendlichen selbst anzusetzen und diese an relevanten Stellen mit dem tradierten Glaubenstext zu konfrontieren und ins Gespräch zu bringen.

4 Das Credo der Jugendlichen

Den eigenen Glauben zur Sprache bringen
„Was ist mir wichtig in meinem Leben? Worauf will ich nicht verzichten? Wonach sehne ich mich? Wann habe ich das Gefühl wirklich zu leben? Glaube ich an etwas, das mehr ist, als das, was ich sehe? Gibt es einen Gott in meinem Leben? Was glaube ich über das Leben, die Menschen, Gott? Was glaube ich nicht?"
Angeregt durch das Credo-Projekt von Publik-Forum haben ReligionslehrerInnen, FirmbegleiterInnen und Pfarrer ihre SchülerInnen, Firmlinge und KonfirmandInnen ermuntert, ihr eigenes Credo zu schreiben oder in irgendeiner Weise kreativ zu gestalten. Dazu gibt es verschiedene methodische Umsetzungsmöglichkeiten:

- Die Jugendlichen nähern sich über Phantasiereisen oder Impulsfragen ihrer eigenen Lebens- und Glaubensgeschichte. Über Glaubenskurven, Leporellos bringen sie diese in Wort und Bild.
- Die Jugendlichen bringen Lieder, Bücher, Texte, die für sie jeweils etwas von ihrem Lebensgefühl ausmachen, mit, um über dieses Medium ins Gespräch zu kommen.
- Über die Auseinandersetzung mit Glaubenstexten anderer Jugendlicher können sie das eigene Credo kreativ gestalten, ins Wort, Lied oder ins Bild bringen.

Glauben im Zweifel
Jugendliche formulieren, was ihnen das Wichtigste im Leben ist, was sie in ihrem Leben als mächtig und auch als nicht mächtig erfahren. Die entstehenden Texte sind in ihrem Wert nicht zu unterschätzen. Sie geben ein Bild über die tatsächlichen und ersehnten

Lebensbezüge und zeichnen so ein Bild religiöser Erfahrung. Auffallend häufig hat bei Credos Jugendlicher der Zweifel das Wort.[3] Gott wird auf den Prüfstand gestellt: Ist die verkündete Liebe und Gegenwart tatsächlich im Leben wahrnehmbar? Wichtig sind tragende, unterstützende Beziehungen: Familie, Freunde. Wichtig ist die eigene Kraft und Handlungsfähigkeit. Auch Geld, Medien, Drogen werden in ihrer „realen" Macht benannt:

„Na ja, irgendwie glaube ich schon an Gott. Also wenn ich eine Arbeit schreibe und sie läuft gut. Dann denk ich, irgendwie war er da. Aber wenn sie daneben geht auch wieder nicht. Aber irgendwie glaube ich schon, dass es ihn gibt."

„Ich glaube nicht an einen Gott, weil ich ihn nicht sehe und nicht spüre."

„Was gibt mir der Glaube? Ich glaube an mich."

„Ich glaube schon, dass es Gott irgendwo auf der Welt gibt, auch wenn ich ihn nicht sehe. Ich hoffe mal, dass ich ihn irgendwo finde."

„Ich glaube an Gott und meine Familie und an meine Freunde, die hinter mir stehen."

„Ich glaube an die Freiheit, dass der Krieg irgendwann mal zu Ende geht." „Ich glaube an die Hoffnung, dass Kinder nicht mehr leiden müssen und arme Menschen ein Zuhause bekommen."

„Ich glaube an die Macht der Medien und des Geldes."

„Ich glaube an Jesus, zu dem ich mit meinen Problemen kommen kann."

Nimmt man ernst, was in der Würzburger Synode als das oberste Ziel katechetischen Wirkens formuliert wurde – „dem Menschen zu helfen, dass sein Leben gelingt, indem er auf den Zuspruch und Anspruch Gottes eingeht"[4] – kommt man an den Erfahrungen und Deutungen der Menschen nicht vorbei. Die Zu-

---

[3] Die folgenden Beispiele stammen aus meiner Arbeit mit Firmlingen (vornehmlich Hauptschüler der 9. Klasse). Ähnliche Tendenzen zeigen sich in den Texten Jugendlicher, die von Publik-Forum veröffentlicht wurden. Vgl. Peter Rosien (Hg.), Mein Credo. Persönliche Glaubensbekenntnisse, Kommentare und Informationen. Publik-Forum Oberursel 1999; Harald Pawlowski (Hg.), Mein Credo, Bd. 2, Publik-Forum Oberursel 2000.
[4] Das katechetische Wirken der Kirche A.3.: Gemeinsame Synode der Bistümer in der Bundesrepublik Deutschland. Arbeitspapiere der Sachkommissionen. Offizielle Gesamtausgabe II, Ergänzungsband, Freiburg/Basel/Wien ³1981.

sammenhänge des Glaubens sind nicht mehr unmittelbar einleuchtend. Das Vertrauen in Gott muss erst wieder errungen werden. Glaubenstexte von Jugendlichen sind in all ihrem Zweifel Spiegel religiöser Erfahrung.

Suche nach dem Gemeinsamen
Ein spannender Prozess könnte in Gang kommen, wenn man versucht, aus diesen sehr persönlichen Aussagen als Gruppe ein gemeinsames Bekenntnis zu formulieren. Dazu werden zunächst die Aussagen herausgefiltert, die eine gemeinsame Grundlage bilden. Daran anknüpfend kann man die Vor- und Nachteile gemeinsam verbindender Texte und Grundsätze thematisieren. Dies bringt Kirche und das allgemeine Credo wieder neu in den Blick. Die Glaubenstexte Jugendlicher bieten keinen Ansatz für eine erschöpfende Erschließung des Credos. Sie zeigen einmal mehr die große Differenz zwischen den im 4. Jahrhundert formulierten Glaubensaussagen und der Lebensrealität Jugendlicher heute. Aber die modernen Glaubenstexte können ins Gespräch bringen und zum Nachdenken anregen. Sie lassen sich exemplarisch mit kirchlich tradierten Glaubensaussagen konfrontieren: Wie kommt man zu solchen Aussagen? Was war Glaubenden damals wichtig? Gibt es etwas, das für uns davon heute noch Bedeutung hat?

5   Ich glaube, du glaubst, wir glauben

Es ist eine bleibende Herausforderung, das Ich, Du und Wir in eine Beziehung zu bringen. Die Spannung zwischen gestern und heute, zwischen individuell formuliertem Glauben und gemeinsamem Bekenntnis der Kirchen lässt sich nicht einfach auflösen. Da gibt es weiterhin die in langer Tradition gewachsenen und bewährten Texte mit ihrem festen Ort in der Liturgie. Und es gibt die Sprache und Lebenswirklichkeit von Menschen heute, die andere Fragen stellt und andere Sprachen spricht. Ein einfacher Verzicht auf das alte Credo löst nicht das Problem. Ein neues Credo lässt sich nicht einfach konstruieren. Doch will man den Lebenstexten der Menschen und ganz besonders denen der Jugendlichen gerecht werden, genügt es auch nicht mehr, sich auf das kommentierende Wiederholen zurückzuziehen. Will Kirche Lebensraum sein, muss sie dem Leben Raum lassen. Die Werte, Fragen und Zweifel, die persönliche Credos Jugendlicher brauchen einen Platz in der Firmvorbereitung und in der Firmliturgie.

Und wäre nicht auch das ein modernes Credo an den Heiligen Geist – eben diese Credos als wichtiges Glaubenszeugnis ernst zu nehmen und darauf zu bauen, dass sich durch jeden einzelnen Beitrag die Glaubensgeschichte der Kirche weiter schreibt, wie unausgegoren die jeweiligen Äußerungen auch immer scheinen mögen?

Rainer Steib

Gottes Geist wwweht auch im Internet!

„Ich bin drin" – freut sich nicht nur Boris Becker, sondern mit ihm hat etwa ein Viertel der bundesdeutschen Bevölkerung Zugang zum Internet. Darunter ist naturgemäß ein großer Anteil junger Menschen und Jugendlicher. Aber auch die „kids" sind im Netz vertreten und werden selbstverständlich mit allerlei Angeboten bedacht. Keine Anzeigenwerbung mehr ohne Internetadresse, keine namhafte Firma ohne Homepage und bekanntlich sollen ja nach dem Willen der Politiker nicht nur die „Schulen ans Netz", sondern auch noch die Entwicklungsländer. Statt Brot für die Welt – E-Mail für die Armen?

Das Netz – eine nützliche Sache

Das Netz bietet verschiedene Nutzungsmöglichkeiten. Da ist zunächst einmal die Möglichkeit, elektronische Post zu verschicken. Das geht nicht nur schneller und spart Papier, sondern es ist – wenn man es nur von den Gebühren her betrachtet – auch günstiger. Wer mit seiner elektronischen Post Texte verschickt, kann sie dem Adressaten gleich zur weiteren Bearbeitung in den Rechner stellen oder kann sie ohne all zu großen Aufwand an eine ganze Adressatengruppe verschicken. Kürzere Textnachrichten kann man über das Internet sogar kostenlos auf das Display von Handies als sogenannte SMS (short message service) verschicken. Der geneigte Gesprächspartner, der heute ohne Handy in der Tasche ja nicht mal mehr zur Toilette geht, kann so immer und überall meine – natürlich durchweg wichtigen – Nachrichten empfangen.

Viele nützliche Dinge können über das Netz kostenlos oder kostenpflichtig besorgt werden, zum Beispiel Telefonauskünfte, Reiseauskünfte, Streckenplanungen, Bücher, Spielzeug und natürlich Technik. Zu jeder Fernsehserie und zu jedem Film kann man Bilder und Informationen aus dem Netz herunterladen und ausdrucken. Über Chats und Muds kann man mit wildfremden Menschen auf der ganzen Welt plaudern oder spielen. Es ist mir zwar bis heute nicht aufgegangen, warum ich mit fremden Menschen plaudern sollte, aber es gibt doch eine erhebliche Menge von Nutzern, die gerade dies gerne tun. Andererseits ist es im Netz relativ einfach an bedenkliche Inhalte zu kommen: Pornografie, Rechtsextremistisches, Satanistisches, allerlei Sektiererisches oder Fotos von Leichen verschiedenster Art. Dazu kommen eine ganze Menge ungesicherter Informationen. Denn meistens weiß der Nutzer nicht mehr, wer eigentlich als verantwortliche Quelle hinter einer Information steckt und sozusagen mit seinem guten Namen dafür haftet. Ich denke, dass sich mit dem Netz das Thema „Kinder- und Jugendschutz" weitgehend erledigt hat – zumindest bei den Kindern, die einen ungeschützten Zugang haben. Die Kindheit als geschützter Raum existiert in diesem Fall nicht mehr. Es ist schwer abzuschätzen, ob das negative Auswirkungen auf den Einzelnen und/oder die Gesellschaft haben wird. Gehe ich aber rein nach meinem alltäglichen Erziehungsverstand, möchte ich von meinem Sohn in der zweiten Klasse eigentlich nicht gefragt werden, was der Unterschied zwischen Sodomie und Sadomasochismus ist.

Sicher ist, dass die Kinder und Jugendlichen von heute nicht daran vorbei kommen werden, sich mit dem Netz vertraut zu machen und damit einigermaßen umgehen zu können. Ich denke, dass dies kein Stressfaktor für Eltern zu sein braucht, denn normalerweise kommt die Begegnung mit dem Medium früh genug und das alltagsnotwendige Handwerkszeug fürs Netz ist relativ schnell zu erlernen.

Das Netz – ein Hilfsmittel in der Firmvorbereitung

Es gibt – grob zusammengefasst – drei Nutzungsmöglichkeiten des Internet, die bisher verbreitet praktiziert werden:

Selbstdarstellung
Indem eine Person oder eine Gruppe versucht, sich selbst im Netz und damit weltweit darzustellen, ist sie gezwungen über sich selbst zu reflektieren. Folgende Fragen sind dabei zu bedenken:

Was will ich mitteilen von mir oder uns? Was nicht? Wen könnten welche Inhalte interessieren? Habe ich eine Botschaft? Wie will ich mich darstellen? Was kann ich der Öffentlichkeit anbieten? Wie sollte meine Darstellung passend gestaltet sein?

Die Selbstdarstellung kann auch der Darstellung eines Themas untergeordnet sein. Es ist dann zu klären: Was ist mein Anliegen? Will ich nur informieren oder will ich Meinungen abfragen? Suche ich den Dialog? Gibt es Möglichkeiten, mich zu erreichen? Wie muss ich mein Thema aufbereiten, dass es sinnvoll ist und auf Interesse stößt?

In beiden Fällen wäre es denkbar, dass sich eine interessierte Firmgruppe zusammentut, um einen thematischen oder einen selbstdarstellerischen Internet-Auftritt zu gestalten. Jugendliche, die technisch dazu in der Lage sind, dürften nicht allzu schwer aufzufinden sein.

Der pädagogische Effekt liegt dabei nicht im Erlernen der Technik der Homepage-Gestaltung, sondern im Reflexions- und Diskussionsprozess in der Gruppe, welcher der Seitengestaltung vorausgeht oder sie zumindest begleitet.

Informationsbeschaffung oder Recherche

Nahezu jedes Thema ist im Internet mit mehr oder weniger großem Erfolg recherchierbar. Mit etwas Kenntnis und Fantasie findet man über geeignete Suchmaschinen interessante Seiten und von dort aus links (Verweise) auf andere Seiten usw. Eine Firmgruppe kann hier z. B. über Religion in der Werbung, christliche Kunst, Jesus Christus, andere Religionen recherchieren. Viele brauchbare Vorschläge finden sich in Andreas Mertin, Internet im Religionsunterricht.[1] Die Recherche im Netz gestaltet sich je nach Thema sehr unterschiedlich und ist auch unterschiedlich ergiebig. Auf jeden Fall ist der Suchprozess interessant und spaßig. Denn man findet am Wegrand viel Interessantes, das man eigentlich nicht gesucht hat, das aber auch ganz spannend ist.

---

1 Ausführliche Besprechung des Buches am Ende dieses Beitrags. Auch das Infoblatt der Fachstelle für Medienarbeit „medien-aktuell", das zweimonatlich erscheint und kostenlos beziehbar ist, stellt neue Web-Seiten vor. Misereor hat die Nummer 38/Juli 2000 seines Lehrerforums dem Thema „Internet im Themenfeld Dritte Welt/Eine Welt" gewidmet.

Kommunikation
Das Internet ist ein Kommunikationsmedium. Es bietet sich daher an, das Netz zur Kommunikation mit anderen Menschen oder Gruppen zu benutzen, um etwas über sie zu erfahren und etwas über sich selbst mitzuteilen. Bei solchen Projekten gehört allerdings ein wenig Vorbereitung dazu. Denn erstens muss ein geeigneter Partner gefunden werden und zweitens ist Kommunikation, die sich über den „Mir geht es gut. Wie geht es dir?"-Standard nicht deutlich hinaus bewegt, auf die Dauer nicht besonders spannend. Wer eine sinnvolle Kommunikation mit anderen aufbauen will, braucht Themen, Formen, Inhalte und Zielsetzungen. Misereor vermittelt Projektpartnerschaften als E-Mail-Partnerschaften mit Jugend- oder Schulprojekten im Süden. (Anfragen unter PPS@misereor.de) Beispiele für Partnerschaften im und über das Netz sind auch im Internet zu betrachten: http://www.members.aol.com/kighbrands99/ (Schulpartnerschaft zwischen einer kolumbianischen Schule und einem Dritte-Welt-Laden in einer deutschen Schule) und http://www.amistad.soco.net/index.htm (Dokumentation der E-Mail-Partnerschaft einer deutschen Grundschule mit einem bolivianischen Kinderheim).

Das Netz – Ein Thema der Firmvorbereitung

Wenn wir an jenes erste Pfingsten denken, an dem der Geist Gottes über die Apostel kam und sie in allen Zungen redeten, dann ist schon deutlich, dass ein weltweites Kommunikationsmedium wie das Internet auch ein Thema der Firmvorbereitung sein kann. Wird uns das Internet zu mehr Verständigung und damit zu mehr Frieden und Gerechtigkeit unter den Menschen verhelfen? Oder ist es nur ein gigantischer Supermarkt mit allerlei (un)nützlichen Waren (nicht zuletzt der Ware Information)? Ist das Netz ein Weg, die Gemeinschaft unter den Menschen zu fördern, oder wird es die Menschen durch virtuelle Pseudo-Gemeinschaften noch weiter vereinsamen? Wird es die armen und reichen Länder dieser Welt tatsächlich einander näherbringen oder werden die einen ihren technischen und informationellen Vorsprung auf Kosten der anderen noch weiter ausbauen?

Ein Filmbeispiel
Der fünfminütige Animationsfilm „Netsurfer"[2] ist ein idealer Anspielfilm für eine Diskussion über diese Themenbereiche: Ein Junge schleicht sich nachts heimlich an den Computer und beginnt zu surfen. Das Gerät zieht ihn hinein und er surft als digitalisierte Figur durch Cyberwelten, Kaufhäuser, Erotikmärkte, Dino-Landschaften usw. Als er von der Highway-Polizei verfolgt wird und wieder aus dem Computer entkommen will, schaltet seine Mutter das Gerät ab.

Verschollen im Netz – gibt es so was?
Der Film deutet vieles an von Cyberwelten: Versprechungen, Verlockungen, Gefahren. Er tut dies in einer dem Inhalt äußerst angemessenen Form. Verliert sich der Mensch nicht in dieser Vielzahl der Angebote? Ist das Netz das, was uns unserem Menschsein wirklich näher bringt? Inwieweit ist nicht auch mein bisheriges Leben schon ein unverbindliches Surfen in verschiedenen Angeboten. Kann und will ich mich auf etwas festmachen? Kann das christliche Angebot, kann dieser Jesus etwas sein, worin und worauf ich mein Leben festmache?

Diese Fragen deuten das Spektrum der Interpretations- und weiteren Diskussionsthemen an. Dabei ist dieser Prozess sicher nicht in zwanzig Minuten abzuhandeln. Im Sinne einer korrelativen Didaktik beginnt das Gespräch bei der Erfahrungswelt der Teilnehmer und sucht von dort aus den Glauben zu interpretieren und zu deuten.[3] Das darf nicht überstürzt werden mit der scharfen Jesuskurve nach den ersten kurzen Gesprächen.

Eine Reflexion über das Internet und das Nutzerverhalten der modernen Menschen kann vieles deutlich machen über moderne Kommunikation, modernen Lebensstil, Leben im Mangel und Überfluss, aber auch über Vielfalt, Toleranz, Umgang mit Fremdem usw. Wenn die Jugendlichen keine eigenen Netz-Erfahrungen mitbringen, ist es sinnvoll, sie durch eine „Surf-Stunde" mit dem Medium vertraut zu machen, oder sie zumindest auf einen

---
2 Vgl. die Besprechung des Films am Ende dieses Beitrags.
3 Zum katechetischen Deutungsprozess vgl. Claudia Hofrichter, Welch ein Alltag! – Big Brother und die Firmgruppe. Vom (un)spektakulären Erleben in der Katechese: in diesem Buch 55-59.

vergleichbaren Stand zu bringen. Das werden gerne diejenigen aus der Gruppe übernehmen, die sich schon im Netz auskennen. Ein sogenanntes Internet-Cafe, also ein Begegnungsraum mit kalten Getränken und heißen Rechnern, ist ohnehin eine Überlegung wert. Einige Kirchengemeinden haben schon Internet-Cafes eingerichtet. Für andere wäre es vielleicht eine Überlegung, so etwas für die Dauer der Firmvorbereitung provisorisch einzurichten und anzubieten. Das ist mindestens so interessant wie ein Billard-Tisch oder ein Tisch-Kicker. Der Vorteil besteht darin, dass das Internet in solchem Ambiente nicht nur individuell genutzt wird, sondern sich oft spontane Gespräche und Diskussionen unter den Anwesenden ergeben. Das könnte ein zwangloser und sinnvoller Treff- und Austauschpunkt für die Jugendlichen werden.

Literatur und Filme

Andreas Mertin: Internet im Religionsunterricht, Vandenhoeck und Ruprecht, Göttingen 2000, 186 Seiten
Ein interessantes Buch mit vielen Vorschlägen, Adressen, Hinweisen und Tipps, die auch außerhalb des Unterrichts in der Firmvorbereitung gut verwendet werden können. Das Kapitel I Grundlagen und III Möglichkeiten und Risiken des Internet – ein Unterrichtsentwurf für die Sekundarstufe II, bieten Informationen und Anregungen, um sich selbst mit dem Thema Internet zu beschäftigen, oder das Internet zum Thema in der Firmvorbereitung zu machen.

Harald G. Grieser, Christine Mcready, Lernorte im Internet, Verlag an der Ruhr, aktualisierte Ausgabe 1998, 95 Seiten
Dieses Buch bietet allerlei interessante und uninteressante Internet-Adressen mit Darstellung der (zuweilen leider etwas aussagelosen) home-page und einer kurzen Beschreibung des Angebots. Da die letzte Überarbeitung 1998 erfolgte, ist einiges schon nicht mehr aktuell. Eine Neuauflage abwarten.

Bettina Grabis, Günter W. Kienitz, So geht's: Meine Homepage,
moses Kinderbuchverlag, Kempen 2000, 102 Seiten
Praktische Anleitung zu Erstellung einer eigenen Homepage. Mit einer Vielzahl von Befehlen und Möglichkeiten ist das Werk auf den ersten Blick nicht „kinderleicht" und erfordert schon eine größere technische Begeisterung, um sich damit auseinander zu setzen.

Misereor Lehrerforum, „Internet im Themenfeld Dritte Welt /
Eine Welt", Nr. 38 Juli 2000, 8 Seiten
Eine wertvolle Hilfe mit Adressen und Tipps zum Themenbereich. Unbedingt anfordern. Bezugsadresse: Bischöfliches Hilfswerk Misereor e.V., Mozartstr. 9, 52064 Aachen.

medien aktuell
Die Fachstelle für Medienarbeit gibt ein zweimonatlich erscheinendes Infoblatt mit Filmbesprechungen, Terminen, Publikationshinweisen, interessanten Internetadressen etc. heraus, das kostenlos abonniert werden kann.
Adresse: Fachstelle für Medienarbeit der Diözese Rottenburg-Stuttgart, Sonnenbergstr. 15, 70184 Stuttgart, Fon 0711 16463 Fax 0711 1646444
E-Mail: fm@drs.de, homepage: http://www.drs.de/kvorort/fm

Netsurfer
BRD 1996, Bodo Keller, 5 Min., F, Kurzspielfilm, ab 12 J.
Nachts schleicht sich ein Junge zum Computer und startet trotz des bildschirmfüllenden Appells „warning" zu einer Surftour durch virtuelle Realitäten. Sie führt ihn durch die Standartszenerie der einschlägigen Spiele, durch Kulissen von Spielfilmen und Fernsehserien. Zur virtuellen Medienwirklichkeit gehört auch eine „jugendfreie" Stippvisite im Cybersex-Milieu. Für „action" sorgt eine klassische Verfolgungsjagd durch die Polizei.
Am Anfang und am Ende kommt die „reale" Realität ins Spiel: So wie der Junge den Computer eingeschaltet hat und in ihn hineingezogen wird, so wird er am Schluss nicht mehr freigegeben, sondern durch das ahnungslose Abschalten des Geräts seitens der Mutter darin festgehalten – oder mit Spielende zerstört?

Matrix
VHS:0907
USA 1999, Larry und Andy Wachowski, 131 Min., F, Spielfilm, ab 16 J.

Der neue Film des Brüderpaars Wachowski präsentiert Keanu Reeves in der Rolle des Computerexperten Thomas Anderson, der unter seinem Hackernamen Neo zur letzten Hoffnung der Menschen aufsteigt. Denn die Welt, so wie wir und Neo sie zu kennen glauben, ist nichts als ein abgefeimtes Computerprogramm, „die Matrix", mit dem herrschsüchtige Maschinen den Menschen und ihren fünf Sinnen Realität vorgaukeln. Die Wahrheit sieht anders aus: Tatsächlich befinden wir uns auf der verwüsteten Erde des 22. Jahrhunderts, auf der alle Menschen zu den Energie-Lieferanten der Maschinen geworden sind, die ihren „Batterien" dafür das normale Leben von 1999 vorgaukeln.

Nur Morpheus (Laurence Fishburne), der Neo die Augen öffnet, leistet mit seinen wenigen Getreuen auf seinem Raumschiff Widerstand und versucht, die Matrix und damit die Macht der maschinellen Besatzer zu zerstören. Mit seinen Freunden pendelt Morpheus zwischen der Realität und der Matrix.

Der Film ist ein intelligenter Action-Film, der nicht umsonst erst ab 16 Jahren freigegeben, also eher für ältere Firmlinge geeignet ist. Die Figur des Neo hat viele messianische Züge an sich. Er ist der ersehnte „Erlöser". Aber das ist nur eine Interpretationsschiene des Films. Auf der anderen Seite stellt er die Frage nach der Wirklichkeit. Ist es denkbar, dass sich Realität und Scheinwelt derart vermischen? Gibt es dafür schon Zeichen in der heutigen Netz-Welt?

Claudia Hofrichter / Barbara Strifler

Nur in der zweiten Reihe?!
Mütter und Väter in der Firmvorbereitung

„Bei uns sitzen Sie in der ersten Reihe!" – wirbt ein deutscher Fernsehsender.

Wie klingt dieser Slogan, wenn er für die Firmvorbereitung ausgerufen wird? Welche Bedingungen müssen erfüllt sein, dass Mädchen und Jungen, Mütter und Väter sowie ehrenamtliche MitarbeiterInnen sich davon angesprochen fühlen? Sollen sie das überhaupt?

Für die Jugendlichen beanspruchen wir selbstverständlich, dass sie in der ersten Reihe sitzen. Wir haben eine Botschaft für die Jugendlichen, wir haben ein Angebot, nämlich den christlichen Glauben als Deutung für ihr Leben zu prüfen.

Ehrenamtliche MitarbeiterInnen möchten wir für bestimmte Aufgaben gewinnen. Damit das gelingt, müssen wir ihnen etwas bieten. Die besten Plätze gehören auch ihnen, wenn es darum geht, sie zu begleiten, zu unterstützen und ihnen selber eine spirituelle Entwicklung zu ermöglichen.

Bleiben die Eltern: Sitzen sie auch auf den besten Plätzen?

Der Sinn von Elternkontakten anlässlich der Firmvorbereitung wird immer neu diskutiert:
- Sollen eine Mutter oder ein Vater die Firmgruppe des eigenen Kindes begleiten? Sollen überhaupt Mütter und Väter der Jugendlichen eine Gruppe begleiten?
- Soll es eigene erwachsenenkatechetische Angebote für Eltern geben?
- Oder genügt ein informeller Kontakt, damit Eltern aus erster Hand erfahren, wie die Firmvorbereitung ihres Sohnes / ihrer Tochter sich gestaltet?
- Sollen Eltern zu Hause mit ihren Jugendlichen ein Gespräch führen im Sinn einer Familienkatechese?

Welchen Platz haben Mütter und Väter in der Firmvorbereitung?

Irgendwo zwischen unerwünscht, dringend gesucht und herzlich eingeladen? In welcher Reihe sitzen sie und wer setzt sie wohin? Wer möchte in welcher Reihe Platz nehmen? Wer hat welches Interesse?

Jugendliche, Eltern, ehrenamtliche und hauptberufliche MitarbeiterInnen in der Diözese Rottenburg-Stuttgart wurden nach ihrer Meinung gefragt. Bei der Umfrage wurden zwei Fragen gestellt.

> A. Wie denkst du / wie denken Sie über die Mitwirkung von Müttern und Vätern in der Firmvorbereitung?
>
> B. Soll es deiner / Ihrer Meinung nach für Mütter und Väter spezielle katechetische Angebote geben?

Eine repräsentative Auswahl der Meinungen (O-Ton) wird im Folgenden vorgestellt. Daran schließen sich Beobachtungen und Herausforderungen an.

Was man alles hört

A. Wie denkst du / wie denken Sie über die Mitwirkung von Müttern und Vätern in der Firmvorbereitung?

> *Moritz, 14 Jahre:*
> „Das habe ich meinen Alten gleich gesagt, die sollen bloß nicht auf die Idee kommen, sich beim Elternabend als Firmgruppenleiter zu melden. Das wäre ja voll peinlich!"
>
> *Katharina, 16 Jahre:*
> „Dass meine Mutter bei der Firmvorbereitung mitgemacht hat, das fand ich schon o.k. Aber in ihre Gruppe zu gehen, ne, das wäre nix gewesen."
>
> *Nicole, 15 Jahre:*
> „Eltern in der Firmvorbereitung finde ich nicht so toll. Jüngere sind da schon besser, die sind einfach lockerer drauf. Obwohl, die Firmgrup-

penleiterin, die wir hatten, die war eigentlich schon klasse."

Frau M. (Mutter):
Nein, eine Firmgruppe übernehmen, das wollte ich nicht. Ich kämpfe ja schon genug mit meinem Sohn. Seine Pubertät macht mir schon zu schaffen. Da tu ich mir doch nicht gleich mehrere davon an. Außerdem bin ich dafür nicht ausgebildet. Das sollen doch die machen, die das gelernt haben und dafür auch bezahlt werden. Ich zahle ja auch meine Kirchensteuern."

Herr P. (Vater):
„Bei der Firmvorbereitung mitzumachen, das könnte ich mir vielleicht schon vorstellen, aber ich bin beruflich so eingespannt, das schaffe ich nicht auch noch."

Frau T. (Mutter):
„Mir hat die Firmvorbereitung selber viel Spaß gemacht. Für mich war das eine gute Gelegenheit, mit Kirche wieder mehr Kontakt zu bekommen. Und irgendwie bin ich durch den Austausch mit den Jugendlichen und im Firmteam auch mit meinen eigenen Fragen ein Stück weitergekommen."

Frau L. (Ehrenamtliche):
„Die Erfahrung im Umgang mit anderen Jugendlichen kann den Eltern mehr Verständnis im Blick auf ihre eigenen Kinder ermöglichen."

Herr F. (Ehrenamtlicher):
„Eltern haben, auch wenn ihre Kinder langsam groß werden, immer noch eine religiöse Erziehungspflicht und Vorbildfunktion. Die Mitarbeit in der Firmvorbereitung ist ein Weg, diese wahrzunehmen."

Pastoralreferentin H.:
„Mit der Taufe haben die Eltern auch eine Verpflichtung zur religiösen Erziehung übernommen. Die können sie nicht einfach auf andere abschieben, weder auf Hauptberufliche noch auf Ehrenamtliche."

Pfarrer S.:
„Ich rate immer davon ab, dass Eltern die Firmgruppe leiten, in der die eigene Tochter, der eigene Sohn ist. Es kann aber für Jugendliche,

die sich mit ihren eigenen Eltern gerade schwer tun, eine wichtige Erfahrung sein, Erwachsenen im Alter ihrer Eltern zu begegnen, mit denen sie reden können. Vielleicht ist das auch ein kleiner Beitrag, um die Sprachlosigkeit zu Hause zu überwinden."

Gemeindereferent K.:
„Für die Eltern kann die Mitarbeit in der Firmvorbereitung eine doppelte Chance sein: zum einen kommen sie in ihrem eigenen Glauben weiter, zum anderen können sie vielleicht durch den Kontakt mit anderen Jugendlichen ihre eigenen Kinder besser verstehen und so einen besseren Draht zu ihnen bekommen."

Gemeindereferentin E.:
„Erwachsene und ganz besonders Mütter und Väter finden gerade in diesem Alter, trotz aller Anstrengung, häufig keinen Draht zu den Jugendlichen. Leichter geht es da mit jungen Erwachsenen oder anderen Jugendlichen."

B. Soll es deiner / Ihrer Meinung nach für Mütter und Väter spezielle katechetische Angebote geben?

Moritz, 14 Jahre:
„Ich finde nicht, dass es während der Firmvorbereitung irgendwas extra für Eltern geben muss. Ist ja schließlich unsere Firmung und nicht Sache der Eltern."

Nicole, 15 Jahre:
„Na wenn die das unbedingt wollen, mich stört das nicht."

Frau M. (Mutter):
„Einen Informationsabend zur Firmvorbereitung finde ich schon wichtig. Schließlich will ich wissen, wie das so läuft mit der Firmvorbereitung. Zu meiner Zeit war das ja alles ganz anders."

Herr P. (Vater):
„Ich habe neulich mal in das Firmbuch meines Sohnes reingeschaut. Manche von

den Themen würden mich schon auch interessieren. Vielleicht könnte man ja mal was zusammen machen."

Frau B. (Mutter):
„Firmvorbereitung und Firmung ist allein Sache meines Sohnes."

Frau W. (Mutter):
„Wie man Glaube in der Familie leben kann, dazu hätte ich schon gerne mal ein paar Tipps. Mein Mann ist evangelisch und hat mit Gottesdienst nicht viel am Hut. Und wenn ich meinem Sohn vorschlage, er könnte doch jetzt während der Zeit der Firmvorbereitung auch mal sonntags in die Kirche gehen, da höre ich nur: Kein Bock!"

Frau L. (Ehrenamtliche):
„Die Firmvorbereitung kann für Eltern ein Anlass sein, sich selber wieder mit dem eigenen Glauben zu beschäftigen. Es sollten aber nicht zu viele Angebote sein, sonst fühlt man sich schnell überfordert; vielleicht ein bis zwei Abende."

Gemeindereferent K.:
„Wenn die Firmvorbereitung in die Zeit der Pubertät fällt, dann tut es Eltern gut, einen Ort zu haben, wo sie über ihre Schwierigkeiten mit ihren heranwachsenden Kindern sprechen können. Egal, ob das jetzt Erziehungsfragen sind oder Glaubensfragen."

Pastoralreferent D.:
„Firmung ist auch für die Eltern ein Lebenseinschnitt: Sie müssen lernen, ihre Kinder mehr und mehr loszulassen. Dabei entstehen Fragen und Unsicherheiten: In welche Zukunft entlasse ich meine Tochter / meinen Sohn? Wird er / sie im Leben zurechtkommen? Erwachsenenkatechetische Angebote im Rahmen der Firmvorbereitung können Eltern Deutehilfen für diesen biographischen Wendepunkt in der Beziehung zu ihren Kindern anbieten."

Pfarrer D.:
„Mütter und Väter müssen als Erstverantwortliche für die Erziehung ihrer Kinder ernst genommen werden. Ein Minimum an Information über die Firmvorbereitung ist

deshalb nötig; das kann ein Informationsabend oder auch ein Elternbrief sein."

Gemeindereferentin E.:
„Natürlich ist die Firmung die Entscheidung der Jugendlichen. Aber vor allem jüngere Jugendliche (13–14 Jahre) können sich dem immer noch vorhandenen Erwartungsdruck der Eltern „klar lässt du dich firmen" nicht entziehen. Deshalb ist der Kontakt auch zu den Eltern wichtig. Viele Eltern sagen noch: Firmung gehört dazu. Ausländische Eltern legen besonderen Wert auf die Firmung. Auf diese Weise kann ich den Jugendlichen in ihrer eigenständigen Entscheidung den Rücken stärken."

Pfarrer S.:
„Mütter und Väter müssen durch Angebote im Rahmen der Firmvorbereitung ihrer Kinder Gelegenheit haben, einen eigenen Zugang zur Firmung zu bekommen. Denn es ist vor allem bei jüngeren Jugendlichen so: Wenn Eltern nicht dahinter stehen, dann fällt es den Jugendlichen noch schwerer, sich darauf einzulassen und durchzuhalten. Ohne den Rückhalt von zu Hause sind sie in diesem Alter überfordert."

Pfarrer R.:
„Ich biete ganz bewusst nichts für Eltern an. Firmung und die Vorbereitung dazu ist allein Sache der Jugendlichen. Ich möchte sie als eigenständige Persönlichkeiten ernst nehmen und nicht als Anhängsel ihrer Eltern."

Pastoralreferent T.:
„Manche Eltern nehmen die Firmvorbereitung ihrer Kinder zum Anlass, sich selbst wieder mehr mit religiösen Fragen zu beschäftigen. Dieses Interesse muss man aufgreifen."

Beobachtungen und Herausforderungen

A. Mütter und Väter als MitarbeiterInnen in der Firmvorbereitung

Jugendliche akzeptieren und schätzen Eltern in der Firmvorbereitung. Dabei legen sie Wert darauf, als eigenständige Personen, unabhängig von ihren Eltern wahrgenommen zu werden. Sie wollen nicht als „Tochter/ Sohn von N.N." gesehen werden. Jugendliche wünschen sich von Eltern wie von anderen Erwachsenen Geduld, Verständnis und – im Konfliktfall – eine faire Auseinandersetzung.

Herausforderungen
Die Jugendlichen bestätigen die Annahme von hauptberuflichen MitarbeiterInnen und Eltern, dass gut abzuwägen ist, ob ein Elternteil Firmkatechetin eines eigenen Kindes sein soll. Eltern und Jugendliche können in einem gemeinsamen Gespräch klären, was ihnen und ihrer Beziehung zueinander entgegenkommt.

Sind Eltern als FirmgruppenleiterInnen tätig, braucht es im FirmkatechetInnenteam die Vereinbarung, wie damit umgegangen wird, wenn die Rede auf die eigenen Kinder kommt. Ein Lob über das eigene Kind hört jede/r gern, aber was ist, wenn ein Vorfall war, mit dem der/die KatechetIn nicht zurecht kommt? Weil z.B. der/die Jugendliche einen Konflikt ausgelöst hat, bei dem der/die KatechetIn nicht weiter wusste und den er/sie als Fallbeispiel zur Beratung einbringen möchte. Oder weil ein/e Jugendliche/r ein Problem hat, das weitreichende Konsequenzen nach sich zieht. Selbstverständlich dürfte die Vereinbarung sein, dass über die eigenen Kinder nicht „unnötig" gesprochen wird.

Sichtweisen von Eltern, hauptberuflichen und ehrenamtlichen MitarbeiterInnen
Die Meinungen von Mütter und Vätern und die Überlegungen von hauptberuflichen MitarbeiterInnen und ehrenamtlich mitarbeitenden Nicht-Eltern sind sehr unterschiedlich:
Mütter und Väter sind unter bestimmten Voraussetzungen zur Mitarbeit in der Firmvorbereitung bereit. Sie wägen dabei ihre ei-

genen Interessen ab. Die eigenen Fragen müssen einen Ort bekommen, wo sie besprochen und geklärt werden können. Wo Eltern durch die Firmvorbereitung einen eigenen Zuwachs an Glaubenswissen, an Kompetenz in Gesprächsführung und Leitung usw. erfahren, wächst die Motivation zur Mitarbeit. Darüber hinaus ist zu beobachten, dass familiäre und berufliche Belastungen (z.B. Pflege eines Angehörigen, Wochenendehe, beruflicher Wiedereinstieg) auch interessierten Eltern die Entscheidung zu einer ehrenamtlichen Mitarbeit schwer machen.

Eltern stehen immer wieder in der Spannung zwischen eigenen Erwartungen und den Erwartungen von hauptberuflichen MitarbeiterInnen und ehrenamtlich mitarbeitenden Nicht-Eltern. Eltern, die mitmachen wollen, sind einerseits willkommen, andererseits kann es ihnen passieren, dass ihre Mitarbeit gar nicht so gern gesehen wird (vgl. Pfarrer S.). Für diejenigen, die mitmachen, entsprechen die Rahmenbedingungen häufig nicht genug ihren Möglichkeiten. Dies ist ihnen mit ehrenamtlichen Nicht-Eltern gemeinsam. Machen Eltern nicht mit, handeln sie sich unter Umständen den Vorwurf ein, ihren Pflichten nicht nachzukommen.

Ehrenamtliche Nicht-Eltern möchten nicht als Lückenbüßer für diejenigen Eltern eingefordert werden, die ihre religiöse Erziehungsaufgabe ihren Kindern gegenüber nicht wahrnehmen können oder wollen.

Herausforderungen
Die Interessen aller Beteiligten einerseits und gegenseitige Vorbehalte andererseits brauchen den klärenden Dialog. Es muss deutlich werden, dass Nicht-Eltern kein Ersatz für Eltern sind und umgekehrt. Die Motivation für das ehrenamtliche Engagement von Eltern und Nicht-Eltern ist deshalb im Vorfeld der Mitarbeit zu klären. Auch die hauptberuflichen MitarbeiterInnen sind gefordert, transparent zu machen, weshalb sie wen wozu gewinnen möchten. Das ist zeitintensiv, jedoch klärt Transparenz rechtzeitig und mindert die Konfliktanfälligkeit. Konkurrenzen und missgünstiges Denken können so vermieden werden.

Wo mehrere Eltern als FirmgruppenleiterInnen tätig sind, erfahren sie viel darüber, wie die Firmgruppentreffen ihrer Kinder verlaufen. Es ist von hauptberuflicher Seite darauf zu achten, dass daraus unter den Eltern keine Konkurrenzsituation entsteht.

Die Umfrage hat auch gezeigt, dass die Bereitschaft zur Mitarbeit von Eltern und Nicht-Eltern dann steigend ist, wenn die Möglichkeiten zur Mitarbeit differenziert sind. Nicht jeder muss gleich eine Firmgruppe leiten. Das Angebot, einen Fahrdienst zu übernehmen, für ein Fest Kuchen zu backen oder bei einem Wochenende eine Teilaufgabe zu übernehmen, ist ein ebenso wichtiger Beitrag zum Gelingen der Firmvorbereitung.

Grundsätzlich gilt: erst Bereitschaften abfragen und Talente entdecken, dann Aufgaben verteilen.

Für die hauptberuflich Verantwortlichen besteht eine Hauptaufgabe darin, günstige Rahmenbedingungen für ehrenamtliche Mitarbeit zu schaffen. Dies kann Konsequenzen für das vorgesehene Modell der Firmvorbereitung haben. Das Konzept muss zu den Rahmenbedingungen passen. Umfang und Dauer der ehrenamtlichen Tätigkeit müssen genau abgesprochen sein. Je klarer die Vereinbarung ist, desto eher wächst die Bereitschaft zu ehrenamtlicher Mitarbeit. Ehrenamtliche haben ein Recht auf eine qualifizierte und kontinuierliche Begleitung. Diese muss gewährleistet sein.[1] Die Regeln für ehrenamtliche Mitarbeit sind deutlich in den Blick zu nehmen.[2]

---

1 Vgl. zum Ganzen: Ehrenamtliche Mitarbeit in Kirche und Gemeinde: Leitfaden für die Diözese Rottenburg-Stuttgart. Konzepte Nr. 2/Dezember 1997; Ehrenamtliche und Gemeindekatechese: Materialbrief Gemeindekatechese 2/95 (Beiheft zu den Katechetischen Blättern). Themenheft „Ehrenamtliche": LS 50 (1999) H.3; Gemeindekatechese im Gespräch: Zur Organisation der Katechese in Seelsorgeeinheiten. Eine Handreichung für hauptberufliche pastorale Dienste und ehrenamtliche MitarbeiterInnen in der Gemeindekatechese, Hg. Institut für Fort- und Weiterbildung der Diözese Rottenburg-Stuttgart in Kooperation mit der HA IVa - Pastorale Konzeption, Rottenburg 2000, bes. Kapitel 4 und 6. (Bestelladresse: Institut für Fort- und Weiterbildung, Postfach 9, 72101 Rottenburg).
2 Vgl. dazu Claudia Hofrichter/Barbara Strifler, Darf's auch ein bisschen mehr sein? Ehrenamtliche Mitarbeiterinnen und Mitarbeiter in der Firmvorbereitung: in diesem Buch 165-175.

B. Mütter und Väter als Adressaten katechetischer Angebote anlässlich der Firmvorbereitung

Sichtweise von Jugendlichen
Erwachsenenkatechetische Angebote haben aus Sicht der Jugendlichen nichts mit ihrer Firmvorbereitung zu tun. Auch hier zeigt sich also der Wunsch Jugendlicher, unabhängig von ihren Eltern wahrgenommen zu werden.

Herausforderungen
Katechetische Angebote für Eltern müssen so transparent gestaltet sein, dass die Jugendlichen sich als eigenständige Personen unabhängig von ihren Eltern wahrgenommen fühlen. Klassische Elternabende zur Firmvorbereitung – ohne die Jugendlichen – vermitteln unter Umständen eher das Gefühl eines Erwachsenenbündnisses, bei dem die Jugendlichen außen vor bleiben.[3]

Eine gute Möglichkeit besteht darin, Eltern und Jugendliche zu einem gemeinsamen Angebot einzuladen. Dies kann zum Beispiel ein Begegnungsabend[4], eventuell zusammen mit den Patinnen und Paten, sein, ein eigener Gottesdienst oder eine Outdoorveranstaltung. Solche familienkatechetischen Angebote können ein Schritt gegen die häufig anzutreffende Sprachlosigkeit zwischen Jugendlichen und Eltern sein.

Sichtweisen von Eltern, ehrenamtlichen und hauptberuflichen MitarbeiterInnen
Mütter und Väter haben unterschiedliche Interessen an Kontakten. Für viele ist eine Grundinformation über die Firmvorbereitung ausreichend. Dies können sie sich in Form eines Informationsbriefes oder Informationsabends vorstellen. Im Blick auf

---

3 Dies betrifft auch die Art und Weise wie Jugendliche und Eltern über die Firmvorbereitung informiert werden. Durch die Einladung zu einem gemeinsamen Informationsabend für Eltern und Jugendliche oder durch einen gemeinsamen Informationsbrief werden die Jugendlichen in ihrer wachsenden Eigenverantwortlichkeit ernst genommen.
4 Vgl. den Beitrag von Barbara Strifler, in: Claudia Hofrichter/ Barbara Strifler, Firmvorbereitung mit Esprit, Praxismodelle, Stuttgart 2001. Vgl. Claudia Hofrichter u.a., Ich glaube. Handreichung zur Firmvorbereitung. Neuausgabe, München 2001.

katechetische Angebote sind sie eher zurückhaltend ohne diese generell anzulehnen.

Ehrenamtliche mitarbeitende Nicht-Eltern sehen die Möglichkeit zur Auseinandersetzung mit eigenen Glaubensfragen, weisen aber auch deutlich darauf hin, dass Eltern sich von katechetischen Angeboten schnell überrollt sehen könnten.

Hauptberufliche MitarbeiterInnen haben aufgrund ihrer Wahrnehmung von Eltern und ihrer Situation unterschiedliche Interessen. Es ergibt sich ein differenziertes Bild. Ein Minimum an Information ist sinnvoll; die Eigenständigkeit der Jugendlichen soll dabei gewahrt bleiben. Eltern, die selber aus Anlass der Firmvorbereitung suchen und fragen, müssen ein Angebot für sich finden können. Andere möchten die Eigenständigkeit der Jugendlichen stärken, indem sie Eltern Klärungen zu einzelnen Fragen ermöglichen (z.B. „Muss meine Tochter / mein Sohn gefirmt sein, um kirchlich heiraten zu können?"). Wieder andere betonen, dass der persönliche Zugang von Eltern zum Firmsakrament die Jugendlichen unterstützt, sich selber darauf einzulassen.

Grundsätzlich erscheinen erwachsenenkatechetische Angebote für Firmeltern sinnvoll. Sie sind jedoch klar abzugrenzen von Informationsveranstaltungen für Eltern.

Herausforderungen
Fällt die Entscheidung für Erwachsenenkatechese im Kontext der Firmvorbereitung, so erfordert dies ein differenziert angelegtes Angebot. Denn die Interessen sind vielfältig und können kaum mit einer bestimmten Angebotsform abgedeckt werden. Eine Gemeinde ist personell schnell damit überfordert. Auch bleiben die Zahlen der interessierten Eltern in einer Gemeinde oft zu klein für eine günstige Gruppengröße. Auf der Ebene der Seelsorgeeinheit sind die Ressourcen eher zu finden, sowohl was die Realisierung des Angebots seitens der Gemeinde als auch die TeilnehmerInnenzahlen betrifft.

Werden erwachsenenkatechetische Angebote für Firmeltern gemacht, sind die Zielsetzungen und Rahmenbedingungen zu klären. Folgende Fragen können erkenntnisleitend sein:

- Sollen Eltern neben den Jugendlichen als gleichgewichtige Zielgruppe gesehen werden, für die erwachsenenkatechetische Angebote gemacht werden?
- Soll es ein Angebot sein, das Eltern als Frauen und Männer mit ihren Themen und Fragen unabhängig von den Jugendlichen anspricht, oder werden sie als Mütter und Väter betrachtet, die sich mit dem Thema Firmung und verwandten Themen auseinandersetzen sollen?
- Wie klären wir die Interessen der Eltern zu Themen, Inhalten, Umfang und Methode der Angebote? Welche Mitsprachemöglichkeiten soll es geben?
- Geht es primär um ausdrücklich religiöse Themen (z.B. Wie heute glauben?) oder um pädagogische Hilfestellungen für „Eltern in der Pubertät"?

In welcher Reihe sitzen Eltern nun? Es bleibt, dazu einzuladen, den eigenen „Stuhl" zu entdecken und Platz zu nehmen.

Claudia Hofrichter / Barbara Strifler

Darf's auch ein bisschen mehr sein?
Ehrenamtliche Mitarbeiterinnen und Mitarbeiter in der Firmvorbereitung[1]

Ehrenamtliche Mitarbeit hat Konjunktur in Gesellschaft und Kirche. Ehrenamtliche MitarbeiterInnen gewinnen in den letzten Jahren zunehmend an offentlicher Aufmerksamkeit. Die Gesellschaft braucht ehrenamtliche Tätigkeit. Und die Sorge ist groß, ob auch in Zukunft noch genügend Menschen bereit sein werden, sich für das Allgemeinwohl zu engagieren. Zu beobachten ist eine Verlagerung des ehrenamtlichen Handelns. Nicht die Bereitschaft zu solidarischem Handeln hat abgenommen, jedoch hat sich der Ort des Handelns verlagert. Das Engagement in Bürgerinitiativen und Selbsthilfegruppen findet mehr Interesse als die traditionellen Verbände und Organisationen, denen man einen Verlust an Lebensnähe und ein hohes Maß an Expertentum bescheinigt. Dies scheint weniger attraktiv.[2]

Auch in den Kirchen werden empirische Untersuchungen angestellt, theologische Bestimmungen des Ehrenamts vorgenommen, Leitlinien veröffentlicht und motivierende Maßnahmen überlegt. Die Verantwortlichen in den Diözesen werden dabei nicht müde zu betonen, dass die Stärkung ehrenamtlicher Mitarbeit nicht primär von Sparzwängen und der Notwendigkeit, Personallücken zu füllen, bestimmt sei. Die Perspektive, Gemeindeleitung in neuen kooperativen Formen wahrzunehmen, und die Option, „Gemeinde als Trägerin der Seelsorge" zu verstehen, führt zu einer fast euphorischen Stimmung in Bezug auf die Bedeutung ehrenamtlicher Mitarbeiterinnen und Mitarbeiter. Die Wiederentdeckung von Taufe und Firmung sowie das gemeinsame Priestertum aller

---
1 Neubearbeitete Fassung des Artikels von Claudia Hofrichter, Sind wir jetzt für alles zuständig? Ehrenamtliche Mitarbeiterinnen und Mitarbeiter in der Gemeindekatechese: LS 50 (1999) 147-151.
2 Vgl. Karl Foitzik, Mitarbeit in Kirche und Gemeinde. Grundlagen, Didaktik, Arbeitsfelder, Stuttgart/Berlin/Köln 1998, 36.
3 Vgl. Lumen Gentium Art. 10 und 34.

Gläubigen durch das II. Vatikanische Konzil[3] wird als theologischer Grund zitiert, wenn in der Gemeindekatechese jedem einzelnen Christen die Kompetenz zum Glaubenszeugnis zugetraut und teils zugemutet wird. Nach wie vor hält auch die Rede „von der versorgten zur selbstsorgenden Gemeinde"[4] die Vision von der „Mitarbeit" vieler Ehrenamtlichen wach. Die strukturellen Veränderungen in den Diözesen aufgrund des Priestermangels leisten der Vermutung der „Priestermangelverwaltung" auf dem Rücken ehrenamtlicher Mitarbeit jedoch Vorschub.[5]

Dringend gesucht – Ehrenamtliche

Die nächste Firmvorbereitung steht an. Was sich dabei im Vorfeld abspielt, könnte so oder so ähnlich aussehen:

- Gemeindereferentin L. verbringt den Nachmittag – es ist bereits der dritte in dieser Woche – am Telefon. Vor ihr liegt eine Liste mit mehreren Namen. Die Telefonate verlaufen ähnlich. Ob sich Frau X oder Herr Y denn vorstellen könnte, in diesem Jahr bei der Firmvorbereitung mitzumachen. Ja, natürlich würden Sie auf die Aufgabe vorbereitet, es gäbe auch eine regelmäßige Begleitung durch die Gemeindereferentin. Am Ende jedes Telefonats ist Gemeindereferentin L. froh, wenn sie hinter den jeweiligen Namen wenigstens ein Fragezeichen setzen kann und ihn nicht gleich ganz ausstreichen muss. Frau X oder Herr Y wollen es sich nochmals überlegen und sich dann wieder melden.
- Frau M. überlegt sich, ob sie in diesem Jahr vielleicht doch mitmachen sollte. Die Erstkommunionvorbereitung ihres Sohnes

---

4 „Aus einer Gemeinde, die sich pastoral versorgen lässt, muss eine Gemeinde werden, die ihr Leben im gemeinsamen Dienst aller und in unübertragbarer Eigenverantwortung jedes einzelnen gestaltet.": Die pastoralen Dienste in der Gemeinde: Gemeinsame Synode der Bistümer in der Bundesrepublik Deutschland. Beschlüsse der Vollversammlung. Offizielle Gesamtausgabe I, Freiburg 1976, 602 (1.3.2.).
5 Johannes Spölgen bereits 1992: „Es ist ernsthaft zu fragen, wo die pastoralen Motivationen für eine Mitarbeit auch der vielen ehrenamtlichen Katecheten in der Gemeinde mehr zu suchen sind: in einer vertieften theologischen Sicht von kirchlichem Christsein oder in der pastoralen Notsituation.": Lkat 14 (1992) 46-49; 46.

vor sechs Jahren hat ihr eigentlich Spaß gemacht. Aber mit Jugendlichen ist das bestimmt sehr viel schwieriger als mit DrittklässlerInnen.
- Pfarrer N., leitender und einziger Pfarrer einer Seelsorgeeinheit mit vier Gemeinden, meldet sich bei Frau P. Ob sie in diesem Jahr die Verantwortung für die Firmvorbereitung in ihrer Gemeinde übernehmen könnte? Er wüsste ja schon jetzt nicht mehr, wo ihm der Kopf stünde. Ja, Material gäbe es im Pfarrbüro genug. Sie solle sich etwas heraussuchen.

Ehrenamtliche MitarbeiterInnen engagieren sich in der Firmvorbereitung auf vielfache Weise. Teils übernehmen sie bereits die Hauptverantwortung für die Katechese in einer Gemeinde. Angesichts struktureller Veränderungen in vielen Diözesen wird die Notwendigkeit, dass Ehrenamtliche in der Firmvorbreitung Verantwortung übernehmen, noch dringlicher werden. Das löst bei allen Beteiligten Druck aus. Um so wichtiger ist es, die Bedingungen zu klären, unter denen Ehrenamt gelingen und für alle Beteiligten als zufriedenstellend erlebt werden kann.

Wie Ehrenamt gelingt

In der Diözese Rottenburg-Stuttgart hat der Diözesanrat den Leitfaden „Ehrenamtliche Tätigkeit in Kirche und Gemeinde"[6] verabschiedet. Unter der Überschrift „Damit ehrenamtlicher Dienst vor Ort gelingt" werden Bedingungen genannt, die hier für die Firmvorbereitung durchbuchstabiert werden.

Aufgabenumschreibung
„Eine klare Aufgabenumschreibung ist eine wichtige Voraussetzung, um Mitarbeiter/innen ansprechen zu können. Was ist genau zu tun? Was wird erwartet? Welche Voraussetzungen sind gegeben, sind mitzubringen? Was erhalte ich an Unterstützung für meinen Dienst? Wer ist Ansprechpartner/in bzw. wer begleitet mich?"

---
6 Hg. Bischöfliches Ordinariat, Seelsorgereferat der Diözese Rottenburg-Stuttgart. Konzepte Nr. 2/ Dezember 1997 (dort zu beziehen: Postfach 9, 72101 Rottenburg). Alle folgenden Zitate ebd.

Frauen und Männer, die sich zu einer ehrenamtlichen Mitarbeit in der Firmvorbereitung bereit erklären, benötigen bereits im Vorfeld klare Absprachen. Geht es bei der erwünschten Mitarbeit um den Kochdienst beim Firmwochenende oder die regelmäßige Begleitung einer Firmgruppe? Welche Voraussetzungen braucht es für die jeweilige Aufgabe? Können Ehrenamtliche sich diese Voraussetzungen durch entsprechende Schulungen aneignen? Nicht alles kann im Firmteam „nachgelernt" werden.

Eine Gewinnung von Ehrenamtlichen in der Absicht „Hauptsache, ich habe überhaupt jemanden für die Firmgruppe" verunmöglicht verantwortliche Zusammenarbeit von ehrenamtlichen MitarbeiterInnen und hauptberuflichen pastoralen Diensten.

Als Grundregel gilt: Entstehen im Verlauf der Firmvorbereitung neue Aufgaben, die vorher nicht gesehen wurden oder abzusehen waren, sind diese neu zu vereinbaren bzw. anders oder mit anderen Ehrenamtlichen zu organisieren.

Zeitliche Vorgaben
„Wenn Ehrenamt freiwillig geleistet wird und mit beruflicher Tätigkeit und / oder familiären und haushaltlichen Pflichten in Einklang zu bringen ist, muss die zeitliche Beanspruchung klar sein."

Zur Aufgabenklärung im Vorfeld der Firmvorbereitung gehört auch eine klare zeitliche Umschreibung. Handelt es sich um einen einzelnen Nachmittag mit den Firmjugendlichen oder um ein mehrwöchiges Projekt? Was kommt neben der eigentlichen Aktion mit den Jugendlichen noch an Vorbereitungs- bzw. Nachbereitungszeit dazu? Je klarer Ehrenamtliche die auf sie zukommende zusätzliche zeitliche Belastung im Vorfeld abschätzen können, desto eher können sie sich für oder gegen die Übernahme einer Aufgabe entscheiden.

Erweist sich der geplante zeitliche Rahmen als nicht realistisch, müssen neue Vereinbarungen getroffen werden. Haben Ehrenamtliche keine weiteren Zeitressourcen zur Verfügung und können keine zusätzlichen MitarbeiterInnen gewonnen werden, muss das Firmkonzept entsprechend den vorhandenen zeitlichen Möglichkeiten geändert werden.

Als eine Grundregel gilt: Ehrenamt ist zeitlich begrenzt – auf die Gesamtdauer als auch auf die „Wochenarbeitszeit" hin gesehen. Man kann pausieren oder den Dienst beenden.

Austausch
„Ein regelmäßiger Austausch hilft, die unterschiedlichen Erfahrungen zu besprechen und zu verarbeiten."

Das regelmäßige Treffen der ehrenamtlichen MitarbeiterInnen in der Firmvorbereitung lässt Raum für Erfahrungsaustausch. Dieser ist zu trennen von der inhaltlichen Vorbereitung z.B. von Firmgruppentreffen. Die KatechetInnen berichten von ihren Erfahrungen in der Arbeit mit den Firmjugendlichen, von dem, was gelungen ist und von Schwierigkeiten; sie hören die Erfahrungen der anderen KatechetInnen. Der Austausch und das Miteinander in der Gruppe dienen der eigenen und gegenseitigen Vergewisserung und Stärkung: sich an dem freuen und mitfreuen, was gelungen ist; Frust und Misserfolg gemeinsam tragen. Der geschützte Rahmen einer kleineren Gruppe ermöglicht eigene Fragen und Unsicherheiten zu thematisieren. Durch den Erfahrungsaustausch können weiterführende Themen zutage treten. Berichten zum Beispiel mehrere FirmgruppenleiterInnen von der Schwierigkeit mit biblischen Texten in einer Gruppe zu arbeiten, kann dies in einem eigenen Fortbildungsangebot aufgegriffen werden.

Als Grundregel gilt: Der Erfahrungsaustausch ist auch für die Hauptberuflichen wichtig. Denn so wird der Auftrag der Ehrenamtlichen an den Dienst der Gemeinde rückgebunden und steht nicht isoliert neben anderen Diensten. Die Häufigkeit der Treffen orientiert sich an den Bedürfnissen und Möglichkeiten der Ehrenamtlichen.

Begleitung
„Ehrenamtliche ... haben Anspruch auf fachliche Unterstützung und Begleitung. Die Hauptberuflichen sind dabei als Ansprechpartner/in gefragt, die für den Dienst stützen und stärken. Dadurch kann auch einer Überforderung gewehrt werden, wenn eine Aufgabe spezifische Kompetenzen erfordert, oder es sich letztlich als notwendig erweist, dass eine Aufgabe mindestens teilweise von den Hauptberuflichen übernommen werden muss."

Je mehr Ehrenamtliche die Begabungen, die sie mitbringen, in ihr Engagement einbringen können, um so befriedigender werden sie ihre Tätigkeit erleben. Für die Firmvorbereitung bedeutet das: Ehrenamtliche werden nicht von Hauptberuflichen für bestimmte Aufgaben eingeteilt. In einem gemeinsamen Gespräch wird geklärt, wer welche Interessen hat, wer welche Begabungen mitbringt und wie diese im Rahmen der Firmvorbereitung eingebracht werden können. Nach dem Motto: „Es gibt keine unnützen Begabungen", entstehen so auch neue, kreative Impulse für die Firmvorbereitung.[7] Gleichzeitig ist es die Aufgabe der hauptberuflichen Dienste darauf zu achten, dass Ehrenamtliche nicht überfordert werden oder sich selbst überfordern. Hauptberufliche übernehmen so etwas wie eine Fürsorgepflicht für Ehrenamtliche. Allerdings wäre Begleitung missverstanden „wenn Begleitete sich auf die Verantwortlichen verlassen. (...) Begleitung ist so zu gestalten, dass sie zu immer mehr Selbständigkeit ermutigt."[8] Unerlässlich zur Begleitung gehören eine ausführliche Einführung in die Arbeitsmaterialien, in Hilfen zur Jugendgruppenleitung, ebenso die Gelegenheit zu persönlichem Gespräch. In diesem Zusammenhang findet die notwendige Rollen- und Aufgabenklärung von und zwischen Hauptamtlichen und Ehrenamtlichen statt.

Als Grundregel gilt: Ehrenamtliche gewinnen heißt, nach ihren Begabungen fragen und diese durch ihre Mitarbeit in der Katechese gestalten lassen. Begleitung heißt, sie mit ihren Begabungen zu fördern und zu unterstützen.

Information
„Ehrenamtlicher Dienst setzt gründliche und rechtzeitige Information voraus."

Dies gilt für Hauptberufliche und Ehrenamtliche gleichermaßen. Neben der umfassenden Information über Ziele und Inhalte der geplanten Firmvorbereitung im engeren Sinn gehören dazu auch Informationen über folgende Bereiche:

---
[7] Eine Firmvorbereitung, bei der eine begeisterte Fotografin mitarbeitet, wird anders aussehen als eine Firmvorbereitung, in der zwei Väter mitarbeiten, die gleichzeitig bei der Freiwilligen Feuerwehr engagiert sind.
[8] Foitzik a.a.O. 82.

- Wo gibt es welche Räume und Materialien?
- Welche finanziellen Mittel stehen zur Verfügung?
- Rechte und Pflichten der Mitarbeitenden (z.B. Aufsichtspflicht)
- Fortbildungsangebote
- Wer ist die zuständige Ansprechperson? Wann ist diese sicher erreichbar für eventuelle Rückfragen?
- Wer hat welche Entscheidungsbefugnis?
- Aber auch die bereits erwähnte Frage nach dem voraussichtlichen zeitlichen Aufwand.

Als Grundregel gilt: Je klarer und transparenter die Firmvorbereitung für alle Beteiligten ist, desto eher gelingt ehrenamtliche Mitarbeit und Zusammenarbeit.

Eigenverantwortung und Mitspracherecht
Ehrenamtlicher Dienst „setzt den entsprechenden Freiraum voraus. ... Mitsprache und Mitentscheidung – auch im Pastoralteam – sind dort erforderlich, wo der Aufgabenbereich getroffen ist."

Die meisten Ehrenamtlichen „möchten nicht nur für die Ausführung vorgefasster Pläne anderer verantwortlich sein, sondern an den Zielfindungsprozessen und der Aufgabenumschreibung (...) angemessen beteiligt werden"[9]. Für die Firmvorbereitung bedeutet das: Ehrenamtliche werden nicht erst dann einbezogen, wenn von Hauptberuflichen bereits ein fertiges Firmkonzept erstellt wurde; nach Möglichkeit werden sie auch bei der Konzeptentwicklung selbst beteiligt. Sie werden in die Beratung über geplante Aktionen einbezogen, ihre Argumente für und wider werden gehört und sie sind am Entscheidungsprozess gleichberechtigt beteiligt. So wird ihre spezifische Kompetenz ernstgenommen.

Als Grundregel gilt: Mitarbeit in der Gemeindekatechese ist kein rein funktionaler Dienst. Sie lebt primär von den engagierten und persönlichen Impulsen der Mitarbeiterinnen und Mitarbeiter. Eigenverantwortliches Handeln und die Mitentscheidung in wesentlichen Aspekten der Katechese ist zu fördern.

---

9 Foitzik a.a.O. 93.

Fortbildung
"Fortbildungsangebote zur ehrenamtlichen Tätigkeit oder zur persönlichen Qualifizierung motivieren und fördern die gemeinsame Arbeit."

In der Regel arbeiten in der Firmvorbereitung Ehrenamtliche mit unterschiedlichen Voraussetzungen mit: Die eine leitet bereits zum dritten Mal eine Firmgruppe, ein anderer ist „Neueinsteiger". Dieser Ungleichheit der Ausgangsbedingungen muss vonseiten Hauptberuflicher Rechnung getragen werden. Es braucht eine jeweils eigene Förderung vorhandener Begabungen und Kompetenzen. Themen solcher im Rahmen der Firmvorbereitung notwendigen und hilfreichen Fortbildungsangebote sind: Gruppenpädagogik, Erlebnispädagogik, Gesprächsführung, „Grundkurs Glauben". Sie können bereits im Vorfeld der Firmvorbereitung und / oder begleitend angeboten werden. Die Möglichkeit zur eigenen Fortbildung ist für viele Ehrenamtliche ein wichtiger Motivationsfaktor. „Vor allem jüngere MitarbeiterInnen sind stärker fachlich und funktional interessiert (...). Sie orientieren sich daran, ob ihr Engagement auch für sie selbst etwas bringt."[10]

Als Grundregel gilt: Es ist die Aufgabe von Hauptberuflichen, ehrenamtliche MitarbeiterInnen auf (übergemeindliche) Fortbildungsmöglichkeiten hinzuweisen und ihnen diese – auch finanziell – zu ermöglichen.

Ermutigung und Dank
"Ehrenamtliche Mitarbeiter / innen leisten einen unverzichtbaren Dienst, wenn eine Gemeinde ihren Auftrag der Evangelisierung erfüllen will. ... Ihr Dienst soll wahrgenommen werden. Sie verdienen Ermutigung und Dank in verschiedenen Formen – auf private und öffentliche Weise."

Was als ein wichtiges Grundprinzip im Umgang mit den Firmjugendlichen gilt, sollte auch für die Zusammenarbeit mit Ehrenamtlichen eine Selbstverständlichkeit sein: Jede / jeder wird als unverwechselbare Person wahrgenommen und wertgeschätzt.

---
10   Foitzik a.a.O. 47.

Ausdruck dafür kann die in vielen Gemeinden übliche Praxis eines gemeinsamen Abschlussessens aller MitarbeiterInnen in der Firmvorbereitung oder eine andere äußere Form des Dankes sein – ein Blumenstrauß, eine Konzertkarte usw. Der Dank sollte ruhig auch in einem offiziellen Rahmen erfolgen, z.b. am Ende des Firmgottesdienstes oder durch eine entsprechende Mitteilung im Gemeindeblatt. Ehrenamtliches Engagement darf sich sehen lassen! Mindestens genauso wichtig ist „die Zuwendung durch die Hauptamtlichen als verlässliche GesprächspartnerInnen vor allem dann, wenn sich persönliche Probleme oder inhaltliche Fragen ergeben"[11]. Ehrenamtliche spüren, dass sie nicht nur willkommene Arbeitskräfte sind, sondern als Personen wahrgenommen und geachtet werden.

Zusammenarbeit

„Die besondere Betonung des Ehrenamtes verändert die Rolle der Priester und der anderen Hauptberuflichen... Ehrenamtliche sind keine Zuarbeiter für die hauptberuflichen Dienste. Umgekehrt sind die Hauptberuflichen nicht automatisch Profis, die von Amts wegen alles besser können oder grundsätzlich Leitungsaufgaben übernehmen müssen."

Das neutestamentliche Prinzip von der Gleichwertigkeit der verschiedenen Charismen gilt auch im Rahmen der Firmvorbereitung. Ehrenamtliche bringen ihre spezifische Kompetenz und Professionalität in die Mitarbeit ein. Sie verfügen über ein hohes Maß an privater und beruflicher Erfahrung. Für die Firmvorbereitung bedeutet das:
- Ehrenamtliche entscheiden selbst, welche Aufgaben sie übernehmen wollen; sie werden ihnen nicht von anderen zugewiesen.
- Die Leitung der Firmvorbereitung kann auch von Ehrenamtlichen wahrgenommen werden. Sie werden dazu offiziell vom Kirchengemeinderat beauftragt und erhalten die entsprechenden Entscheidungskompetenzen.

---

11 Hermine Baur-Ihle, Pausen in der „Alltagskatechese" - Katechese in den Alltagspausen: Materialbrief GK 1/2000 (Beiheft zu den Katechetischen Blättern), 11.

- Zu diskutieren wäre die Frage, ob die Übernahme einer Leitungsverantwortung in der Firmvorbereitung nicht den Rahmen eines „üblichen" ehrenamtlichen Engagements sprengt und deshalb mit einem entsprechenden Honorar entgolten werden sollte.

Als Grundregel gilt: Bei der Zusammenarbeit zwischen Hauptamtlichen und Ehrenamtlichen in der Katechese geht es nicht um ein Arbeitgeber-Arbeitnehmer-Verhältnis, sondern um das verantwortlich gestaltete Zusammenwirken verschiedener Dienste.

Auslagenersatz
„Ehrenamtliche Tätigkeit verursacht Kosten... Geschieht ein Dienst im Rahmen und Auftrag der Gemeinde, so sind von der Gemeinde auch die Kosten zu erstatten."

Frau M. bäckt für den gemeinsamen Firmnachmittag mehrere Kuchen; Herr K. fährt mit den Jugendlichen seiner Gruppe drei Tage ins Kloster – Firmvorbereitung ist nicht kostenlos, auch nicht für Ehrenamtliche. Was für Hauptberufliche selbstverständlich ist, muss auch für ehrenamtliche MitarbeiterInnen gelten: zusätzlich anfallende Kosten für Tagungen, Fahrten, Porto, Telefon usw. werden erstattet. Dies gilt nicht erst dann, wenn Ehrenamtliche von sich aus danach fragen.

Als Grundregel gilt: Ehrenamtliche MitarbeiterInnen werden zu Beginn und während ihrer Tätigkeit ausdrücklich darauf hingewiesen und dazu ermutigt, sich ihre Auslagen erstatten zu lassen.

Ehrenamtliche Mitarbeit und neue Strukturen

Paul Wehrle betonte vor einigen Jahren, dass „ehrenamtliches Engagement nicht einfach deshalb dringlich ist, weil es ohne nicht mehr ginge, sondern weil anders das lebendige Mit- und Füreinander der verschiedenen Charismen für den Aufbau der Gemeinde nicht zur Entfaltung käme. Eine solche Entfaltung stellt aber die Betroffenen angesichts der gegenwärtigen Übergangs- und Suchphase gemeindlicher Wirklichkeit vor nicht geringe praktische Herausforderungen."[12]

Gemeindliche Wirklichkeit wandelt sich zunehmend. Angesichts von Seelsorgeeinheiten werden neue Strukturen geschaffen, die auch die ehrenamtliche Mitarbeit in der Gemeindekatechese verändern wird. Wird Gemeinde als Ort der verbindlichen und dauerhaften Teilnahme an ihrem Leben verstanden, so entziehen sich Gemeindemitglieder längst diesen Vorstellungen. Die neuen Strukturen von größeren Seelsorgeeinheiten verhindern diesen Prozess nicht. Entsprechend den gesellschaftlichen Entwicklungen setzen Gemeindemitglieder selbst das Maß ihres Kontaktes und damit auch das Maß ihres Engagements. Die Erwartungen der Mitarbeiterinnen verändern sich zunehmend. Die Bereitschaft ist nicht mehr selbstverständlich und vor allem nicht mehr „maßlos". Ehrenamtliches Engagement auch in der Katechese ist heute lebensphasenorientiert. Es orientiert sich vielfach an der eigenen familiären Situation, etwa, dass die eigenen Kinder auf Erstkommunion oder Firmung vorbereitet werden.

Im Zuge der Aufwertung ehrenamtlicher Mitarbeit und vor allem der Erwartung, angesichts neuer Strukturen in der Gemeindekatechese verantwortlich Leitungsaufgaben in einer Gemeinde zu übernehmen, stellt sich die Frage nach der öffentlichen Beauftragung zum katechetischen Dienst.

Zum Schluss

Eine Frau erzählt, dass die Gemeinde keinen Pfarrer mehr vor Ort hat. Sie hat sich bereit erklärt, in der Eucharistiekatechese mitzuarbeiten. Nachdem sie selbst bei ihren drei Kindern Erfahrungen gesammelt hat, ist sie motiviert, nun die KatechetInnen zu begleiten und zu unterstützen. Sie legt dem Pfarrer einen Themen- und Terminplan vor, wie sie sich die Durchführung der KatechetInnenbegleitung vorstellt. Er stimmt zu. Während der Vorbereitungszeit trifft er sich mit der Frau zu regelmäßigen Besprechungen und ruft zwischendurch an. Gelegentlich arbeitet er ihr zu, trotz aller Zeitnot. So kann ehrenamtliche Mitarbeit gelingen.[13]

---

12 Paul Wehrle, „Wer kommt für die Mitarbeit in der Gemeindekatechese in Frage?": Lkat 14 (1992) 43-49; 43.
13 Zum Ganzen vgl. auch: LKat 50 (1999) Heft 3: Ehrenamtliche; Materialbrief Gemeindekatechese 2/95 (Beiheft zu den Katechetischen Blättern).

Andreas Hinz

Konfirmation und Konfirmandenunterricht in der Evangelischen Kirche

Zur „Stärkung" der heranwachsenden Menschen wollen sie beide dienen – die Firmung und die Konfirmation. Möglicherweise ist weder den Jugendlichen noch den Erwachsenen bewusst, worin eigentlich der Unterschied zwischen dem katholischen Sakrament und der evangelischen Segenshandlung besteht. Es mag auch angesichts der Schwierigkeit, den christlichen Glauben in der modernen Welt zu vertreten, wichtiger sein, die Gemeinsamkeiten überzeugend nach außen zu betonen anstatt die Unterschiede hervorzuheben. Die Suche nach dem Verbindenden setzt jedoch voraus, sich der verschiedenen Ausgangspunkte bewusst zu sein. Nur so kann Ökumene zu einem glaubwürdigen Dialog werden.

Im folgenden soll deshalb die geschichtlich gewachsene Eigenart der Konfirmation und des Konfirmandenunterrichts dargestellt werden. Auf dieser Grundlage werden in einem eigenen Beitrag1 vielfältige Möglichkeiten der ökumenischen Kooperation aufgezeigt werden. Denn im Grunde geht es dann doch für beide Konfessionen um die gleiche Sache: Den Glauben an Jesus Christus.

Die gemeinsame Wurzel und die verschiedenen Äste

Die Evangelische Kirche beginnt nicht erst im Jahre 1517 als mit Luthers 95 Thesen über die Buße und gegen den missbräuchlichen Ablasshandel der Grundstein einer eigenständigen christlichen Konfession gelegt wird. Die evangelische Kirche führt sich ebenso wie die katholische und die orthodoxen Kirchen auf die Urgemeinde zurück. Mit der römisch-katholischen Kirche gemeinsam

---

1 Vgl. Andreas Hinz, Zwei Äste am gleichen Stamm und ihre gemeinsame Aufgabe: in diesem Buch 184-192. Vgl. Mali Gögler, Was uns verbindet: Claudia Hofrichter/Barbara Strifler (Hg.), Firmvorbereitung mit Esprit, Praxismodelle, Stuttgart 2001.

ist die Theologie- und Kirchengeschichte der Alten Kirche und des Mittelalters. Am Ende des Mittelalters oder am Beginn der Neuzeit, je nach eingenommener Perspektive, bilden sich zwei starke Äste heraus. Im Stamm und vor allem in der Wurzel gehören beide zusammen.

Ziel der Reformation war nicht die Gründung einer neuen Kirche, sondern die Reform der bestehenden Kirche. Dazu gingen die Reformatoren zurück auf den Ursprung. Dieses Grundprinzip, zurück zur Quelle, wird auch deutlich, wenn man die Geschichte der Konfirmation näher betrachtet. Während in der katholischen Theologie der Tradition immer auch eine hohe Bedeutung beigemessen wurde, war für Luther das ‚sola scriptura' (‚allein die Heilige Schrift') zentral.

Im Blick auf die Sakramente wurde Luther daher die erst im Mittelalter voll ausgeformte Siebenzahl der Sakramente fragwürdig. Aus protestantischer Sicht sind nur Taufe und Abendmahl neutestamentlich bezeugt und unmittelbar auf Jesus zurückführbar.[2] Für beide gilt, dass es neben dem Verheißungswort Jesu auch eine sinnliche Zeichenhandlung gibt. Die Firmung hat zwar solche Zeichen, doch ist sie neutestamentlich keine eigenständige Handlung mit eigenen theologischen Inhalten. Vielmehr sind Zuspruch des göttlichen Geistes, Stärkung und Vervollkommnung des Menschen bereits in der Taufhandlung inbegriffen. So waren Handauflegung und Salbung zum Zuspruch des Geistes bis ins 3. Jahrhundert Teil der Taufe.[3] Erst im Zuge der staatlichen Anerkennung und Förderung des Christentums und der damit verbundenen Durchsetzung der Kindertaufe kam es zu einer eigenständigen Firmhandlung.[4]

Luther sah in der Firmung eine Relativierung der Taufe. Für ihn blieb biblisch fragwürdig, dass in der Praxis bei der Taufe ein-

---

2 Hatte Luther anfangs noch die Beichte mit unter die Sakramente gezählt, so konnte er dies später nicht mehr so sehen. Dies bedeutet allerdings nicht, dass es in der evangelischen Kirche keine seelsorgerliche Beichte gibt.
3 Vgl. z.B. die enge Verbindung von Taufe und Handauflegung, mit Geistempfang (Apg 8,14ff; 19,5f). Vgl. dazu auch den Beitrag von Bernd Jochen Hilberath, „Wes Geistes Kind seid ihr?" in diesem Buch 60-73.
4 Die Taufe und die firmenden Handlungen wurden auf verschiedene Akte aufgeteilt. Während der Ortsgeistliche die Taufe vollzog, war es bischöfliche Aufgabe die der Kindheit Entwachsenen zu firmen. Verbindlich festgelegt und als zweites Sakrament eingesetzt wurde dies im Konzil von Florenz (1439).

seitig die Vergebung der Sünden betont wurde, der Geist jedoch, der dieses neue Dasein erst mit Leben erfüllt, zeitlich und sachlich abgetrennt wurde. Dies empfand Luther als Entwertung und betonte daher die volle Heilsbedeutung der Taufe.

Zum Glauben gehört auch Wissen

Verlor so die Firmung ihre sakramentale Dignität, wurde sie im Blick auf ein anderes reformatorisches Grundanliegen doch wieder bedeutsam. Zum Ernstnehmen der Taufe gehören auch Kenntnisse des Glaubens. Mit der in der Alten Kirche üblichen Erwachsenentaufe war eine zum Teil mehrjährige Katechumenenzeit verbunden. Ihr Ziel war eine umfassende Glaubensunterweisung. Infolge der Kindertaufe ging diese vorbereitende Zeit verloren. Für die meisten Menschen blieb nur die Beichte als Ort, an dem noch Grundkenntnisse des Glaubens kommuniziert wurden.

Das mangelnde Glaubenswissen war es dann auch, das den Reformatoren zu ihren umfassenden katechetischen Bemühungen Anlass gab. So setzt sich Luther beispielsweise für eine Stärkung der familiären Vermittlung von Glaubenswissen ein. Er schuf dafür den theologisch durchdachten und zugleich elementarisierten „Kleinen Katechismus". Visitationsordnungen hatten das bisweilen geringe Wissen der Pfarrerschaft im Blick. Auch die Aufforderung an die Ratsherren und Adligen, öffentliche Schulen einzurichten, sind auf diesem Hintergrund zu sehen. Erst der Reformator Martin Bucer führte die Konfirmation im engeren Sinne ein (ab 1538). Zur Konfirmation gehörten die Erneuerung des Taufbekenntnisses, die fürbittende Segenshandlung durch das Gebet der Gemeinde und die Handauflegung als eine Segenshandlung, die den Gesegneten der Taufgnade versichern sollte. Zugleich begann in dieser Zeit die nicht unproblematische Verknüpfung der Konfirmation mit der Zulassung zum Abendmahl. Das Hauptanliegen der Konfirmandenzeit war seitdem vor allem katechetischer Art.

Der mündige Christ und sein Bekenntnis

Neben der ursprünglich reformatorischen Tradition gewann in der Zeit des Pietismus eine neue Frage Bedeutung: Wie kann Frömmigkeit glaubwürdig gelebt und mit dem Herzen praktiziert werden?

Für die Konfirmation wurde das individuelle Glaubensbekenntnis der jungen Menschen ein wichtiges Anliegen. Es genügte den Pietisten nicht, dass die kirchliche Lehre erläutert und eingeprägt wurde. Vielmehr sollten die Glaubenswahrheiten auch persönlich anerkannt werden. Der Konfirmandenunterricht diente dazu, einen persönlichen Bußkampf anzuregen. Dieser sollte die geistliche Wiedergeburt zur Folge haben. Die Inhalte des Unterrichts sollten im eigenen Leben konkret werden. So diente die Konfirmandenzeit der Einübung persönlicher Frömmigkeit.

Die Theologie der Aufklärungszeit vertrat das Verständnis der Konfirmation als Mündigenweihe. Dieses war stärker auf den Eintritt in das bürgerliche Leben bezogen, denn zeitgleich zur Konfirmation erfolgte der Abschluss der Schulzeit. An diesem Übergang von der Kindheit zum Erwachsenenalter bekamen auch die Fragen des allgemeinen Lebens eine wichtige Bedeutung. Wichtig war aber auch hier die persönliche Anrede des Einzelnen, der nun selbstverantwortlich das Bekenntnis ablegen sollte. Mit der Erneuerung des Taufversprechens war eine volle Aufnahme in die Gemeinde verbunden. Die Konfirmation sollte den Beginn des selbständigen und selbstverantwortlichen Lebens markieren. Sie war kirchlich mit der Zulassung zum Abendmahl und dem Patenrecht verknüpft.

Die heutige Konfirmationspraxis speist sich aus allen diesen verschiedenen Motiven ihrer Geschichte: Tauferinnerung und Segenshandlung, Einführung in die Erwachsenengemeinde und das persönliche Glaubensbekenntnis. Das sind die religiös motivierten Grundlagen konfirmierenden Handelns. Da es in der evangelischen Kirche kein einheitlich verbindliches Lehramt gibt, hängt die Schwerpunktsetzung von der jeweiligen Gemeinde ab.

Neben den theologischen Fragen hat für die Jugendlichen und ihre Familien die Konfirmation eine wichtige Bedeutung als Familienfest und als Übergang in die relative Mündigkeit des Jugendalters. So spielt die Konfirmation im bürgerlichen Leben evangelischer Familien eine noch immer höchst bedeutsame Rolle.⁵

Vom Lehrstoff zum Menschen

Mit pubertierenden Jugendlichen einen traditionellen Katechismusunterricht mit dem Memorieren von Glaubenssätzen durchzuführen, hat sich als pädagogisch schwierig erwiesen. Verschiedene Lösungen wurden gesucht. Der einfachste Weg besteht darin, das Alter der Konfirmandenzeit entweder früher oder später anzusetzen. Während sich letzteres kaum durchsetzte, gibt es durchaus erfolgreiche Versuche, die Konfirmandenzeit aufzuteilen. Der erste Teil findet dann bereits in der Grundschulzeit statt. Eltern sollen einen Unterricht mit den jüngeren, pädagogisch noch unkomplizierteren Kindern durchführen.⁶

Dies konnte allerdings nicht zum Ersatz für die Arbeit mit den Jugendlichen werden. Zum einen ließ sich ein über Jahrhunderte eingeübtes Ritual evangelischer Gemeinde nicht einfach grundlegend verändern. Zum anderen war es immer Aufgabe von Kirche, sich Menschen in schwierigen Lebenssituationen zu stellen. Ganz bewusst wurde diese Aufgabe von der sozialisationsbegleitenden Konfirmandenarbeit wahrgenommen. Es ging nun nicht mehr um die Vermittlung von kirchlichem Lernstoff, sondern um die Begleitung in der schwierigen Phase der Identitätsfindung. Im Zen-

---

5 Dies kommt auch in der vielfach praktizierten Sitte wertvoller Sach- und Geldgeschenke zum Ausdruck. Damit wird gewissermaßen der Eintritt in die Erwachsenenwelt anschaulich, in der Geld und Sachgüter eine zentrale Rolle einnehmen.
6 So im so genannten „Hoyaer Modell" oder beispielsweise bei den gegenwärtigen Bemühungen der Evangelischen Landeskirche in Württemberg einen zweiphasigen Konfirmandenunterricht, jeweils während des dritten und des achten Schuljahres einzuführen. Die Vorkonfirmanden werden in Kleingruppen von Eltern unterrichtet. Es wird allerdings bei der hervorgehobenen katechetischen Rolle des Pfarrers/der Pfarrerin im eigentlichen Konfirmandenunterricht bleiben, wie es reformatorischer Tradition entspricht. Vgl. Mit Kindern und Jugendlichen auf dem Weg des Glaubens. Rahmenordnung für die Konfirmandenarbeit. Evangelische Landeskirche in Württemberg (Hg.), Stuttgart 2000. Zum Hoyaer-Modell: Michael Meyer-Blanck/Lena Kuhl, Konfirmandenunterricht mit 9/10jährigen. Planung und praktische Gestaltung, Göttingen 1994.

trum sollten die Probleme der Pubertierenden und die Hilfen des christlichen Glaubens in dieser Lebensphase stehen. So nahm man weitgehend Abstand von einem betont individuellen Bekenntnis zu lebenslanger Frömmigkeit. Das Leben der Jugendlichen ist noch viel zu offen, als dass eine freie Entscheidung verantwortlich zu treffen ist. Ein möglicher Zwang zu einer verbindlichen Glaubensentscheidung würde eher die unbedingte Zuwendung Gottes verdunkeln und Widerstand hervorrufen.

Zu dem seelsorgerlichen Ziel, Menschen auf dem Weg des Erwachsenwerdens zu begleiten, trat teilweise ein emanzipatorisches Anliegen hinzu. Bereits die alttestamentlichen Propheten hatten die politisch-gesellschaftliche Dimension des Glaubens leidenschaftlich gegen ungerechte Lebensverhältnisse betont. In diesem Sinne sollten die Jugendlichen ermutigt werden, in Kirche und Gesellschaft für Gerechtigkeit und ein friedliches Zusammenleben einzutreten. Auf die sozial-diakonische Verantwortung lassen sich Jugendliche oftmals ansprechen. Sie haben ein ausgeprägtes Gerechtigkeitsempfinden und bemerken es sogleich, wenn bei den Erwachsenen Reden und Tun auseinanderfallen. Diese Sensibilität können Gemeinden aufgreifen und nutzen.

Neuere Perspektiven – die Vielfalt bleibt

Zu den offenkundigen Schwierigkeiten, die mit der psychosozialen Entwicklung der Jugendlichen in der Zeit der Pubertät verbunden sind, kommt ein weiteres Problem: Die kritische Haltung Jugendlicher gegenüber Religion. Die Entwicklungspsychologie, die sich mit dem Glaubensdenken des Menschen auseinandersetzt, bestätigt die Erfahrung, die man im Konfirmandenunterricht jederzeit machen kann. Die meisten Jugendlichen verlieren ihren zweifelsfreien Kinderglauben und treten in ein kritisches Verhältnis zum Glauben ein. Das zeigt, dass sie erwachsen werden. Sie sehen, dass viele Lebensfragen und Probleme der Welt auch eine anspruchsvolle Glaubensantwort erfordern. Bei den Fragen nach dem Leid, dem Tod und dem Glück des Menschen lassen sie sich nicht mit frommen Formeln vertrösten. Auf diese Fragen gibt es keine einfachen und schnellen Antworten. Viele passen sich dann allerdings den einfachen Lösungen an, die in unserer Gesellschaft vorherrschen. Sie belassen es dabei, dass Gott und Welt scheinbar nichts mehr miteinander zu tun haben. Trotz aller ernsthaften, theologischen Bemühungen der Unterrichtenden, den christlichen Glauben auch im Hinblick auf die moderne Lebenswelt gedanklich plausibel zu machen, ist es wohl auch so, dass die Jugendlichen eine solche religionskritische Phase durchleben müssen. Erst nachdem die anspruchsvollen Themen des Lebens auch gedanklich kritisch bearbeitet wurden, kann Denken und Glauben in der modernen Welt wieder miteinander verbunden und dann aufrichtig vertreten werden. Auf diesem Hintergrund scheint es notwendig die Konfirmandenzeit mehrdimensional anzulegen. Lernen mit Kopf, Herz und Hand ist eine solche pädagogische Leitvorstellung. Sie verweist darauf, dass der Mensch nicht nur Verstand, sondern auch Leib hat.

Nötig ist ein Unterricht, der kognitives Lernen mit emotionaler Gemeinschaftserfahrung und zugleich mit pragmatischem Handeln in Gemeinde und Welt verbindet. Die einzelnen Jugendlichen können so erfahren, dass christlicher Glaube ihre ganze Person angeht. Diese Mehrdimensionalität ist auch die einzige Möglichkeit aus der heterogenen Konfirmandengruppe mit den unterschiedlichen Begabungen der einzelnen Jugendlichen eine aufeinander bezogene Gemeinschaft zu machen, in der einer den anderen achtet und eine die andere wertschätzt. So wird exemplarisch eingeübt, was christliche Gemeinschaft als Ganze und gewiss auch in ökumenischer Weite eigentlich sein will: Ein lebendiger Körper mit verschiedenen Gliedern und Christus als Haupt.

Bestärkt für das verantwortliche Leben in der Welt

Das grundlegende Sakrament aller Christen ist in ökumenischer Eintracht die Taufe. Mit ihr wird der einzelne Mensch öffentlich sichtbar mit Jesus Christus und dem Heil verbunden. Dessen sollten sich alle Getauften täglich erinnern. Die Konfirmation und die vorangehende Konfirmandenzeit sollte ihr Ziel darin haben, die Taufe als Geschenk Gottes schätzen zu lernen.

Mit der Zeit der Jugend beginnen Kinder ihre eingeschränkte noch weitgehend auf sich selbst bezogene Weltsicht zu überschreiten. Sie nehmen nun auch die anderen Menschen und die Welt wahr und entwickeln Verantwortung. Es ist deshalb gut, wenn ihnen mit der Konfirmandenzeit deutlich wird, dass sie von Gott gewollte und für den Weg in der Welt gesegnete Menschen sind. Die Konfirmation könnte dann verstanden werden, als eine Segensfeier, bei der die jungen Christen mit dem Segen Gottes in die Welt geschickt werden. Die Verantwortung für ihr eigenes Leben, aber auch für das Zusammenleben aller Menschen, wird ihnen von nun an zunehmend mehr anvertraut. Sie sollen die Welt gestalten. Es täte ihnen und der Welt gut, wenn sie das im Wissen um und im Vertrauen auf ihre Taufe und die daraus erwachsende christliche Verantwortung angingen.

Ein solches Verständnis von Konfirmation macht darüber hinaus auch deutlich, dass nicht nur die Jugendlichen eine Lernaufgabe haben. Die Erwachsenen in den Gemeinden müssen den jungen Menschen auch etwas zutrauen und ihnen Freiräume und Gestaltungsmöglichkeiten lassen, damit Neues entstehen kann. Insofern ist jede Konfirmation auch für die Gemeinden eine Bestärkung, dass der Weg auf den Spuren Jesu weitergegangen werden muss. Der Aufbruch ins Neue ist immer offen, so wie beim Urbild der Glaubenden, Abraham. Über den Weg wusste dieser kaum etwas, auf das Ziel konnte er dennoch vertrauen. Dass Gemeinden nicht träge und sesshaft werden, können sie von den umtriebigen und weltoffenen Jugendlichen lernen. Sie können sich mit ihnen gemeinsam auf den Weg machen. Vorschläge solche Schritte auch in evangelisch-katholischer Gemeinsamkeit zu tun, finden sich im folgenden Beitrag.

Andreas Hinz

Zwei Äste am gleichen Stamm und ihre gemeinsame Aufgabe
Zur Zusammenarbeit in katholischer Firmkatechese und evangelischer Konfirmandenarbeit

„Geteiltes Leid ist halbes Leid – geteilte Freude" ist doppelte Freude" weiß ein altes Sprichwort. Es könnte sein, dass dies auch für die Bemühungen christlicher Gemeinden um Jugendliche gilt. Die Klage über die Jugend und das scheinbare oder das tatsächliche Scheitern katechetischer Bemühungen ist so alt wie dieselben. Der Umgang ist mühsam mit den Jugendlichen in einem Alter, in dem sie auf der einen Seite keine Kinder mehr sein wollen und auf der anderen Seite noch keine Erwachsenen sein können. So ist mancher, der unterrichten muss, froh, wenn die Zeit halbwegs friedlich vorüberzieht. Das Leiden freilich unter der scheinbaren Vergeblichkeit des Tuns bleibt. Umso größer ist die Freude, wenn doch Stunden gelingen, eine Freizeit Spaß gemacht hat und einige der Jugendlichen einen Zugang zur Kerngemeinde und ihren Platz dort finden.

Im Folgenden sollen einige Überlegungen darüber angestellt werden, was die evangelische Konfirmandenarbeit mit der katholischen Firmkatechese verbindet und was man möglicherweise sogar miteinander tun könnte.

Wer hat Angst vorm schwarzen Mann? – Von der ökumenischen Zusammenarbeit

Ökumenische Zusammenarbeit gibt es an den meisten Orten. Die Hauptamtlichen kennen sich. Bei offiziellen Anlässen tritt man gemeinsam auf und wenn es gut läuft auch in gemeinsamer Absprache. Die Ehrenamtlichen, die ihren Lebensalltag bei der Arbeit, in der Nachbarschaft und in den Vereinen ohnedies miteinander teilen, begegnen sich mittlerweile auch im kirchlichen Raum weitgehend ohne Vorbehalte. Die ökumenische Zusammenarbeit klappt in vielen Bereichen. Doch auf dem Gebiet des Unterrichts und der Katechese wird es schon schwieriger. Da hält man sich doch lieber bedeckt. Hier werden oftmals große Schwierigkeiten erlebt und die möchte man sich nicht gerne gegenseitig eingestehen. Gemeindearbeit mit der Kerngemeinde ist zumeist ein Heimspiel. Der Umgang mit Jugendlichen bedeutet zunehmend Pioniermission. Denn nicht nur die mehr oder weniger Kirchentreuen kommen in den Konfirmandenunterricht oder die Firmkatechese, sondern auch die Kritischen und – was am meisten Mühe macht – die Desinteressierten. Das allerdings verbindet den Konfirmandenunterricht und die Firmkatechese miteinander. Es sind die gleichen Jugendlichen, denen wir begegnen. Junge Menschen, die miteinander in derselben Lebenswelt zu Hause sind. Sie gehen in die gleichen Schulen, sehen die gleichen Videos, verehren die gleichen Idole, spielen im gleichen Verein Fußball, verlieben sich ineinander, streiten sich, bilden Cliquen. Nirgends dort spielt es eine Rolle zu welcher Kirche man gehört. Kirchengemeinde ist für evangelische wie für katholische Jugendliche zunächst die Welt der Erwachsenen. Konfirmandenunterricht und Firmkatechese sind wie die Schule eine Veranstaltung von Erwachsenen für Jugendliche. So wird beides oftmals als eines wahrgenommen, nämlich als weiterer Termin, den andere für sie verpflichtend eingerichtet haben. Den Widerstand dagegen erleben alle, die mit den jungen Leuten arbeiten sollen. Wie wäre es, auch darüber gemeinsam nachzudenken und miteinander Wege zu suchen, dass diese Zeit für alle Beteiligten eine gute Erfahrung wird?

Die erste Voraussetzung für ökumenische Zusammenarbeit mit Jugendlichen ist die Vertrauensbildung unter den für Konfirmandenunterricht und Firmkatechese Verantwortlichen. Einer trage des anderen Last, empfiehlt der Apostel Paulus. Dass gemeinsame Schwierigkeiten gemeinsame Kräfte hervorbringen können ist eine alte Erfahrung.

Die üblichen Verdächtigen – Die Jugend von heute

„Lasset die Kindlein zu mir kommen und wehret ihnen nicht, denn..."
Gegen die Kindlein hat ja niemand etwas. Im Gegenteil, wer will

sich dem Charme eines lachenden Kindes entziehen? Die Zukunft liegt in den Kindern, das sagen alle. Doch wie ist das mit den Heranwachsenden, den ewig nörgelnden Jugendlichen, denen man scheinbar nichts recht machen kann? Wer mag sie schon, die Pubertierenden? Zumeist mögen sie sich noch nicht einmal selbst. Meinte Jesus etwa auch sie, als er sie als Vorbild für den Glauben hinstellte und ihnen das Reich Gottes verhieß?

Soviel steht biblisch jedenfalls fest: Jesus hob immer jene Menschen als Gottes Lieblinge hervor, die es in der Gesellschaft gerade nicht waren. Zu seiner Zeit gab es eine eigene Zeit der Jugend gar nicht. Kinder wuchsen früh in die Arbeit und in die Welt der Erwachsenen hinein. Einen geschützten Raum zum Erwachsenwerden gab es nicht. Dass wir heute Menschen eine Jugendzeit einräumen, eine Zeit, in der sie innerhalb und außerhalb der Schule ihre Begabungen entwickeln und sich entfalten können, ist der Fortschritt unserer Tage. Doch zugleich ist dies nur die eine Seite der Medaille. Die andere besteht darin, dass die Jugendlichen auch davon ausgesperrt sind, wo die Musik spielt. Sie haben nichts zu entscheiden, sie haben nichts zu verantworten, sie können nichts gestalten. Es wird alles verfügt, wenngleich es meist gut gemeint ist. So finden sie eine fertige Welt vor. Es gibt kaum Gestaltungsräume, schon gar nicht in der wirklichen Welt, der Welt der Erwachsenen. Und so haben manche Angebote für Jugendliche ihr geheimes Ziel darin, die Erwachsenen vor den Jugendlichen zu schützen. Dann kann letztlich alles beim Alten bleiben, was manche schon immer für das Beste gehalten haben.

Ist die Situation in der Firmkatechese und im Konfirmandenunterricht anders? Die Inhalte beider Veranstaltungen sind vorgegeben und münden in einen neuen Status, in den des Konfirmierten bzw. des Gefirmten. Die Feier der Firmung oder der Konfirmation mag theologisch noch so bedeutsam sein und auch in Familien wichtig genommen werden. Konkret ändert sich für die jungen Menschen erst einmal kaum etwas. Weiterhin bleiben sie in Gesellschaft und Kirche unmündige Jugendliche, ohne Stimmrecht und ohne Gestaltungsmöglichkeiten.

Es gibt also zwei Grundprobleme: Das eine, und das ist meist allein im Blick, sind die Jugendlichen. So sehen es die Erwachsenen und sprechen von Jugendproblemen.

Ändert man aber die Perspektive, erscheint das andere Problem: die Erwachsenen. Wo lassen sie es zu, dass Jugendlichen außerhalb der abgegrenzten Räume für die Allgemeinheit bedeutungsvolle Aktivitäten entfalten? Wo dürfen sie mündige Subjekte sein, die tatsächlich Verantwortung übernehmen können und die Welt mitgestalten dürfen? Diese im Blick auf Kirchengemeinden gestellten Fragen gelten auch im gesamtgesellschaftlichen Kontext.[1]

Beide Grundprobleme verbinden zum einen die katholischen und evangelischen Erwachsenen und zum anderen die evangelischen und katholischen Jugendlichen miteinander.

Was hier und dort stark macht – Konfirmation und Firmung

‚Confirmatio' heißt Stärkung und das meint im kirchlichen Zusammenhang die Stärkung durch Gott. Das wollen beide, Konfirmation und Firmung. Doch dann beginnen schon die Unterschiede zwischen dem katholischen Sakrament und der evangelischen Segenshandlung.

Im vorausgehenden Artikel wurde die Konfirmation theologisch erläutert. Gewiss gehört es auch in den thematischen Bereich einer ökumenisch orientierten Firm- oder Konfirmandenarbeit, dass die Jugendlichen nicht nur die Bedeutung des eigenen konfessionellen Ritus kennen lernen. Wie wäre es, bei einem gemeinsamen Treffen die eigene Tradition der anderen Gruppe anschaulich vorzustellen?[2] Die eigene Identität lässt sich nämlich gerade im Gegenüber zum Anderen entdecken. Dialogfähigkeit, eine wünschenswerte christliche Tugend, setzt voraus, dass man den eigenen Standpunkt nicht nur kennt, sondern auch verständlich vertreten kann. Auf diese Weise wird das kognitive Wissen über

---

1 Vgl. dazu Matthias Ball, „Da bin ich doch wieder die Einzige". Jugend zwischen umworbener Zielgruppe und vernachlässigter Minderheit: in diesem Buch 24-36.
2 Vgl. dazu Mali Gögler, Was uns verbindet: Claudia Hofrichter/Barbara Strifler (Hg.), Firmvorbereitung mit Esprit, Praxismodelle, Stuttgart 2001.

Firmung oder Konfirmation nicht nur passiv aufgenommen, sondern muss im Sinne der Handlungsorientierung von den Jugendlichen dargestellt werden. Erhandeltes Wissen prägt sich, so lehrt die Lernpsychologie, am tiefsten in das Gedächtnis ein. Dass die jungen Menschen auf anschauliche Formen wie Bilder, Rollenspiele, Pantomimen, Schaubilder usw. zurückgreifen werden, um abstraktes theologisches Wissen zu veranschaulichen, ergibt sich fast von selbst. Damit dokumentieren sie auch, was und wie sie die Firmung oder Konfirmation selbst verstehen.

Wer soll im Konfirmandenunterricht oder der Firmkatechese eigentlich lernen? Ist das ein einseitiger Vorgang der Sozialisierung in eine Gemeinschaft, in der alles zum Besten steht? Glaubensstarke, Alleswissende belehren die Unreifen? Oder aber ist die Kompetenz und Phantasie der Jugendlichen gewünscht? Sind es nur Sonntagsreden, wenn es heißt: Die Zukunft, das ist die Jugend? Wenn nicht, dann müssen Konfirmandenunterricht und Firmkatechese in den Kirchen ein wechselseitiger Prozess sein. Nötig ist eine kreative Auseinandersetzung mit der Tradition und ihre Weiterentwicklung. Lernen heißt Veränderung. Lernen ist anstrengend, weil dabei Denkgewohnheiten und Verhaltensweisen verändert werden müssen. Konfirmandenunterricht und Firmkatechese sind eine Herausforderung an Gemeinden sich zu verändern. Lernen – für Jugendliche ist das normal, sie müssen das täglich in der Schule – ob sie wollen oder nicht. Lernen – Offensein für Neues, das ist eine Herausforderung für Erwachsene – doch was ist Leben anderes als ein Fortschreiten auf neuen Wegen? Eine lebendige Gemeinde wird daher lernen wollen. Vielleicht lernen die Gemeinden von den Jugendlichen im Besonderen noch mehr praktische Ökumene.

Spieglein, Spieglein an der Wand, wer ist die Schönste im ganzen Land – Themen der Jugendlichen

Was interessiert Jugendliche? Sie interessieren sich für Schönheit, Körperlichkeit, Gesundheit und Sport. Sie beschäftigt die Liebe und ihre erwachende Sexualität. Übrigens ist den meisten dabei – entgegen der landläufigen Meinung –, verbindliche Partnerschaft ein hohes und ersehntes Gut. Sie sorgen sich um den Schulerfolg ebenso wie um den Erfolg beim anderen Geschlecht. Die Konflikte mit den Erwachsenen nehmen zu und die Clique wird in vielerlei Hinsicht wichtiger als die Familie. Alle diese Themen zeichnet eines aus: Es sind weltliche Themen. Aus der Sicht der Jugendlichen macht es daher wenig Sinn über solche Fragen konfessionell zu sprechen. Wie wäre es daher, bei der Bearbeitung solcher Fragen miteinander zu kooperieren? Ein gemeinsamer gut vorbereiteter Abend, geleitet von einer Person, die die Jugendlichen als kompetent akzeptieren können, wäre gewiss für alle Seiten fruchtbar. Schon die gemeinsame Vorbereitung solch heikler Themen könnte hilfreich sein.

Kaum zu glauben –
Vom Gottesglauben und den Weltzweifeln

Ein Ziel des kirchlichen Unterrichts bzw. der Katechese für Jugendliche sollte es sein, grundlegende Fragen des Menschseins zur Sprache zu bringen. Solche elementaren Fragen sind z.B.:
- Woher komme ich / woher kommt die Welt?
- Wohin gehe ich / was bedeutet der Tod / was ist Auferstehung?
- Was ist der Sinn unseres Daseins?
- Warum und wozu gibt es Leid? (die sogenannte Theodizeefrage)
- Was ist gerecht?
- Ethische Fragen (Gentechnik, Krieg und Frieden usw.)

Auf all diese Fragen gibt es keine evangelischen oder katholischen Antworten. Es gibt aber christliche Perspektiven, die helfen, diese Fragen miteinander zu bearbeiten. Das ist auch eine missionarische Aufgabe inmitten einer Welt, die diesen Fragen oftmals ausweichen möchte oder nur vordergründige Antworten gibt. Zugleich sind es Fragen, die durch glaubwürdige Persönlichkeiten vorangetrieben werden. Warum also sollten diese schwierigen, aber theologisch elementaren Fragen nicht gemeinsam bearbeitet werden?

Wo man singt, da lass dich ruhig nieder – Heimatkunde der Kirchen

Musik ist Heimat. Wo die Orgel erklingt, da ist Kirche, das weiß jeder. Zweifelsohne ist die Orgel in der Kirchenmusik die Königin der Instrumente. Doch manchen würde eine demokratische Musikkultur, die auch andere, moderne Instrumente zulässt, mehr erfreuen. Dass Musik Identität stiftet, lässt sich daran sehen, dass Jugendliche das Musikhören oftmals in fast ritualisierter Weise allein oder mit Freunden zelebrieren. Wie ein religiöses Ritual dient die Musik der Überschreitung des Alltags der eigenen Person.[3] Wenn Kirche auch diese jugendgemäße Musik zulässt, eröffnet sie einen Raum, in dem diese Art der Transzendenzsuche sich mit der christlichen Tradition verbinden kann. Dazu könnte es gemeinsame Jugendgottesdienste geben. Noch weiter würde es gehen, wenn sich eine ökumenische Jugendband bilden würde. Vielleicht könnte sich Gemeinde auch in den ‚Hauptgottesdiensten' ab und zu auf die musikalische Heimat der jungen Menschen einlassen. Dann würde sie auch mit größerem Recht von diesen Toleranz für die traditionelle Musik einfordern.

Das wäre ja internett – E-Mail von Paulus

Warum hat Paulus keine E-Mails geschrieben? Es gab noch keine Computer, so lautet die einfache Antwort. Doch was hindert's heute auch den Computer für Sinnvolles zu nutzen.[4] Die Reformation hatte unter anderem auch deshalb einen solchen Erfolg, weil sie mit einer Medienrevolution, der Entwicklung des Buchdrucks einherging. Überall waren die reformatorischen Flugschriften verfügbar. Wie heute die Computerisierung, so musste damals die Alphabetisierung systematisch vorangetrieben werden. Insbesondere mit männlichen Jugendlichen und jüngeren Männern – eine besondere Problemgruppe der Kirchen – lässt sich über das Inter-

---

3 Vgl. Alexander Bross, Sehnsuchtsmelodien. Musik im Leben von Jugendlichen: in diesem Buch 131-137.
4 Vgl. Rainer Steib, Gottes Geist wwweht auch im Internet: in diesem Buch 145-152.

net kommunizieren. Wie wäre es, wenn eine ökumenische Internetseite der Gemeinden mit speziellen Themen der Jungen und Mädchen von den Jugendlichen beiderlei Geschlechts aufgebaut und betreut würde? Mit einer konkreten Aufgabe betraut, würden sie sich mit den Anliegen von christlicher Kirche vertraut machen und dafür werben. Das Internet kann darüber hinaus auch für die Kommunikation mit der weltweiten Ökumene herangezogen werden.

Befremdet euch – Muslime unter uns

Die Unterschiede von evangelischem und katholischen Christsein sind für Laien abgesehen von manchen liturgischen Vollzügen kaum wahrnehmbar. Was Christsein bedeutet, kommt besonders deutlich zum Vorschein, wenn man sich auf andere Religionen einlässt, sich be-fremden lässt. Dies ist an vielen Orten in Deutschland eigentlich leicht möglich. Es leben Muslime unter uns. Die Jugendlichen haben islamische Klassenkameraden. Es ist gewiss auch eine christliche Lernaufgabe zu einem friedlichen Zusammenleben mit einer fremden Religion beizutragen. Wie wäre es daher, Treffen mit muslimischen Jugendlichen und einen Besuch in der Moschee ökumenisch zu organisieren und nachzubereiten? Exemplarisch könnte daran auch Toleranz für Fremdes eingeübt werden.

Kopf, Herz und Hand – Der vernünftige Gottesdienst im Alltag der Welt

Den Christen in Rom legte Paulus den „vernünftigen Gottesdienst im Alltag der Welt" ans Herz (vgl. Röm 12). Christsein hat nicht nur eine verstandesmäßige oder eine emotionale Seite, sondern auch eine praktische. Der ethische Auftrag der Kirche und aller Christen drückt sich im diakonischen Tun aus. In Gemeindepraktika könnten sich Gemeinden die besondere Sensibilität der Jugendlichen zunutze machen. So wären auch gemeinsam organisierte diakonische Kurzpraktika denkbar. Bei dem einen oder der anderen könnten sie zu einem längerfristigen Engagement führen. Je nach der Situation vor Ort könnten dazu Besuche im Altenheim, Besuche bei Asylsuchenden oder ein Projekt für die internationale Ökumene geeignet sein. Die Vielfalt und die Glaubwürdigkeit der Projekte würde von der ökumenischen Zusammenarbeit gewiss profitieren.

Ökumene – learning by doing

Glauben ist nicht nur Lernen und Tun – Christlicher Glaube besteht zuerst in der Feier des Daseins. Doch Feiern und Feste müssen vorbereitet sein. Das gilt noch viel mehr für Freizeiten, die ein fähiges Begleitteam benötigen. Vieles ließe sich dabei auch ökumenisch denken. So könnten die Begabungen und praktischen Möglichkeiten fruchtbar zusammengeführt werden, um den Jugendlichen eindrückliche Erfahrungen zu ermöglichen. Gelungene Freizeiten, so haben Umfragen ergeben, werden übrigens besonders intensiv erinnert. Gute Erinnerung aber sind eine wichtige Bestärkung für das Leben. So ist christlicher Glaube selbst in der Erinnerung dessen gegründet, was Gott uns Gutes tat. Auf die Güte Gottes sollen auch die jungen Christen vertrauen lernen – seien sie nun evangelisch oder katholisch.

Alexander Bair

Lagerplätze für die Siedler von Catan
Der Brückenschlag von der Firmkatechese zur Jugendarbeit

Wer kennt es nicht – das Brettspiel „die Siedler von Catan", in dem es darum geht, ein unbekanntes Land zu besiedeln. Um das Spiel zu gewinnen, kommt es darauf an, die vorgefunden Ressourcen für sich zu nutzen, sich dort anzusiedeln, wo der/die SiedlerIn das für sich Notwendige erhalten kann. Ein sehr spannendes Spiel, das m.E. sehr gut zur Lebenssituation Jugendlicher passt: Jugendliche, die Siedlerinnen und Siedlern gleich, ein ihnen (noch) unbekanntes Land, die komplexe, pluralisierte Gesellschaft erschließen und ihren Standort darin finden müssen.

Junge Menschen sind in der Gesellschaft auf Wanderschaft. Sie möchten nicht sesshaft sein, sich nicht festlegen müssen. Sie wollen das weite Land in seiner Vielfalt entdecken und machen gerne an Lagerplätzen rast, um sich dort für die weitere Reise zu stärken. Irgendwann beginnen sie, ihre Lagerzeiten auszuweiten, länger zu bleiben und eine längere Zeit sesshaft zu sein, manchmal ihr ganzes Leben. In dieser Phase des Erwachsenwerdens hat die Kirche als (mittlerweile) einer unter vielen Orten auf ihre spezifische, nämlich christusorientierte Weise dazu beizutragen, dass die zentrale Aufgabe junger Menschen, ihr Leben zu entfalten und sich zu entwickeln, gelingt.[1]

Durch die Firmkatechese schaut der größte Teil aller jungen Katholiken bei der jeweiligen Ortskirche vorbei. Kann es den Gemeinden gelingen, Lagerplätze für junge Siedlerinnen und Siedler zu erschließen und sie zu einem längeren Aufenthalt zu ermuntern? Im Bild ist die Antwort klar: Wenn sie die zum Leben notwendigen Dinge erhalten bzw. sich dort erschließen können – kein Problem. Doch wie gelingt das im „richtigen Leben"?

---
1 „Die Kirche dient dem jungen Menschen, indem sie ihm hilft, sich in einer Weise selbst zu verwirklichen, die an Jesus Christus Maß nimmt (Phil 2,6-11). Darin unterscheidet sich kirchliche Jugendarbeit von jeder anderen Jugendarbeit.": Ziele und Aufgaben kirchlicher Jugendarbeit 3.1.: Gemeinsame Synode der Bistümer in der Bundesrepublik Deutschland. Beschlüsse der Vollversammlung. Offizielle Gesamtausgabe I, Freiburg/Basel/Wien ⁵1982.

Wie der Brückenschlag gelingen kann, möchte dieser Beitrag aus der Sicht kirchlicher Jugendarbeit aufzeigen. Sie ist der Ort, der Jugendlichen Lebensräume in den Gemeinden bietet. Ziel und Ergebnis des Brückenschlages ist die Jugendarbeit. Daher geht es in einem ersten Schritt um die charakteristischen Merkmale kirchlicher Jugendarbeit (1). Ferner sind die jungen Menschen in den Blick zu nehmen und Empfehlungen zu entwickeln, was aus Jugendsicht zu beachten ist, wenn eine Gemeinde mit Jugendlichen zusammenleben will (2). Im dritten Schritt wird eine Synthese hergestellt und in einer konkreten Schrittfolge mit Leitfragen benannt, wie ein Projekt „Lagerplätze für Siedlerinnen und Siedler" in einer Gemeinde auf den Weg gebracht werden kann (3).

1   Was ist Jugendarbeit?

Was ist gemeint, wenn von kirchlicher Jugendarbeit gesprochen wird? Anhand charakteristischer Merkmale soll die kirchliche Jugendarbeit skizziert werden. Für den Brückenschlag heißt das: Treffen diese Merkmale auf die von den Firmlingen wahrgenommenen Angebote der Gemeinde zu, ist der Brückenschlag geschafft.

Von kirchlicher Jugendarbeit kann gesprochen werden, wenn innerhalb der Kirche junge Menschen
- *Freiwillig zusammenkommen:*
  Jugendarbeit lebt vom freiwilligen Engagement junger Leute. Alle wohlwollenden Bemühungen können nichts erreichen, wenn Jugendliche keine Lust haben und sie keine Visionen für ihr Engagement entwickeln (können).
- *Ihre Freizeit gestalten:*
  Jugendarbeit ist in erster Linie Freizeitgestaltung. Freizeit und ihre Gestaltung hat bei Jugendlichen einen hohen Stellenwert. Sie gilt heute als das zentrale Artikulationsfeld der Jugendkultur. Hier können Träume und Vorstellungen ausprobiert werden.
- *Selbstständig handeln:*
  Jugendliche sind bereit, sich zu engagieren, wenn sie spüren, dass ihr Handeln etwas bewirkt.

- *Miteinander und füreinander handeln:*
  Jugendliche brauchen Gruppen Gleichaltriger (Peergroups) und Möglichkeiten, mit anderen Beziehungen zu pflegen. Sie brauchen soziale Bezüge, um sich frei entfalten zu können (Gemeinschaft).
  Da die Freiheit ihre Grenze an der Freiheit der anderen findet, geht es hier auch um die achtsame Sorge und um den Einsatz für Gerechtigkeit und Entfaltungsmöglichkeiten für alle (Solidarität).
- *Ihre Lebenssituation aufgreifen und gestalten:*
  Die Lebenszusammenhänge junger Menschen bilden den Nährboden für die Jugendarbeit. Von dort nimmt die Jugendarbeit ihren Ausgang, dorthin wirkt sie wieder zurück.
- *Unterstützung zur Persönlichkeitsbildung erfahren:*
  Jeder Mensch hat die Aufgabe, seine eigene Persönlichkeit als lebenslangen Prozess zu entwickeln. Kirchliche Jugendarbeit hat das Ziel, zur Selbstentfaltung junger Menschen nach Kräften beizutragen.
- *Sich an der Botschaft Jesu Christi orientieren:*
  Es gibt keine wertfreie Jugendarbeit. Die Jugendarbeit der Kirche bekennt sich zu ihrem Werthintergrund und ihrem Auftrag, das Evangelium zu verkünden und zu leben. Das Evangelium ist der Motor der Jugendarbeit. Ohne die Wertorientierung an Jesu Botschaft wird Jugendarbeit hilf- und ziellos. Darin unterscheidet sich kirchliche Jugendarbeit von jeder anderen Jugendarbeit[2].

2   Wer mit Jugendlichen was erleben will

Wenn es um eine Verbindung der Firmvorbereitung mit der Jugendarbeit geht, muss die Situation Jugendlicher berücksichtigt werden. Auf eine detaillierte Darstellung möchte ich verzichten[3]. Der Schwerpunkt liegt auf Schlussfolgerungen, die für die Arbeit mit Jugendlichen zu ziehen sind. Diese Rückschlüsse sind als

---
2 Ziele und Aufgaben kirchlicher Jugendarbeit 3.1.
3 Es darf der Hinweis auf die aktuelle Jugendstudie der Deutschen Shell genügen: Deutsche Shell (Hg.), Jugend 2000, 2 Bände, Opladen 2000.

Empfehlungen an Erwachsene gedacht, die mit Jugendlichen arbeiten. Sie sollen zum besseren Verständnis Jugendlicher und als Richtschnur zum Entwickeln jugendgemäßer „Siedlungs"-Angebote dienen.

- *Jugendmilieus zulassen:*
Jugendliche leben in Milieus. Diese prägen sich in bestimmten Modetrends, Sprachstilen und im Freizeitverhalten aus. Über diese Milieus mit ihren verschiedenen Erscheinungsformen definieren Jugendliche Zugehörigkeit und Lebensstil. Sie sind für die Selbstvergewisserung Jugendlicher sehr wichtig. Jugendliche können in verschiedenen Milieus gleichzeitig zu Hause sein, wobei sich die Intensität der Zugehörigkeit unterscheidet. Die Bindung an ein Milieu kann sehr locker sein. Jugendliche suchen sich Freizeitorte, die den milieuspezifischen Selbstausdruck ermöglichen, zumindest jedoch tolerieren. Wo es der Kirche gelingt, Orte für jugendlichen Selbstausdruck zu öffnen, werden diese auch genutzt.

- *Aufgreifen dessen, was junge Menschen bewegt:*
Laut der 13. Shell-Jugendstudie nehmen in der Zukunftsorientierung Jugendlicher die Bereiche Beruf und Familie eine hervorgehobene Stellung ein.[4] Diese und verwandte Themen (eigene Talente, Fähigkeiten, Wünsche an Liebe und Partnerschaft, Sexualität, ...) sind Dauerbrenner bei Jugendlichen.

- *Auf langfristige Verbindlichkeiten verzichten:*
Viele Jugendliche binden sich nicht langfristig, sind aber bereit, sich zeitlich befristet zu engagieren. Kirchliche Jugendarbeit sollte verstärkt auf niederschwellige Angebote setzen. Es gibt einen Trend zu offenen Angeboten: Vom offenen Treff über Freizeiten, zeitlich begrenzte Aktionen und Projekte, einmalige Veranstaltungen (Events), ...

- *Auf Erlebnisräume setzen:*
Das eigene Erleben spielt als Zugang zur Wirklichkeit bei Jugendlichen eine große Rolle. Sich in Erlebnissen spüren ist ein wichtiges Motiv für diesen Erlebnishunger. Für die kirchliche Jugendarbeit bedeutet das: Aufgreifen von Ansätzen und Methoden der Erlebnispädagogik, Schaffen von Erlebnisräumen

---

4 Jugend 2000, 13. Shell-Jugendstudie, Band 1, 15.

auch und besonders im spirituellen Bereich (z.B. liturgische Feiern bei Nacht in Kirchenräumen oder anderen Orten, spirituelle Events wie z.b. Weltjugendtag in Rom, ...)
- *Jugendliche beteiligen und selbständig gestalten lassen:*
Jugendliche sind bereit, eigene Wünsche und Ideen einzubringen, umzusetzen und Verantwortung dafür zu übernehmen, wenn sie spüren, dass sie den Freiraum zum Gestalten bekommen. Sind den Gestaltungsspielräumen enge Grenzen gesetzt, werden sie lust- und ideenlos.
- *Autonomie respektieren:*
Die Art der Lebensführung ist zum einen (nicht nur bei Jugendlichen) Ergebnis individueller Entscheidungen, zum anderen abhängig von finanziellen Möglichkeiten und erworbener Bildungsgrade. Der eigene Lebensstil wird als Produkt eigener Leistung angesehen. Institutionen (z.B. Kirche) haben deutlich an Einfluss verloren.
Für die Jugendarbeit heißt das: Die Autonomie Jugendlicher über ihren Lebensstil ist zu respektieren. Der Wert christlicher Lebensführung ist in den Angeboten kirchlicher Jugendarbeit deutlich zu machen, nicht aber restriktiv einzufordern.
- *Spirituelles Profil zeigen:*
Glaubensvorstellungen und Glaubenspraxis sind rückläufig[5]. Dennoch sind Jugendliche auf der Suche nach Antworten auf die religiösen Grundfragen des Menschen (Wer bin ich? Woher komme ich? Was wird aus mir, wenn ich sterbe?) und stehen einer unübersichtlichen Zahl von Weltanschauungen und Antworten gegenüber.
Das heißt für die kirchliche Jugendarbeit: Die MitarbeiterInnen der kirchlichen Jugendarbeit bringen sich mit ihren Glaubensvorstellungen und ihrer Glaubenspraxis ins Spiel, ermöglichen Erfahrungen, Auseinandersetzung und Orientierungshilfe. Aber: Spirituelle Klarheit hat nichts mit der Ausgrenzung derer zu tun, die dieser Spiritualität nicht zustimmen (können). Die Übernahme bestimmter Glaubensvorstellungen und Glaubenspraxis darf nicht zur Bedingung für die Teilnahme/Mitarbeit an Angeboten der kirchlichen Jugendarbeit werden.

---

5 Jugend 2000, 21.

3 Brückenschlag von der Firmkatechese in die Jugendarbeit

Kennen Sie (noch) den „Hitzeblick" aus den Superman-Comics? Zu diesem energiegeladenen Hinschauen möchte ich gerne einladen, denn beim ersten Blick auf die Möglichkeiten für einen Brückenschlag in der Gemeinde verliert man leicht die Energien. In vielen Gemeinden trifft man auf folgende Situation: Die Räume im Gemeindehaus sind belegt, das Geld für die (Jugend-)Seelsorge ist verteilt, das Pastoralteam hat mehr als genug zu tun und die wenigen Ehrenamtlichen sollen immer noch mehr Aufgaben übernehmen. Wie soll da ein Brückenschlag gelingen? Dafür empfehle ich den Hitzeblick, um mit Energie genau hinzuschauen: Wird das getan, was die Gemeinde wirklich notwendig braucht? Werden die Räume von jenen Gruppen und Personen genutzt, die sie benötigen? Sind die finanziellen Mittel bedarfsgerecht und ausgewogen verteilt? Steht der personelle Aufwand für die Katechese in einem ausgewogenen Verhältnis zu den anderen pastoralen Aufgaben? Da kann ein nachhaltiger Hitzeblick beitragen, verkrustete Strukturen zum Schmelzen und Veränderungen in Gang zu bringen.

Dennoch gibt es keine allgemeingültigen Rezepte, wie ein Brückenschlag zur Jugendarbeit „funktioniert". Jede Gemeinde hat situationsorientiert zu entscheiden, was möglich ist. Niemand kann alle ansprechen oder für alle etwas anbieten.

Allerdings darf das Vorkommen von Jugendarbeit in Gemeinden nicht der Beliebigkeit verfallen, dazu ist sie zu wichtig. Jede Gemeinde hat auf ihre Weise dafür zu sorgen, dass sie mit jungen Menschen in Kontakt bleibt und durch ihre Angebote junge Menschen anzieht. Als Standard möchte ich Gemeinden empfehlen, alle drei Jahre ein Projekt zur Initiierung kirchlicher Jugendarbeit durchzuführen.

Auf Grundlage der Abschnitte 1 und 2 wird folgendes schrittweise Vorgehen für ein Projekt „Lagerplätze für SiedlerInnen" empfohlen:

Blick auf die Situation

Die Firmlinge:
- Welche Jugendmilieus sind durch welche Ausdrucksformen (Musik, Kleidung, Sprache, Gebärden, Grußrituale, ...) erkennbar? Haben diese Milieus am Ort/in der Nähe ihre Treffpunkte? Welche Vorlieben in der Freizeitgestaltung der Firmlinge sind erkennbar?
- Gibt es Cliquen unter den Firmlingen, die Interesse an einem Treffpunkt, an Programm- und/oder Raumangeboten haben? (Oft ist solch ein Interesse versteckt spürbar, z.B. in Äußerungen wie „Hier ist ja mal wieder tote Hose").
- Gibt es unter den Firmlingen engagierte und motivierte Jugendliche mit Ideen und Selbstvertrauen, die Angebote für Firmlinge mitentwickeln und mitinitiieren können?

Die Gemeinde / Seelsorgeeinheit:
- Welche Angebote für Jugendliche gibt es in der Gemeinde? Werden diese von den Firmlingen angenommen? Ist es möglich, bestehende Angebote für Firmlinge zu öffnen? Gibt es kein für Firmlinge relevantes Angebot, ist ein solches neu zu entwickeln.
- Welches personale Angebot kann die Gemeinde bieten? Gibt es Haupt- und/oder Ehrenamtliche, die bereit sind, Zeit und Motivation für die Arbeit mit Jugendlichen aufzubringen? Das personale Angebot ist für die Jugendarbeit unverzichtbar. Auch wenn es hart klingt: Ohne solche Personen ist das Projekt „Lagerplätze" nicht möglich.
Um einen Brückenschlag ernsthaft anzugehen, wird ein personeller Zeitaufwand im ersten halben Jahr von ca. 4 – 8 Stunden in der Woche empfohlen, der sich auf mehrere (max. 3) Schultern verteilen kann.
- Welches Raumangebot kann die Gemeinde/Seelsorgeeinheit den Firmlingen machen? In den meisten Fällen geht es darum, welche Gruppen der Gemeinde bereit sind, enger zusammenzurücken und Platz für neue Gesichter zu machen. Hier sind u.U. klare Entscheidungen der Gemeindeleitung für das Projekt „Lagerplätze" notwendig.

Manchmal ist es auch möglich, neue Räume zu erschließen (Bauwagen organisieren und umbauen; Überlassung bisher ungenutzter Räume von Dritten). Nach dem personalen Angebot hat das Raumangebot für das Gelingen des Brückenschlags hohe Priorität. Ohne Raum, ist der Brückenschlag nicht möglich.
- Wie motiviert und tolerant ist die „Kerngemeinde" ein weiteres (bzw. mehrere) Jugendmilieu(s) und deren Lebensstil und Ausdrucksformen in der Gemeinde zuzulassen? Hier kann es Widerstände geben, die den Brückenschlag behindern können. Doch in der Auseinandersetzung der Gemeinde mit den Jugendkulturen stecken so viele Lernchancen für beide Seiten, dass eine negativ-kritische Haltung der Gemeinde das Projekt „Lagerplätze" nicht abschrecken sollte.
- Ohne Moos ist auch hier nichts los: Je nach Umfang sind für ein Projekt „Lagerplätze" als Anschubfinanzierung im ersten Jahr Sachkosten von 2000 bis 4000 DM nicht zu hoch.

Stadt – Kreis – kommunale Gemeinde:
- Welche Angebote für Jugendliche gibt es am Ort? Werden diese von den Firmlingen wahrgenommen/besucht?
- Wäre ein neues Angebot der Kirche Ergänzung oder Konkurrenz? Ist eine mögliche Konkurrenz sinn- und wertvoll? Lautet die Antwort „sinnlose Konkurrenz" ist das Projekt „Lagerplätze" abzubrechen.
- Gibt es zwischen freien/öffentlichen Trägern der Jugendarbeit und der Gemeinde/Seelsorgeeinheit gemeinsame Interessen, die eine Kooperation sinnvoll machen? Wenn ja, sind die Kooperationspartner (max. zwei, sonst wird's unübersichtlich) in die weiteren Überlegungen einzubeziehen.

Entscheidungen über Ziele und Maßnahmen
Auf folgende Leitfrage sind Antworten zu finden: Wer mit wem, für wen, was bis wann?

Wer? (Projektleitung)
Eine haupt- oder ehrenamtliche Person hat die Federführung für das Projekt „Lagerplätze". Sie ist AnsprechpartnerIn für die Gemeinde und Kontaktperson für die Firmlinge und ist/wird Mit-

glied im Pastoralteam der Gemeinde (bzw. im Gemeinsamen Ausschuss der Seelsorgeeinheit, wenn das Projekt auf dieser Ebene angesiedelt ist) oder im Jugendausschuss des Kirchengemeinderates (bzw. Arbeitsgruppe Jugend der Seelsorgeeinheit).

Weitere zwei Personen können in der Projektleitung mitarbeiten. Diese sind haupt- oder ehrenamtliche Personen der Gemeinde/Seelsorgeeinheit. Im Falle eines Kooperationsprojektes kommen je ein/e VertreterIn der Kooperationspartner hinzu. Mittelfristig (nachdem das Projekt angelaufen und von Firmlingen angenommen wurde) sind 1-2 motivierte Firmlinge in die Projektleitung einzubinden und die Leitung von den Initiatoren an die Jugendlichen abzugeben. Eine Leitung mit mehr als drei Personen ist m.E. nicht effektiv.

Mit wem? (Projektteam)
Je näher das Projektteam an der Zielgruppe für das Angebot „dran" ist, desto leichter ist es ein stimmiges, bedarfsorientiertes Angebot zu entwickeln. Am besten setzt sich das Projektteam aus Firmlingen zusammen. Achtung: Durch die Besetzung des Projektteams ist in der Regel die Entscheidung für die Zielgruppe vorweggenommen. Die Zielgruppe wird sich aus den Milieus bilden, welches die Mitglieder des Projektteams repräsentieren.

Für wen? (Zielgruppe)
Keine Gemeinde kann alle Jugendlichen/Firmlinge erreichen. Hier muss aus der Situationsanalyse entschieden werden, welchen Jugendlichen bzw. welchem Jugendmilieu die Gemeinde Gastrecht gewähren möchte. Nicht selten entscheidet sich diese Frage durch die Zusammensetzung des Projektteams.

Was?
Die Antwort, welches Angebot entwickelt werden soll, ist vom Projektteam in Absprache mit der Gemeinde(leitung) zu treffen. Mitentscheidend ist, wie eng die Grenzen für die Gestaltungsfreiheit gesetzt werden. Grenzen sind wichtig, das wissen und erfahren Jugendliche. Doch Grenzen haben ihren Sinn darin, Gestaltungsmöglichkeiten (Jugendlicher) zu erhalten und zu fördern und nicht zu verhindern.

Killerphrasen wie: „Das war noch nie so!" oder: „Das klappt doch sowieso nicht!" ersticken neue Ideen und veranlassen junge SiedlerInnen aufzubrechen und weiterzuziehen.

Als Checkliste für die Angebotsentwicklung dient der Abschnitt 2 (Wer mit Jugendlichen was erleben will...).

Beispiele für mögliche Angebote: Erlebniswochenende (Klettern, Kanufahrt, Radtour, Höhlenbegehung, ...), Firmcamp, Freizeiten, Projekte (Musik, Musical, Theater, Open-Air-Kino, Party, Gottesdienst mal anders, Hilfsprojekt für Menschen in Not, ...), Offener Treff, liturgische Nächte/Nachtliturgien, Berufsberatung/Bewerbungsvorbereitung, ...

Bis wann?
Um eine solche Initiative durchzuführen, braucht es einen konkreten Zeitplan. Das beugt einem möglichen stillen Versickern des Engagements vor, ermöglicht Erfolg oder Misserfolg zu bestimmen, Resumee zu ziehen und neue Handlungsperspektiven zu entwickeln. In der Anschubphase sollte nicht über ein halbes Jahr hinaus geplant werden.

Umsetzung

Das Bischöfliche Jugendamt der Diözese Rottenburg-Stuttgart unterstützt die kirchliche Jugendarbeit der Gemeinden. Für das Projekt „Lagerplätze" sind besonders hervorzuheben:

Die Katholischen Jugendreferate/BDKJ-Dekanatsstellen als Ansprechpartner der Gemeinden, das Beratungsangebot der „offensive" des BDKJ für offene Jugendarbeit (offensive: 07153-3001-128) und die Fachberatung Jugendarbeit für pastorale MitarbeiterInnen (Referat Aus- & Weiterbildung: 07153-3001-149).

Mitarbeiterinnen und Mitarbeiter an diesem Buch

Claudia Hofrichter (Herausgeberin)
Jahrgang 1960, Dr. theol. Nach Jahren gemeindlicher Tätigkeit als Pastoralreferentin seit 1990 Referentin für Gemeindekatechese am Institut für Fort- und Weiterbildung der Diözese Rottenburg-Stuttgart. Initiatorin und Leiterin des Kongresses „Wege der Firmvorbereitung". Zusammen mit Barbara Strifler Herausgeberin von „Firmvorbereitung mit Esprit" (2 Bände), Stuttgart 2001. Reaktionsmitglied der Fachzeitschriften Lebendige Seelsorge/Lebendige Katechese sowie des Materialbrief Gemeindekatechese (Beiheft zu den Katechetischen Bättern). Mediatorin, Suggestopädin.

Wichtige Veröffentlichungen:
– Ich glaube. Jugendbuch zur Firmvorbereitung. München 1994 (Neuausgabe München 2001).
– Ich glaube. Handreichung zur Firmvorbereitung, München 1994 (Neuausgabe München 2001).
– Wir möchten, dass unser Kind getauft wird. Handreichung für Taufgespräche in Elterngruppen. München 1995.
– Wir möchten, dass unser Kind getauft wird. Wie Mütter und Väter die Taufe besser verstehen können. München 1995 (Zusammen mit Matthias Ball).
– Leben Bewusstwerden Deuten Feiern. Rezeption und Neuformulierung eines katechetischen Modells am Beispiel „Taufgespräche in Elterngruppen". Ostfildern 1997.
Zahlreiche Zeitschriftenbeiträge.

Barbara Strifler (Herausgeberin)
Jahrgang 1967, verheiratet, Dipl. Theologin, 7 Jahre gemeindliche Tätigkeit als Pastoralreferentin. Arbeitsschwerpunkte: Jugendarbeit, Firmvorbereitung, Caritas. Seit 2001 Dekanatsreferentin in Stuttgart. Zusammen mit Claudia Hofrichter Herausgeberin von „Firmvorbereitung mit Esprit" (2 Bände), Stuttgart 2001.

Wichtige Veröffentlichungen:
– Firmvorbereitung in neuen pastoralen Strukturen: LKat 23 (2001) Heft 1.
– Segnung pflegender Angehöriger: Christiane Bundschuh-Schramm (Hg.), Ich will mit dir sein und dich segnen, Ostfildern 1999, 90-93 (Zusammen mit Ustja Claus).

Alexander Bair
Jahrgang 1963, verheiratet, 2 Kinder, Pastoralreferent, Referent für Aus- & Weiterbildung und Religiöse Bildung im Bischöflichen Jugendamt der Diözese Rottenburg-Stuttgart, seit 5 Jahren in der Ausbildung ehrenamtlicher und hauptberuflicher MitarbeiterInnen in der kirchlichen Jugendarbeit tätig.

Matthias Ball
Jahrgang 1955, Dr. theol., verheiratet, 3 Kinder. Nach Jahren gemeindlicher Tätigkeit als Pastoralreferent von 1991 bis 1999 Referent für Erwachsenenkatechumenat und Erwachsenenkatechese am Institut für Fort- und Weiterbildung der Diözese Rottenburg-Stuttgart. Seit Herbst 1999 zuständig für die Fortbildung pastoraler Dienste im Kontext kirchlicher Umstrukturierungsprozesse sowie für die pastoralen Beratungsdienste (Supervision/Gemeindeberatung).

Wichtige Veröffentlichungen:
– Erwachsene auf dem Weg zur Taufe.Werkbuch Erwachsenenkatechumenat, München 1997 (Zusammen mit Franz Tebartz-van Elst/Arthur Weibel/Ernst Werner).
– Segen für unser Glück. Das Buch zur kirchlichen Trauung, München 1999 (Zusammen mit Grit Ball).
– Werkbuch Erwachsenenkatechese. Katechese zwischen anhänger- und kundenorientierter Verkündigung, München 1999 (Zusammen mit Matthias Kaune/Ulrich Koch [Hg.]).

Alexander Bross
Jahrgang 1959, Pastoralreferent in Karlsruhe, Seelsorgeeinheit St. Bernhard/St. Martin, Arbeitsschwerpunkte Familienpastoral und Caritas, 10 Dienstjahre (davon 7 als Jugendreferent).

Wichtige Veröffentlichungen:
– „Die Lebensthemen Jugendlicher in der Rockmusik – ein Phänomen und seine Konsequenzen für den Religionsunterricht" – Schriftenreihe des IRP Freiburg, 1992.

Heinrich-Maria Burkard
Jahrgang 1958. Seit drei Jahren Spiritual am Wilhelmsstift in Tübingen. Vorher acht Jahre Pfarrer in Starzach.

Wichtige Veröffentlichungen:
– Vor Gottes Angesicht nehme ich dich an. Biblisch-katechetische Hilfen zur Vorbereitung und Gestaltung der kirchlichen Trauung. Reihe „Feiern mit der Bibel", Stuttgart 1998 (Zusammen mit Elfriede Sacha).

Judith Gaab
Jahrgang 1967, Dipl. Theologin, Germanistin, Pastoralreferentin. Promotionsprojekt zum Themenbereich „Ansätze und Formen religiösen Sprechens und Feierns heute".

Reinhard Hauke
Jahrgang 1953. Dr. theol., Seelsorger der Domgemeinde Erfurt, Rundfunkbeauftragter des Bistums; Gehörlosenseelsorger; Dozent für Liturgie im Pastoralseminar Erfurt; Religionslehrer am kath. Edith-Stein-Gymnasium.

Wichtige Veröffentlichungen:
– Die lobpreisende Memoria. Die ökumenische Dimension der Christusanamnese in doxologischer Gestalt, Paderborn, 1995, KKS LXI.
– Die Feier der Lebenswende – eine christliche Hilfe zur Sinnfindung für Ungetaufte: Karl Schlemmer (Hg.), Auf der Suche nach dem Menschen von heute. Vorüberlegungen für alternative Seelsorge und Feierformen, St. Ottilien, 1999 (Andechser Reihe, Band 3), 138-155.
– Das „Nächtliche Weihnachtslob im Erfurter Dom": ebd. 156-160.
– Mittendrin und dennoch anders – Versuche, der Kirche ein freundliches Gesicht zu geben: „Feier der Lebenswende" im Erfurter Dom: Der Prediger und Katechet 5/2000, 646-654.

Bernd Jochen Hilberath
Jahrgang 1948, verheiratet, vier Kinder. Prof. für Dogmatik und Dogmengeschichte sowie Direktor des Instituts für Ökumenische Forschung an der Universität Tübingen.

Wichtige Veröffentlichungen:
– Pneumatologie, Düsseldorf 1994.
– Heiliger Geist – heilender Geist, Mainz 1988.
– Firmung – Wider den feierlichen Kirchenaustritt, Mainz ²2000 (Zusammen mit Matthias Scharer).
– Zwischen Vision und Wirklichkeit, Würzburg 1999.

Andreas Hinz
Jahrgang 1962, verheiratet, zwei Kinder. M.A., Pfarrer. Zur Zeit Studienassistent mit Lehrauftrag an der Pädagogischen Hochschule in Schwäbisch Gmünd im Fachbereich Evangelische Theologie/Religionspädagogik und Mentor für Erziehungswissenschaft am Studienzentrum der Fernuniversität Hagen in Schwäbisch Gmünd. Zuvor Pfarrer in der Gemeinde.

Georg Langenhorst
Jahrgang 1962, verheiratet, 2 Kinder. Dr. theol., Privatdozent. Akademischer Rat für Katholische Theologie/Religionspädagogik an der Pädagogischen Hochschule Weingarten (Baden Württemberg).

Wichtige Veröffentlichungen:
Zahlreiche Publikationen vor allem im Bereich religionspädagogischer Fragen und dem Feld von Theologie und Literatur, zuletzt:
– Trösten lernen? Profil, Geschichte und Praxis von Trost als diakonischer Lehr- und Lernprozess, Ostfildern 2000.
– Gedichte zur Bibel. Texte – Deutungen – Methoden. Ein Werkbuch für Schule und Gemeinde, München 2001.

Martin Moser
Jahrgang 1956, verheiratet, Vater von drei Kindern. Dipl.-Theologe, Dipl.-Pädagoge, Weiterbildungen in Themenzentrierter Interaktion, Bibliodrama und Supervision, Referatsleiter für Ge-

meindekatechese am Institut für Pastorale Bildung in der Erzdiözese Freiburg.

Wichtige Veröffentlichungen:
– Den Heiligen Geist suchen und erleben. Handreichung für den Begleiter/die Begleiterin der Firmgruppe und Firmtagebuch, Freiburg (IPB) und München (DKV) 1991 (Zusammen mit Helena Rimmele).
– Leben ist Begegnung. Praktisches Werkbuch für die Gemeindekatechese, Freiburg 1999 (Zusammen mit Helena Rimmele).
– Mich firmen lassen. Handbuch für Katechetinnen und Katecheten und Firmbuch für die Jugendlichen, Freiburg (IPB) und München (DKV) 2001 (Zusammen mit Helena Rimmele und Ursula Lüdemann).

Rainer Steib
Jahrgang 1963, verheiratet, zwei Kinder. Theologe und Journalist. Nach seiner Tätigkeit als Religionslehrer in der Grund- und Hauptschule und als Referent für katholische Religion am Institut für Film und Bild in Wissenschaft und Unterricht (FWU), München, kam er als Referent für Medienpädagogik und Mediendidaktik zur Fachstelle für Medienarbeit der Diözese Rottenburg-Stuttgart. Seit 1994 ist er Leiter dieser Stelle.

Wichtige Veröffentlichungen:
Autor verschiedener religions- und medienpädagogischer Beiträge.
– Leitfaden Medienarbeit, München 1997 (Zusammen mit Karsten Henning).

Anschriften der Mitarbeiterinnen und Mitarbeiter

Claudia Hofrichter (Hrsg.)
Institut für Fort- und Weiterbildung,
Referat Gemeindekatechese
Postfach 9, 72101 Rottenburg
E-Mail: CHofrichter.institutfwb@bo.drs.de

Barbara Strifler (Hrsg.)
Dekanatsgeschäftsstelle
Bolzstraße 6, 70173 Stuttgart
E-Mail: barbara.strifler@gmx.de

Alexander Bair
Bischöfliches Jugendamt
Antoniusstr.3, 73249 Wernau
E-Mail: abair@bdkj-bja.drs.de

Matthias Ball
Institut für Fort- und Weiterbildung
Postfach 9, 72101 Rottenburg
E-Mail: MBall.institut-fwb@bo.drs.de

Alexander Bross
Bernhardstr. 15, 76131 Karlsruhe
E-Mail: AlexanderBross@aol.com

Heinrich-Maria Burkard
Brunsstraße 19, 72074 Tübingen
E-Mail: hmburkard@gmx.de

Judith Gaab
Institut für Fort- und Weiterbildung
Postfach 9, 72101 Rottenburg
E-Mail: JGaab.institut-fwb@bo.drs.de

Reinhard Hauke
Dompfarrei St. Marien
Domstraße 9, 99084 Erfurt
E-Mail: keine Angabe

Bernd Jochen Hilberath
Stauffenbergstrasse 68
72074 Tübingen
E-Mail: bernd-jochen.hilberath@uni-tuebingen.de

Andreas Hinz
Haigerlocher Str.18
72108 Rottenburg
E-Mail: a.hinz@tesionmail.de

Georg Langenhorst
Rehstrasse 27, 88255 Baindt
E-Mail: GeorgLangenhorst@aol.com

Martin Moser
Institut für Pastorale Bildung
Turnseestrasse 24
79102 Freiburg i.Br.
E-Mail: gemeindekatechese@ipb-freiburg.de

Rainer Steib
Fachstelle für Medienarbeit der Diözese Rottenburg -Stuttgart,
Sonnenbergstraße 15, 70184 Stuttgart
E-Mail: fm@drs.de